U0534952

2013年教育部人文社科规划一般项目
"水文记录与社会意识：中国古代洪水枯水题刻研究"
（13YJAZH090）

水文记录与社会意识

中国古代洪水枯水题刻研究

王晓晖 李艳 著

HYDROLOGICAL RECORD AND SOCIAL CONSCIOUSNESS
Inscriptions on High and Low Water Flows in Ancient China

中国社会科学出版社

图书在版编目(CIP)数据

水文记录与社会意识：中国古代洪水枯水题刻研究 / 王晓晖，李艳著.—北京：中国社会科学出版社，2019.12
ISBN 978-7-5203-4612-2

Ⅰ.①水… Ⅱ.①王…②李… Ⅲ.①水文石刻(考古)—研究—中国 Ⅳ.①K877.49

中国版本图书馆 CIP 数据核字(2019)第 122332 号

出 版 人	赵剑英
责任编辑	耿晓明
责任校对	李 军
责任印制	李寡寡

出　　版	中国社会科学出版社
社　　址	北京鼓楼西大街甲 158 号
邮　　编	100720
网　　址	http://www.csspw.cn
发 行 部	010-84083685
门 市 部	010-84029450
经　　销	新华书店及其他书店

印　　刷	北京明恒达印务有限公司
装　　订	廊坊市广阳区广增装订厂
版　　次	2019 年 12 月第 1 版
印　　次	2019 年 12 月第 1 次印刷

开　　本	710×1000　1/16
印　　张	15.5
插　　页	2
字　　数	251 千字
定　　价	78.00 元

凡购买中国社会科学出版社图书，如有质量问题请与本社营销中心联系调换
电话：010-84083683
版权所有　侵权必究

目　　录

绪论 ……………………………………………………………… （1）

第一章　洪水题刻 ……………………………………………… （4）
第一节　中国古代洪水题刻概述 ………………………………… （5）
第二节　长江流域洪水题刻整理分析 …………………………… （11）
第三节　黄河流域洪水题刻整理 ………………………………… （33）
第四节　其他河流流域洪水题刻整理 …………………………… （40）

第二章　枯水题刻 ……………………………………………… （49）
第一节　江津莲花石 ……………………………………………… （50）
第二节　朝天门灵石 ……………………………………………… （56）
第三节　涪陵白鹤梁 ……………………………………………… （66）
第四节　云阳龙脊石 ……………………………………………… （83）
第五节　迎春石、耗儿石与龙床石 ……………………………… （100）

第三章　洪枯水题刻与历史认识 ……………………………… （106）
第一节　洪枯水题刻与政治史研究 ……………………………… （108）
第二节　洪枯水题刻与经济史研究 ……………………………… （122）
第三节　洪枯水题刻与文化史研究 ……………………………… （129）
第四节　洪、枯水题刻与人物研究 ……………………………… （136）

・1・

第四章　洪枯水题刻与社会意识 …………………………（171）
  第一节　传统时代的民本意识 ………………………………（172）
  第二节　古代社会士人思想与民间意识的互动 ……………（184）
  第三节　自然与心态之间的游移 ……………………………（197）
  第四节　"人日"故事 ………………………………………（209）

参考文献 …………………………………………………………（227）

后记 ………………………………………………………………（244）

绪　　论

在古代历史上，中国人民在长期的生产劳动实践中，在水文记录、治水、用水等方面有着伟大的创造和光辉的成就，也留下了相关活动的痕迹，即水事题刻。长期以来，前贤对中国古代水事题刻的研究，主要表现在水利和水文两个方面，水利事务方面的研究已取得丰硕成果。水文题刻的研究较多倾向于水位、气候、灾害防治等自然科学领域。将水文题刻与中国古代历史演变、文化发展、社会变迁结合起来，进行综合认识的成果还比较少。

传说，大禹治水就曾经勘定水位的高低。战国末期，秦孝文王在位时，李冰主持修建四川都江堰水利工程，就立三个石人作为水则，来衡量岷江水位的高低。司马迁撰《史记》，在《河渠书》中说：

> 余南登庐山，观禹疏九江，遂至于会稽太湟，上姑苏，望五湖；东窥洛汭、大邳，迎河，行淮、泗、济、漯洛渠；西瞻蜀之岷山及离堆；北自龙门至于朔方。曰：甚哉，水之为利害也！余从负薪塞宣房，悲《瓠子》之诗而作《河渠书》。①

唐宋以来，川江一带的枯水题刻、洪水题刻就是典型的水位记录，位于长江流域的涪陵白鹤梁还用石鱼的方式较为准确地记录水位。北宋晚期，在长江下游地区还出现不少水则碑，以一些不同的方式表示水位

---

① 《史记》卷二九《河渠书》，中华书局1959年版，第1415页。

的高低，如浙江省宁波市的平桥水则碑。① 到了明代，《吴江水考》记载了长江下游地区吴江的水则碑。②

　　至今留存题刻实物和保留在典籍中的洪水、枯水题刻，时间上主要集中在唐宋以后，尤其以宋代、明代、清代较为集中，地域上主要集中在长江流域，另外在黄河流域、珠江流域、海河滦河流域等地也有零散分布。这些题刻中，洪水题刻记录了河流的洪水泛滥情况，主要刻于江河岸边石壁上；枯水题刻记录了江河水位极低的情况，往往刻在江中石梁上，以川江流域七大枯水题刻为代表，包括涪陵白鹤梁、云阳龙脊石、朝天门灵石、江津莲花石、丰都龙床石、巴县迎春石、江北耗儿石。题刻的内容不仅仅记录水位，还涉及丰年祈望、官员郡望、履历官称、诗文，还体现出不同时期书法艺术的重要特点。因此，题刻在政治史、经济史、社会史、文化史的研究上也具有重要的史料价值。

　　对古代洪水枯水题刻文献价值的把握、利用和相关研究的开展，难度较大。首先，要进行数据搜集与分类整理。一方面，需要对现存的不少题刻实物进行实地考察。由于时代久远，有些题刻字迹模糊不清，需要我们进行长时间的辨识、释读；由于祖国地域广大，全面考察根本无法完成，因此在爬梳资料的基础上结合一定的考察来做好资料工作。另一方面，枯水题刻主要分布在长江中游地区，但是由于三峡大坝蓄水，长江中上游地区大量的题刻实物资料永沉江底，因此传世文献的辑录和对拓片的搜集整理将非常重要，目前已搜集到不少清代以前江河治理和水文题刻等数据，但还不全面，需要在此基础上进行分类整理，做到论从史出。其次，要进行文献分析与综合研究，对相关的石刻文献、古代典籍和今人著述中的相关内容进行辨析，去粗取精，去伪存真。运用出土实物与传世文献相互印证、历史与逻辑相统一的方法，对涉及的相关数据进行分析和综合研究，弄清基本的史实，进而探寻其历史特征和发展变化的特点与规律，对题刻所反映出的各个方面的内容进行综合性研究，运用历史学、考古学、历史地理学、经济学、社会学的理论和方

---

① 唯心：《水则碑》，《宁波通讯》2015年第8期。
② （明）沈启：《吴江水考》卷二《水则考》，雍正十二年沈守义刻本，第2册，第7—11页。

法，进行充分而全面的探讨。

探讨洪水枯水题刻所关联的政治史、经济史、文化史研究，探讨洪水枯水题刻所反映出来的古代民本意识、士人思想与民间意识的互动等等内容，将推动专门史、三峡地区史、巴蜀历史文化、唐宋历史、中国水利史等相关研究的进步。

辛德勇先生说："时光不会倒流，逝去的历史，离我们总是愈来愈远。不过，在另一方面，通过相关研究者的努力，透过某些具体的媒介，又可以把历史中的一些场景，拉近到我们的眼前。"[①] 对这些历史上遗留下来的水事题刻，不论是史书资料还是石刻遗存，只要努力进行探索，我们便可以了解许多。

[①] 辛德勇：《海昏侯刘贺》，生活·读书·新知三联书店2016年版，第1页。

第一章　洪水题刻

洪水，是暴雨或者冰雪急剧融化等自然因素引起的江河湖泊水量迅速增加，或者水位迅猛上涨的一种自然现象，往往会造成灾害。水灾是自然灾害的一种，也是灾害中对人类社会影响最大的灾害之一。《史记》描述黄河时就记述："河菑衍溢，害中国也尤甚。"① 而在上古传说时代，就有水灾发生，《史记》亦载：

> 当帝尧之时，鸿水滔天，浩浩怀山襄陵，下民其忧。尧求能治水者，群臣四岳皆曰鲧可……舜登用，摄行天子之政，巡狩。行视鲧之治水无状，乃殛鲧于羽山以死。天下皆以舜之诛为是。于是舜举鲧子禹，而使续鲧之业。
> ……禹乃遂与益、后稷奉帝命，命诸侯百姓兴人徒以傅土，行山表木，定高山大川……左准绳，右规矩，载四时，以开九州，通九道，陂九泽，度九山。令益予众庶稻，可种卑湿。命后稷予众庶难得之食。食少，调有余相给，以均诸侯。禹乃行相地宜所有以贡，及山川之便利。②

鲧治水没有效果，被诛。随后，禹以有效的手段和方式治理了水患，使天下庶民得以安居乐业。因此，预防和治理水害，是古代农业社

---

① 《史记》卷二九《河渠书》，中华书局1959年版，第1405页。
② 《史记》卷二《夏本纪》，中华书局1959年版，第50—51页。

会极其重要的事务。自司马迁《史记·河渠书》开始，《汉书》有《沟洫志》，《宋史》《金史》《元史》《新元史》《明史》《清史稿》都有《河渠志》，专门记载河道、水利。至于专门记载水事的著作，如《水经注》等的出现，人们对水事的关注更胜于前代。纵览古代典籍，尤其是王朝建都在北方黄河流域时，对黄河治理的典籍更是不胜枚举。而在历代地方志中，省志、府州志、县志，乃至村志中，对水源、河流及其治理、利用记载得十分详细；对水灾、旱灾等也详为记录。

第一节　中国古代洪水题刻概述

我国有长江、黄河、淮河、海河、辽河、珠江、松花江七大水系，自古以来历代王朝都很重视防汛抗洪和汛情通报工作。河水泛滥影响着水运、灌溉、城建及生活用水，关系着古代王朝的统治，关系着人民的生命财产安全，在历代正史的《河渠志》《沟洫志》中多有记载。在有效防范洪水泛滥、抗洪救灾、变水害为水利的同时，历代还留下了大量的洪水题刻，用以警示后人。

洪水题刻主要是指历史上人们刻在沿江河崖壁等处的对洪水的直观记录，不仅是水文考古的重要对象，也是历史学研究的重要内容。

现存洪水岩刻和题记，可以与古建筑物、古遗址、古城址、古墓葬的考古结果相比较，同时和保留于江心中的枯水题刻以及传世文献、地方志的记载相互印证，来确定中国历史上洪水、枯水发生的时间及周期性，识别洪水淹没范围，认识城址迁徙兴废，梳理河道变迁及泥沙淤积速度等情况。对历史上河流洪水、枯水情况的研究，可以为当下防洪、抗洪、预测洪水和枯水提供较为可靠的历史水文资料；同时为水利、水电、航运、灌溉、工业企业供水、古气候研究等提供参考资料，也为农业生产提供一定的经验。

20世纪50年代，中国的水文考古工作者就对四川境内长江干、支流两岸洪水岩刻、碑记展开调查工作。20世纪60年代末对长江上游干、支流作过三次洪水调查，对沿江两岸与历史洪水有关的岩刻、碑记、古建筑物、古遗址、古城址、古墓葬等进行了调查和测绘，并与历史文献互相参证，确定了历史洪水痕迹点和题刻点200多处，收集洪水题刻100多段，把长江上游历史上较大洪水依次列入，并根据岩刻、题记和文献史料的记载，证明清同治九年（1870）的水灾是长江上游从宋绍兴年间以来800多年间的最大洪水。

随着调查工作的开展，越来越多的专家学者展开了对历史时期洪水题刻的整理研究，主要的成果表现在以下几方面。

一 著作类

水利部长江水利委员会编著《长江三峡工程水库水文题刻文物图集》，是在多年调查、搜集的大量资料基础上，经整理、分析，将具有历史科学价值的洪水题刻130余幅、枯水题刻180余幅，及近50幅有关背景性照片，编著成我国第一部具有水文专业特色的文物图集。通过分析还指出三峡库区水文题刻具有的特点为：一是洪枯水题刻记载的年代久远，内容丰富，并有具体高程位置及发生时间；二是碑记石刻数量多，分布广；三是题刻所指定的洪枯水高程准确；四是题刻记载与地方志等材料所描述的内容多能互为印证。①

水利部长江水利委员会、重庆市文化局、重庆市博物馆编著《四川两千年洪灾史料汇编》，收录各类文献中与四川有关的洪水、洪灾史料近4000余条，其中，洪水碑刻题记280余条，是迄今为止关于四川地区洪水史料最为全面的资料汇编。尽管在部分洪水的发生地、题刻所在位置、洪水年代等方面还存在不少失误，来自于地方志的史料也未加以详细的甄别和判断，但依然给我们提供了一份专门性极强的珍贵史料汇编，尤其是该书还刊出了自南宋以来的洪水岩刻照片和题记拓片144幅，更为珍贵。②

胡明思、骆承政主编《中国历史大洪水》，全书分上、下两卷。上卷包括东北地区、海滦河流域、黄河流域、西北地区，共计39场洪水

---

① 《长江三峡工程水库水文题刻文物图集》，科学出版社1996年版。
② 水利部长江水利委员会、重庆市文化局、重庆市博物馆编：《四川两千年洪灾史料汇编》，文物出版社1993年版。冯广宏、徐慕菊：《试评〈四川两千年洪灾史料汇编〉》对该书的价值和存在问题进行了详细的评述，见《四川水利》1994年第6期。

情况；下卷包括淮河流域、长江流域、浙闽台地、珠江流域及西南国际河流（包括海南省）在内，共计52场洪水情况。①

作为与《中国历史大洪水》配套的资料，骆承政编的《中国历史大洪水调查资料汇编》于2006年出版，该书是河段调查洪水资料全国汇总成果。在6000个河段调查洪水资料的基础上，共选编了5544个河段调查成果。同时补充了1980年以后调查并在工程设计中采用的部分调查洪水资料。除河段调查洪水资料外，还精选了255幅我国古代水文观测、历史洪灾和历史洪水题刻图片，作为历史洪水调查研究的背景材料附于卷后。②

史辅成、易元俊、慕平编著《黄河历史洪水调查、考证和研究》，偏重于运用具体的科技手段，对历史洪水调查分析，从洪水发生的时间、水位、代表时段和有关历史排序等方面进行了考证。在书中对沿黄河干支流记载涨水的部分碑刻和摩崖石刻资料进行了搜集整理和研究。③

1976年7月，长江流域规划办公室革命委员会编印《长江干流宜宾至宜昌历史洪水调查资料汇编》，该资料中有洪水碑刻汇集。

二 论文类

长江流域规划办公室、重庆市博物馆历史枯水调查组编写了《长江上游渝宜段历史枯水调查——水文考古专题之一》④，长江流域规划办公室文物考古队、水文考古研究组编写的《从石刻题记看长江上游的历史洪水——水文考古专题之二》⑤ 指出：以长江流域历史时期有关洪水、枯水的石刻题记为基本材料，对长江历史洪水、枯水量的调查与研究，对社会主义建设有着重要意义。历史枯水的调查与研究，其目的在

---

① 胡明思、骆承政主编：《中国历史大洪水》，中国书店出版社1989年版。
② 骆承政编：《中国历史大洪水调查资料汇编》，中国书店出版社2006年版。
③ 史辅成、易元俊、慕平编：《黄河历史洪水调查、考证和研究》，黄河水利出版社2002年版。
④ 长江流域规划办公室、重庆市博物馆历史枯水调查组：《长江上游渝宜段历史枯水调查——水文考古专题之一》，《文物》1974年第8期。
⑤ 长江流域规划办公室文物考古队、水文考古研究组：《从石刻题记看长江上游的历史洪水——水文考古专题之二》，《文物》1975年第5期。此文后来收入《水文·沙漠·火山考古》，文物出版社1977年版。

于掌握江河最低水量的历史变化规律，避免因实测年限过短而对水文现象的认识不足造成损失。枯水水文的研究与运用，不仅与内河航运、农田灌溉、厂矿给水有关，而且与水电建设有关。

宁应成《长江上游历史洪枯水题刻调查及应用》认为，长江上游洪枯水题刻是具有重要科学价值的水文历史资料，其收集、整理和研究，对综合利用长江水资源、治理长江水患等具有较大现实意义。20世纪50年代以来，水利及文物考古工作者多次对三峡库区的洪枯水题刻进行了调查，介绍了历史洪枯水题刻的调查成果。在长江葛洲坝水利枢纽和三峡工程规划设计中，应用这些成果较好地解决了实测洪水样本代表性不够的问题，可为电站发电能力设计和通航设计提供重要参考。这些成果值得在气象农业、生态环保和文物保护等领域进一步推广。[1]

胡人朝《长江上游历史洪水题刻、碑记考察》对长江流域宋、明、清三代洪水题刻进行了调查统计和列举，重点列举了乾隆五十三年（1788）、同治九年（1870）的洪水题刻，并对"丁未大水"和"洪化洪水"题刻进行了考证。[2]《长江上游历史洪水发生规律的探索》认为，对长江上游洪水题刻、碑记的研究，更好地为历史上洪水找到了比较准确的数据，探索长江上游千年一遇洪水发生情况，找出历史洪水的规律，为祖国"四化"建设提供准确可靠的资料，是一项有着极为深远意义的工作。[3]

乔盛西、陈正洪《历史时期川江石刻洪水资料的分析》根据川江两岸历史时期特有的石刻洪水资料，划分了洪水的类型，分析了时空分布的特点，归纳了三个特大洪水年（1788、1860、1870）雨情和水情的特点，其分析结果可供防汛抗洪部门参考使用。[4]

蔡东洲《嘉陵江流域历代洪水碑刻考论》认为，嘉陵江流域系洪灾高发区，历代洪水碑刻分布在北起广元南至重庆的16个县区市，至今

---

[1] 宁应成：《长江上游历史洪枯水题刻调查及应用》，《人民长江》2013年第11期。
[2] 胡人朝：《长江上游历史洪水题刻、碑记考察》，《西南大学学报》（社会科学版）1981年第3期。
[3] 胡人朝：《长江上游历史洪水发生规律的探索》，《农业考古》1989年第2期。
[4] 乔盛西、陈正洪：《历史时期川江石刻洪水资料的分析》，《湖北气象》1999年第1期。

尚存57段，成为研究嘉陵江洪灾最珍贵的材料。这些石刻弥补了文献记载的遗漏、更正了文献记载的错误，并为当今学者研究该流域历代洪灾提供了可比性。①

李铁松《嘉陵江流域历史洪水研究》据史载和前人的研究成果、按年代先后列出了嘉陵江流域的史发洪水，在此基础上重点探讨了该流域历史洪水的若干规律，并提出了几点看法。②

王晓晖《长江中上游地区古代洪水枯水题刻的文献价值》提出，长江中上游地区有古代洪水题刻400余段，枯水题刻400余段，这些题刻文献对古代洪水枯水情况的记载有详有略，目前对相关内容的挖掘和研究还处在起步阶段。这些题刻文献对于古代，尤其是唐宋以来的政治史、经济史、社会史、文化史、科技史的研究，以及巴蜀地方研究提供了原始资料，极具历史文献价值，充分利用这些资料并与传世文献典籍相互结合进行认识，将有效地推动历史文化研究。③

王家德《从考古材料看长江上游历史上发生的特大洪水》梳理了长江上游沿岸部分题刻的内容，并做了相关分析。④《长江上游历代几次特大洪水与成因》提出，长江上游的重庆至宜昌段沿岸保存有许多古代洪水和枯水的碑刻。这些资料，有的散见在地方志中，如四川忠县、丰都，湖北秭归、宜昌等地的旧志中都有水灾记载。从文献和实物资料来看，一方面反映了沿岸古代人民与水害做斗争的历程，另一方面也给我们今天研究整治长江提供了难得的水文考古资料。⑤

刘彦《黄陵庙：特大洪水的历史记录》对湖北宜昌黄陵庙中建筑物上的洪水题记以及部分碑刻中有关洪水的记录进行了分析和探讨，并与《宜昌府志》《东湖县志》中的文献记载进行了对比研究。⑥

---

① 蔡东洲：《嘉陵江流域历代洪水碑刻考论》，《四川师范学院学报》（自然科学版）1999年第2期。
② 李铁松：《嘉陵江流域历史洪水研究》，《灾害学》2005年第1期。
③ 王晓晖：《长江中上游地区古代洪水枯水题刻的文献价值》，《三峡大学学报》2015年第5期。
④ 王家德：《从考古材料看长江上游历史上发生的特大洪水》，《农业考古》1988年第2期。
⑤ 王家德：《长江上游历代几次特大洪水与成因》，《四川文物》1993年第2期。
⑥ 刘彦：《黄陵庙：特大洪水的历史记录》，《中国三峡》2012年第6期。

郭海晋和王辉《三峡库区水文题刻文物的调查与研究》分析了三峡库区水文题刻的特点和价值，叙述了40多年来三峡库区水文题刻调查工作的概况及所取得的研究成果，指出三峡库区水文题刻文物具有很高的科学价值和历史、艺术、旅游等价值，在三峡、葛洲坝工程规划设计中，起了极为重要的作用。①

杨斌《三峡地区古石刻与三峡水文化的审美品格》通过对三峡地区摩崖石刻和以白鹤梁为代表的枯水题刻的举例分析，指出，三峡地区古石刻与水相依，水因石刻而幽，凸显出三峡水文化的古老、悠远之品格；石刻与水相融，水因石刻而神，诠释着三峡水文化的神奇、深邃之品格；石刻与水相映，水因石刻而壮，浓缩了三峡水文化的宏博、包容之品格；石刻因水而生，水因石刻而傲，演绎着三峡水文化的沧桑、知性之品格。②

根据从1956年开始到20世纪70年代的多次调查和了解，我们能够看到三峡地区洪水题刻分布有这样几个特点：③

第一，洪水题刻多分布在文物古迹所在地。在一般情况下，一些重要的古建筑，往往在人们不容易到达的地方，在遭遇洪水后，在这些地方留下洪水题刻。如重庆潼南县的大佛寺旁边，有南宋建炎元年（1127）洪水留下的记载。如果这些建筑遭遇洪水被破坏，多在修葺的碑文中题记洪水。还有的会将洪水情况记载在阙、桥的适当地方以及牌坊、墓碑上。如奉节白帝城左室至今保存的一块隋代碑刻上，就有后代刻下的洪水题记。④

第二，不少洪水题记刻在小溪汇入大江处的倒漾水缓地带。如四川泸州纳溪区高洞洪水题刻，就刻在长江支流永宁河右岸的一条小支流岸

---

① 郭海晋、王辉：《三峡库区水文题刻文物的调查与研究》，《中国三峡建设》1997年第2期。
② 杨斌：《三峡地区古石刻与三峡水文化的审美品格》，《三峡大学学报》2011年第6期。
③ 重庆市博物馆等编：《从石刻题记看长江上游的历史洪水》，载《水文·沙漠·火山考古》，文物出版社1977年版。
④ 李禹阶、邹登顺：《三峡地区石刻文物的文化价值研究》，《重庆师院学报》（哲学社会科学版）2000年第2期。

边，在忠县新长石秀水溪内四方杯的同治九年（1870）洪水题记等。因为不少洪水题刻的制作，大多在洪水泛滥之际，在此时人们不能在洪水肆虐、浪涛汹涌的地方作记、刻石。

第三，洪水题刻长年暴露地表，容易风化。

以上这些论著，对洪水题刻的年代、内容做了或整体或局部的分析和探讨，从考古学、历史学及自然科学的角度进行了多角度的认识，为我们进行综合研究提供了有益借鉴。

第二节　长江流域洪水题刻整理分析

长江流域包括长江干流和支流流经的广大区域，水资源和水能资源的蕴藏量十分巨大，在历史发展过程中，由于降水分布不均，洪灾、旱灾等自然灾害时有发生，随着长期以来的人类活动引起的环境变化，洪水威胁也日趋加重。长江上游特别是三峡地区是洪水的多发区，生活在这里的人们一直受到洪水的威胁，最早在汉代的史籍上已有对长江洪水的记载，此后史不绝书。除了史籍的记载，长江流域还保留下来不少洪水题刻，主要集中在四川、重庆、湖北、湖南等省市境内。长江大的支流，如雅砻江、岷江、大渡河、理塘河、沱江、嘉陵江、赤水河、渠江、乌江、汉水等沿岸留下了不少洪水题刻。

长江流域的洪水题刻一般都是刻画在洪水漫过的崖壁、江岸、石桥、城门口等处。就目前发现的洪水题刻而言，一般字数不多。题刻内容大都简明扼要，包括年代、水情等消息。描述洪水情况比较普遍的用"水泛则至此""水界""水此""大水到此""水安（淹）在此处"等，有的题刻还在洪水淹至的某处刻画"—"等记号，方便后人对当年洪水准确水位的认识。

题刻记事者有官吏、士民或者僧道。大部分题刻没有记号，只有文字描述，一般都以"水淹至此"处为洪水水位处，是了解古代洪水情况的重要材料。

长江流域是洪水题刻较为集中的地区，为了便于观察该区域历史洪水的基本样貌，以下将按照洪水时间进行叙述。

一 宋代洪水题刻

1. 绍兴二十三年（1153）洪水题刻

重庆市忠县忠州镇汪家院子后石壁长江洪水题刻：

> 绍兴二十三年癸酉，六月二十六日，江水泛涨去耳。史二道士吹籛书刻，以记岁月云耳。①

重庆市忠县东云乡长江岸石壁上有洪水题刻：

> 绍兴二十三年癸酉六月二十六日水泛涨。②

重庆市忠县东云乡选溪沟长江洪水题刻：

> 绍兴二十三年六月二十七日，水此。③

绍兴为宋高宗年号，绍兴二十三年为1153年。关于这一年长江流域的洪水，《宋史·高宗本纪》载："绍兴二十三年六月己卯，潼川大水。九月甲午，赈潼川被水州县，仍蠲其赋。"④ 重和年间（1118—1119），以梓州为潼川府，改梓州路为潼川府路，治所在今三台县，境内有涪江、凯江、梓江、郪江。

《宋史·五行志》也记载："绍兴二十三年，金堂县大水，潼川府江溢，浸城内外民庐。"⑤ 金堂县境内江河纵横，流域面积达50平方公里以上的江河有13条，由湔江、石亭江、绵远河等汇成的北河在赵镇接纳岷江水系的中河（青白江）与毗河汇成沱江，《禹贡》中的"岷山

---

① 《长江三峡工程水库水文题刻文物图集》，科学出版社1996年版，第7页。
② 同上。
③ 同上。
④ 《宋史》卷三一《高宗本纪八》，中华书局1985年版，第578页。
⑤ 《宋史》卷六一《五行志一上》，中华书局1985年版，第1330页。

导江，东别为沱"①就源于此。

涪江、沱江都是长江北岸流域面积较大的重要支流，由此可以看到，绍兴二十三年的洪水主要是夏季降水，长江上游干支流暴涨而形成的。这次特大洪水，水位高达158.47米，是长江历史上第三位的特大洪水，秭归朝天咀和宜昌中堡岛遗址中含唐宋文化遗存的淤沙层是该次大洪水的沉积学证据。②

通过对洪水题刻和史料记载的分析，绍兴二十三年长江流域的大洪水，对成都府路、潼川府路、夔州路造成的影响是比较大的。因此，朝廷对此也进行积极的响应。除了在当年九月对潼川府路进行赈灾外，绍兴二十四年（1154）六月，"癸卯，诏：尝命四川州县减免财物，以宽民力，尚虑未周，令制置司、总领所共同措置，务在不妨军食，可以裕民"。到了七月"壬戌，诏捐四川茶马司羡余钱给军费，以宽民力"③。二十五年（1155）秋，"七月丙辰，减四川绢估、税斛、盐酒等钱岁百六十余万缗，蠲州县积欠二百九十余万缗。诏四川营田有占民田者，常平司按验给还"④。

2. 宝庆三年（1227）洪水题刻

四川省邻水县鼎屏镇御临河有洪水题刻：

丁亥宝庆三年六月初七日，甲寅，水泛则至此，谨记。⑤

重庆江北梅溪镇灰楼湾长田坎一处岩石上水位标记，题刻：

丁亥宝庆三年六月初七水长（涨），初八高至水作。

---

① 《尚书正义》卷六《禹贡》，（清）阮元校刻：《十三经注疏》，中华书局1980年版，第152页。
② 朱诚、于世永、卢春成：《长江三峡及江汉平原地区全新世环境考古与异常洪涝灾害研究》，《地理学报》1997年第3期。
③ 《宋史》卷三一《高宗本纪八》，中华书局1985年版，第580页。
④ 同上书，第582页。
⑤ 《长江三峡工程水库水文题刻文物图集》，科学出版社1996年版，第7页。

重庆市江北区麻柳乡长江洪水题刻：

> 宝庆三年丁亥，六月初八日，计水界。①

重庆市渝北区石船镇石翔村御临河洪水题刻：

> 丁亥宝庆三年六月初七日水涨，初八高至水位。②

重庆市忠县忠州镇汪家院子后石壁刻：

> 宝庆三年丁亥，去癸酉七十五年，水复旧痕，高三尺许。六月初十日，嗣孙道士史袭明书记。③

宝庆为南宋理宗年号，宝庆三年为1227年。这一年的洪水是长江干流所发生的居第二位的特大洪水，仅次于清代同治九年（1870）大洪水，忠县题刻记录的最高水位为159.55米，比绍兴二十三年（1153）的洪水高出1.08米。④从上述忠县题刻中也可看到"去癸酉七十五年，水复旧痕，高三尺许"，明确说明了当时人们对水位的认识是准确的。在这段题刻中有"嗣孙道士史袭明书记"，显然，题刻者史袭明是绍兴二十三年（1153）忠县忠州镇汪家院子题刻者"史二道士"的嗣孙。

这年的洪水，史书记载反而不多，《宋史·理宗本纪》中也只有"秋七月，丁酉，诏振赡被水郡县，其竹木等税勿征"⑤。洪水还在长江下游地区造成较大影响，汪刚在浙东任职，"宝庆三年大水，（汪）纲

---

① 《长江三峡工程水库水文题刻文物图集》，科学出版社1996年版，第9页。
② 题刻在今重庆市渝北区石船镇石翔村公路边距地面高约8米的石壁上。也见于《长江三峡工程水库水文题刻文物图集》，第8页。
③ 《长江三峡工程水库水文题刻文物图集》，科学出版社1996年版，第9页。
④ 朱诚、于世永、卢春成：《长江三峡及江汉平原地区全新世环境考古与异常洪涝灾害研究》，《地理学报》1997年第3期。
⑤ 《宋史》卷四一《理宗本纪一》，中华书局1985年版，第790页。

发粟三万八千余、缗钱五万振之,蠲租六万余石,捐瘠顿苏,无异常岁"①。

二　元代洪水题刻

重庆市彭水县汉葭镇乌江洪水题刻:

大德丁酉,江涨至此,甲辰夏中山书。②

大德为元成宗铁穆耳的年号,丁酉为大德元年(1297)。

三　明代洪水题刻

1. 成化八年(1472)洪水题刻

重庆市合川区临江场涤冠台嘉陵江洪水题刻:

成化八年五月,大水至此。③

2. 正德十四(1519)、十五年(1520)洪水题刻

重庆市潼南县大佛寺涪江洪水题刻:

大明正德十四年六月二十八日,水泛至此,给事中席彖谨记。④

在这段题刻中的署名人"给事中席彖",明代四川遂宁县人。关于席彖,中华书局标点本《明史》卷一九七《席书传》附弟"篆",将其错写作"篆"。毛远明先生曾经就此进行细致的辩证,指出:⑤

---

① 《宋史》卷四〇八《汪刚传》,中华书局1985年版,第12309页。
② 《长江三峡工程水库水文题刻文物图集》,科学出版社1996年版,第10页。
③ 蔡东洲:《嘉陵江流域历代洪水碑刻考论》,《四川师范学院学报》(自然科学版)1999年第2期。
④ 《四川两千年洪灾史料汇编》,文物出版社1993年版,第528页。
⑤ 毛远明:《"席彖"而非"席篆"辨》,《中国史研究》2000年第3期。

一、《明清进士题名碑录》作"席彖"。上海古籍出版社1979年版《明清进士题名碑录索引》是据《进士题名碑》拓片、《登科录》，参以地方志编撰而成。书前《索引》为"席彖"；书中《历科进士题名录·明朝之部·正德九年甲戌科》"席彖"排在第五十二位。

二、《国榷》记作"席彖"。该书卷五一武宗正德十四年："谪户科给事中席彖夷陵州判官……以长按黔国公沐昆所劾按察使沈恩等事，词及彖。"又，卷五二世宗嘉靖元年："四月丁丑朔，戊寅，故给事中席彖，赠光禄寺少卿，予祭。"两处并作"彖"。

三、席彖自己的文章有明示。席彖少读书"梅山书屋"。后贬夷陵，途经故乡，作《灵泉山读书记》，文载《遂宁县志》卷一，称"彖少从兄福建方伯元山文同，及翰林吉士虚山仁同，学业城西长乐庵"。文中共有五处自谦称名，都作"彖"。

四、席彖次兄席春《登故弟彖梅山书屋》诗二首，载《遂宁县志》卷一。诗题作"彖"。

五、杨慎曾作《玉山翔凤赋》，被镌刻在遂宁玉堂山腰石壁。《遂宁县志》卷一："正德十五年三月望日，席彖书字。"明代黄华与席彖同乡，曾作《登梅山书屋》诗，称"空山尚有摩涯字，"凭吊席彖，涉其事。惜乎刻石今已湮没。

六、杨一清曾作《席光禄彖墓表》，称"司谏讳彖，字材同，号梅山，家世遂宁"。又说席彖贬夷陵，"过乡里，拜其邱垄曰：彖居言官，大孤严慈之训"。明载为"彖"。

七、孙承恩有《席少宰墓志铭》曾提及席彖，称"及长，与弟彖给事君从文襄公学。"

作墓志的杨、孙二人与席彖同时或稍后，其所记应该真实可靠。二墓志实物虽然未见，但其文均载于《遂宁县志》卷二。

八、《遂宁县志》卷三《选举》载，"席彖，正德丁卯科"举人；又，"席彖，九年，唐皋榜"进士。所记与《明清进士题名碑录索引》相符。

第一章 洪水题刻

现在，留在潼南大佛寺的这条明代正德十四年（1519）洪水题刻作为一条有力的证据证实了席彖非"席篆"，也给毛远明先生的证据加上了第九条。这条洪水题刻表明，席彖被贬夷陵，从其家乡遂宁赴夷陵的路途中，经潼南时，遇洪水，遂留下题刻于大佛寺石壁。

四川省合江县榕山镇长江洪水题刻：

正德十五年七月十五日，大水淹此。①

榕山镇在长江岸边，在合江县城下游，合江因赤水河、习水河汇合，汇入长江而得名。赤水河发源于云南镇雄，有四分之三的流域都在大山中，流域内降水主要集中在6—9月。习水河发源于今贵州与重庆交界处，总长150千米，落差达1190米，在夏季水量大，洪水多。由此可见，在赤水河与习水河汇入长江后，到了夏季，容易在合江县长江段出现洪水。

四川省泸州市纳溪区高洞乡洪水题刻：

正德庚辰年七月十五日，大水安（淹）上洞一丈。计吉。②

四川省泸县奎丰乡洪水题刻：

正德十五年，庚辰岁，七月十五日，水淹到此，书为计。③

正德十五年的洪水还被后来的人用来与当时的洪水进行对比，四川省宜宾市李庄镇涨水碑记：

大清光绪三十一年，岁次乙巳，七月初九日涨大水，淹至庙内玉皇楼下左右石梯，上台平弦。涨水后得见庙内岱宗殿右边壁内一

---

① 《四川两千年洪灾史料汇编》，文物出版社1993年版，第530页。
② 同上书，第529页。
③ 同上书，第530页。

古碑，系大明正德十五年庚辰岁中元节亦涨大水，较此高三尺。①

岷江由宜宾汇入金沙江，并由此开始正式称长江。李庄在宜宾下游约20公里的长江边。纳溪高洞在长江支流永宁河边。泸州是沱江与长江交汇处。因此，自宜宾之重庆，长江有不少大的支流汇入，极易出现洪灾。

《南溪县志》记载："正德十五年庚辰七月望日大水，李庄东岳庙玉皇楼石梯皆没，上至平台。"②

在《重庆府志》也记载："武宗正德十五年，重庆大水。"③《江津县志》的记载要更加详细一些："武宗正德十五年，县城水溢，舟入署，官民露宿南门外石子山，三日乃消。"④江津、巴县都在上述合江、纳溪、泸县、宜宾的下游地带，降雨和其他支流的汇入，长江洪水有增无减，于是在江津"县城水溢，舟入署"。

2. 嘉靖三十九年（1560）洪水题刻

重庆市涪陵区南沱镇长江洪水题刻：

加（嘉）靖三十九年，庚申年，水安在此处。⑤

重庆市忠县忠州镇北门村李家石盘长江洪水题刻：

大明庚申，加（嘉）靖三十九年七月二十三日，大水到此。⑥

重庆市忠县石宝镇和平村长江洪水题刻：

---

① 《四川两千年洪灾史料汇编》，文物出版社1993年版，第529页。
② 李凌宵修，钟朝煦等纂：《南溪县志》卷六《杂记》，《中国地方志集成·四川府县志辑32》，巴蜀书社1992年版，第722页。
③ （清）王梦庚修，寇宗纂：《重庆府志》卷九《艺文志·附祥异》，《中国地方志集成·四川府县志辑5》，巴蜀书社1992年版，第433页。
④ 聂述文等修：《江津县志》卷一五《祥异》，《中国地方志集成·四川府县志辑45》，巴蜀书社1992年版，第856页。
⑤ 《长江三峡工程水库水文题刻文物图集》，科学出版社1996年版，第11页。
⑥ 同上。

第一章
洪水题刻

加（嘉）靖三十九年七月二十三日，水迹。①

加靖是民间常用写法，即俗体，嘉靖三十九年为1560年；"安"是重庆当地方言，意思就是淹。在地方志记载中也有不少关于此次洪水的材料。《屏山县志》载："大水淹至文庙门，涨痕镌有字记。"②《直隶泸州志》载："五月大水。"③《归州志》记载："巴东县：秋七月，江泛，大水异常，沿江民舍、禾稼漂没。秭归县：夏五月，雨雹伤禾麦。秋七月，江泛，大水异常，沿江民舍漂流殆尽，禾稼漂没无存，秋饥。"④《东湖县志》记载："五月雨雹伤禾。秋七月，江水溢，漂民舍伤稼。至秋大饥。"⑤

《湖广通志》在论及荆州府堤防工程时，也记录了嘉靖三十九年长江洪水的巨大影响：

> 江水之患，全在荆州一郡。夹防南北，凡六县。北防则江陵、监利，堤凡四万九千余丈；南防则枝江、松滋、公安、石首，堤凡五万四千余丈。明嘉靖庚申岁（三十九年），洪水决堤，无虑数十处。而极为要害者，枝江之百里洲；松滋之朝英口；江陵之虎渡、黄潭镇；公安之瑶头铺、艾家堰；石首之藕池，诸堤冲塌深广，最难为力。每岁有司随筑随决，迄无成功。至四十五年十月，知府赵贤估议请筑，务期坚厚。自丙寅历戊辰，凡三冬，六县堤稍就绪，始立堤甲法。每千丈堤老一人，五百丈堤长一人，百丈堤甲一人，夫十人。江陵北防总共堤长六十六人，松滋、公安、石首南防总共

---

① 《长江三峡工程水库水文题刻文物图集》，科学出版社1996年版，第11页。
② （清）张曾敏修，陈琦纂：《屏山县志》卷八《杂志辑佚》，《中国地方志集成·四川府县志辑36》，巴蜀书社1992年版，第852页。
③ （清）田秀栗等修，华国清等纂：《泸州直隶州志》卷一二《杂类》，《中国地方志集成·四川府县志辑32》，巴蜀书社1992年版，第740页。
④ （清）沈云俊修，刘玉森纂：《归州志》卷九《艺文》，《中国地方志集成·湖北府县志辑53》，江苏古籍出版社2001年版，第740页。
⑤ （清）林有席修，严思濬等纂：《东湖县志》卷二《天文》，《中国地方志集成·湖北府县志辑51》，江苏古籍出版社2001年版，第30页。

堤长七十七人，监利东西防总共堤长八十人，夏秋守御，冬春修补，岁以为常。①

从以上题刻和文献记载可知，嘉靖三十九年的洪水影响的范围从四川屏山沿江而下，直到湖北荆州。

3. 万历十一年（1583）洪水题刻

陕西省安康市旬阳县汉水下游蜀河镇滨江山崖上有洪水题刻，记载：

万历十一年水至此高三尺，四月二十三日起。②

万历为明神宗朱翊钧年号，万历十一年为1583年。关于这次洪水，《万历陕西通志》载"万历十一年癸未夏四月，兴安州猛雨数日，汉江溢溢，全城淹没一空，溺死者五千人"③。

这次洪灾的一个结果，就是迫使金州在城南择址另建新城。由于洪水覆没金州城，遂于城南赵台山下筑新城，但老城并未废弃，并改金州为兴安州，属汉中府。万历二十三年（1595）兴安州从汉中府划出，直隶于陕西布政司，领汉阴、平利、旬阳、紫阳、白河、石泉等县。清顺治四年（1647）兴安州迁回老城。乾隆四十七年（1782）改设兴安府。

4. 崇祯洪水题刻

四川省宜宾县柏溪镇大石包金沙江水文题刻：

崇祯十七年，水涨至此。④

---

① （清）迈柱修，夏力恕等纂：《湖广通志》卷二〇《水利志》，景印文渊阁四库全书，第531册，台湾商务印书馆1986年版，第687页。
② 胡明思，骆承政主编；水利电力部暴雨洪水分析计算协调小组办公室，水利电力部南京水文水资源研究所编：《中国历史大洪水》（下卷），中国书店1989年版，第159页。
③ （明）李思孝修，冯从吾等纂，陕西省地方志办公室整理：《万历陕西通志》卷一一《水利》，国家图书馆出版社2017年版，第478页。
④ 四川省宜宾地区文化局编：《宜宾地区文物志》，1992年，第182页。

四　清代洪水题刻

1. 康熙十七年（1678）洪水题刻

四川省合江县南关城关洪水题刻：

> 戊午大水涨至此。①

2. 乾隆三十年（1765）洪水题刻

四川省广安县团堡乡渠江洪水题刻：

> 乾隆卅，河水涨。②

3. 乾隆三十五年（1770）洪水题刻

位于渠江上游的四川省通江县木溪濠水文站下游 200 米处有洪水题刻：

> 乾隆三十五年又五月初七日，河水泛滥至此岩脚。③

四川省平昌县兰草渡渠江洪水题刻：

> 乾隆大水至此石顶，庚寅五月十三日。④

重庆市合川区小沔乡顶罐村大石湾渠江洪水题刻：

---

① （清）田秀栗等修，华国清等纂：《泸州直隶州志》卷一二《杂类》，《中国地方志集成·四川府县志辑 32》，巴蜀书社 1992 年版，第 741 页。
② 《四川两千年洪灾史料汇编》，文物出版社 1993 年版，第 533 页。
③ 蔡东洲：《嘉陵江流域历代洪水碑刻考论》，《四川师范学院学报》（自然科学版）1999 年第 2 期。
④ 同上。

乾隆三十五年又五月朔日，江水泛涨至此。西蜀颖川郡人字。①

这一年的洪水还直接造成涪江流域的绵州州治的迁移。《直隶绵州志》载："乾隆三十五年（1770），绵阳'涪水异涨，城垣倾圮，裁汰罗江，移州焉'。由四川总督阿尔泰上奏朝廷，将绵州州治移至罗江县。直至嘉庆五年（1800），原涪江河道已淤塞填平，知州刘印全迫于防御白莲教进逼绵州，沿涪江新河道西岸重新筑城，嘉庆七年（1802）又将州治迁回绵阳。"②乾隆三十五年（1770）不仅在四川地区洪水泛滥，在黄河流域也出现洪水，如"闰五月二十五日河南布政使何煟上奏：节据黄沁厅禀报，沁河于初五、六、七等日长水六尺五寸。巩县禀报，洛河于初八日长水四尺三寸。陕州禀报，万锦滩于初八日长水四尺"③。

4. 乾隆四十三年（1778）洪水题刻

重庆市铜梁区石鼓乡玉坪村涪江洪水题刻：

乾隆四十三年，大水淹石堡。④

4. 乾隆四十六（1781）、四十七年（1782）洪水题刻

重庆市潼南县大佛寺涪江洪水题刻：

乾隆四十六年，辛丑岁，六月十五，水到此。⑤
乾隆四十七年，水到此。⑥

---

① 蔡东洲：《嘉陵江流域历代洪水碑刻考论》，《四川师范学院学报》（自然科学版）1999年第2期。
② （清）文启等修，伍肇龄等纂：《直隶绵州志》卷一一《城池》，《中国地方志集成·四川府县志辑16》，巴蜀书社1992年版，第117—120页。
③ 《清代黄河流域洪涝档案史料》，"乾隆三十五年河南布政使何煟奏"条，中华书局1993年版，第280页。
④ 蔡东洲：《嘉陵江流域历代洪水碑刻考论》，《四川师范学院学报》（自然科学版）1999年第2期。
⑤ 《四川两千年洪灾史料汇编》，文物出版社1993年版，第532页。
⑥ 同上书，第534页。

5. 乾隆五十一年（1786）洪水题刻

重庆市綦江县盖石洞綦江河洪水题刻：

乾隆丙午年，水淹至此。黄维椿记。①

綦江河是长江南岸的一级支流，发源于今贵州省习水县双龙区仙源乡黄桷垭，河道全长约216千米，流域面积2300余平方千米，流域跨贵州、重庆，包括今贵州的习水县、桐梓县，重庆市的綦江区、南川区、巴南区、江津区、万盛区，在江津区的顺江场汇入长江。

重庆市巴县青山镇长江洪水题刻：

乾隆五十一丙午年，六月二十一，山水长上好年成。②

6. 乾隆五十三年（1788）洪水题刻

重庆市巴县青山镇长江洪水题刻：

戊申年六月十八，涨水碑记，己酉年二月立。③

重庆市江北区唐家沱长江洪水题刻：

大河水，乾隆五十三年戊申，大水安（淹）此处。④

重庆市江北陈家馆沙湾河街39/4号宅后岩石嘉陵江洪水题刻：

乾隆五拾三年，大水淹此。六月十二长，十九日退。戊申立。⑤

---

① 《四川两千年洪灾史料汇编》，文物出版社1993年版，第534页。
② 《长江三峡工程水库水文题刻文物图集》，科学出版社1996年版，第12页。
③ 同上书，第13页。
④ 同上。
⑤ 同上书，第12页。《四川两千年洪灾史料汇编》，文物出版社1993年版，第534页。

乾隆五十三年，大水淹此。六月十二长水，十九日退水。易蔚立。①

重庆市长寿区江南镇新场长江洪水题刻：

乾隆戊申年，大水至此。②

重庆市涪陵李渡镇小溪村长江洪水题刻：

水涨大江贯（灌）小溪，戊申曾涨与滩齐。迄今八十单三载，涨过旧痕十尺梯。观涨人题。庚午年六月廿日水涨至此。③

重庆市涪陵百胜镇紫竹村长江洪水题刻：

乾隆戊申年，六月二十，大水记。④

重庆市涪陵清溪镇石盘溪长江洪水题刻：

乾隆伍拾三年，戊申岁，六月十九日，大水止此。杨殿选题。⑤

重庆市丰都县汇南乡丁庄村长江洪水题刻：

乾隆伍拾三年，六月二十，大水淹。⑥

---

① 《长江三峡工程水库水文题刻文物图集》，科学出版社1996年版，第13页。《四川两千年洪灾史料汇编》，文物出版社1993年版，第534页。
② 《长江三峡工程水库水文题刻文物图集》，科学出版社1996年版，第14页。
③ 同上。
④ 同上书，第15页。
⑤ 同上。
⑥ 同上书，第16页。

第一章 洪水题刻

重庆市丰都县名山镇古家田村长江洪水题刻：

  乾隆五十三年，大水至此。①

重庆市忠县洋渡镇大马溪洪水题刻：

  戊申年大水。②

重庆市忠县洋渡镇大堰村洪水题刻：

  戊申年六月廿二日，长大水，安齐治步止，人难行。袁天海字。③

重庆市万州区襄渡镇团石堡洪水题刻：

  乾隆五十三年，六月十九日，大河水涨安齐至记。④

重庆市万州区高峰镇黄连村洪水题刻：

  皇清乾隆五十三年，六月二十，水安此处。⑤

湖北省宜昌市三斗坪陈家冲洪水题刻：

  清乾隆戊申年，大水至此，后世莫谓言之谬也。⑥

---

① 《长江三峡工程水库水文题刻文物图集》，科学出版社1996年版，第15页。
② 同上书，第16页。
③ 同上。
④ 同上书，第17页。
⑤ 同上。
⑥ 同上书，第20页。

湖北省秭归县归州镇洪水题刻：

乾隆五十三年，戊申岁，水涨到此下一尺。①

湖北省秭归县香溪双凤桥洪水碑记：

五十三年，大水至增广，崩桥也。又到五十四年重修。②

湖北省秭归县香溪屈原庙洪水碑记：

乾隆戊申，江水泛涨，墙屋不无颓坏，沙泥淤积，金身未免……皇清乾隆五十四年十月二十五日立。③

湖北省秭归县庙河小学洪水题刻：

大清乾隆戊申年，大水至此。④

乾隆五十三年（1788）六月的大洪水，涉及范围广，影响大，从四川宜宾一带直到湖北秭归，地方志中的记载十分频繁。《叙州府志》记载："瀛洲阁，在县东八里，中流有洲，阁建其上……乾隆五十三年大水冲圮。"⑤《南溪县志》也记载："大水冲圮瀛洲阁。"⑥自南溪东下约百里的纳溪，"戊申五月内地震。六月大水，漂没民居多所。是秋久

---

① 《长江三峡工程水库水文题刻文物图集》，科学出版社1996年版，第17页。
② 同上书，第19页。
③ 同上。
④ 同上书，第18页。
⑤ （清）王麟祥修，邱晋成等纂：《叙州府志》卷二三《祥异》，《中国地方志集成·四川府县志辑28》，巴蜀书社1992年版，第572页。
⑥ 李凌霄修，钟朝煦等纂：《南溪县志》卷六《杂记》，《中国地方志集成·四川府县志辑32》，巴蜀书社1992年版，第266页。

第一章 洪水题刻

旱，欠收"①。泸州、合江也都有类似记载。

今重庆境内各县，对此次洪水的记载则更加普遍。《江北厅志》载："仁里五甲洞口有写字岩，乾隆戊申大水，舟人书字为记，嗣后凡遇大水，皆有书者。"②《丰都县志》载："六月，江水暴涨入城，溢于屋。知县李元挈居民登平都山避之，三日水落，不伤一人。"③忠州，"乾隆五十三年戊申，六月，大水进城，船行于南门内，漂没沿河庐舍人畜甚众"④。洪水对万县的破坏比较大，"六月大江水涨，东南一带城墙淹坍五十七丈五尺，膨裂三十八丈，续坍二十九丈七尺。大水入城，静波楼坍"⑤。民国《云阳县志》的记载更加丰富，"县城在汤溪入口处……自明以前，但有土城，其原委不可考……万历二年大水城坏，乃为石城，周围八里三分，高约一丈四尺……乾隆五十三年，水啮其东，付城内重门一带皆溃"⑥。"龙门滩，距城西三十里，两山中夹巨石成坎，溪水悬流。常有鱼溯水跃上，故一名跳鱼洞。上有古刹，土人刻石以记水灾曰：乾隆五十三年水淹龙门滩，同治九年水涨至蛇前嘴。"⑦

洪水对湖北秭归的影响依旧很大，"自三珠石以下，旧有南丈珠、北丈珠、龙须沱、牯牛石、羊背滩五滩。乾隆五十三年大水后，牯牛石、羊背不复成滩，而南丈珠、北丈珠、龙须沱近亦不以滩名也"⑧。五滩的变化，都是由于历代大水将滩石逐渐冲去所致，如"羊背滩昔系

---

① （清）赵炳然、陈廷钰等纂修：《纳溪县志》卷二《建置》，《中国地方志集成·四川府县志辑32》，巴蜀书社1992年版，第192页。
② （清）富珠朗阿修，宋煊、黄云衢纂：《江北厅志》卷二《舆地》《中国地方志集成·四川府县志辑5》，巴蜀书社1992年版，第466页。
③ 黄光辉等修，郎承诜等纂：《丰都县志》卷十二《祥异》，《中国地方志集成·四川府县志辑47》，巴蜀书社1992年版，第695页。
④ （清）侯若源等修，柳福培纂：《忠州直隶州志》卷一一《外志》，《中国地方志集成·四川府县志辑53》，巴蜀书社1992年版，第581页。
⑤ 同治《增修万县志》卷四《城池》，《中国地方志集成·四川府县志辑32》，巴蜀书社1992年版，第241页。
⑥ 朱世镛等修，刘贞安等纂：《云阳县志》卷二《建置》，《中国地方志集成·四川府县志辑53》，巴蜀书社1992年版，第15页。
⑦ 朱世镛等修，刘贞安等纂：《云阳县志》卷三《山水上》，《中国地方志集成·四川府县志辑53》，巴蜀书社1992年版，第24页。
⑧ （清）沈云俊修，刘玉森纂：《归州志》卷一《舆地》，《中国地方志集成·湖北府县志辑53》，江苏古籍出版社2001年版，第463页。

极部险滩,因乾隆五十三年大水,将滩石冲去,滩头略平,尚非至险"①。

除了地方志的记载,在清政府的档案资料中,对这次洪水的记录从四川经湖北、湖南、江西、安徽,直到江苏,这是一次长江全流域发生的特大洪水灾害,其成因主要是发生在夏季大雨所致。②

四川境内:"六月以来,于初七、初八、初十、十五、十六等日连得大雨,余日阴晴各半。(据禀报)……沿河各州县水势直卸而下,并无泛溢之虞。惟下游忠州属之丰都、夔州府属之万县、云阳、奉节、巫山等县,地势稍低,于连得大雨河水泛涨之时,又值上游灌注,一时宣泄不及,遂致漫溢上岸,但一二日之间,即行消退。"这与地方志的记载和上述各地的洪水题刻记录相一致。

湖北境内:"本年江水甚大,被淹地方较广……缘入夏以来雨水较多,上游溪涧及川南诸同时盛涨,兼之江西水发,由彭泽湖出口横截大江,水势骤难宣泄,以致到处漫溢。""荆州因江水泛涨,溃决堤塍,致满汉两城均被淹浸。"

湖南境内:"七月初六日,据岳州府属华容县知县禀称,卑县地方南连洞庭,北接荆江,时当夏令,湖水本属盈溢,兹于六月十九至二十二等日,连日阴雨,又值荆河、襄江二水并发,建瓴而下,一时宣泄不及,陡长二丈二尺有余。风大浪急,水高堤面,各堤垸同时漫溢,人力难施。"

江西境内:"六月十九、二十等日,大雨连朝,接壤之楚省叠次水发,兼之川水汇入,长江水势倒漾,以致鄱阳湖之水顶阻,无从宣泄,低洼之处,积水难消。"

安徽境内:"盛夏江水涨发,较往年略大,怀宁、桐城、宿松、望江、贵池、东流、铜陵、当涂、芜湖、繁昌、无为、和州等州县,沿江一带低处洲田,间有漫溢。""本年夏间雨水稍多,又值湖广、江西之

---

① (清)沈云俊修,刘玉森纂:《归州志》卷一《舆地》,《中国地方志集成·湖北府县志辑53》,江苏古籍出版社2001年版,第463页。

② 以下各省水情资料均出自水利水电科学院水利史研究室《清代长江流域西南国际河流洪涝档案史料》,中华书局1991年版,第475—476页。

水汇注，致沿江怀宁、铜城等十二州县低田被淹。"

江苏境内："本年夏秋以来雨泽沾足……江宁府所属沿江围田，亦因六七月以来江水涨漫，致有淹浸……江宁所属之江宁、上元、句容、江浦、六合五县，沿江被水围田，各居该境不及十分之一。"

1788年发生的此次大水，由于天气原因，导致长江上、中和下游地区流域雨水频发，中下游地区洪峰叠加，造成洪涝灾害。从受灾情况来看，灾情最重的是长江三峡、湖北、江西等地区，安徽次之，江苏属于一般性洪涝。

在军机处奏折中，对洪水的记载描述却是另一种景象，与地方志中对这次洪水造成巨大影响和灾害的记录颇有些不同：

> 川省六月以来，初七、初八、初十、十五、十六等日，连得大雨，余日亦阴晴各半。据各属禀报：一切高下田畴及山头地角，无不一律普遍，不特中晚禾稻得以沾润透足，即将来猪畜亦属有资……惟十五、十六等日之雨过于急骤，各处山水陡发，汇入川河。其成都、嘉定、泸州、叙州、重庆等府沿河各州县，水势直卸而下，并无泛洪之虞。惟下游忠县属之丰都、夔州府属之万县、云阳、奉节、巫山等县，地势稍低，于连得大雨，河水泛涨之时，又值上游灌注，宣泄不及，遂致满溢上岸，但一、二日之间，即行消退。①

7. 乾隆五十四年（1789）洪水题刻

湖北省秭归县郭家坝镇东门头村长江洪水题刻：

> 大清乾隆五十四年，戊申，水平此桥。嘉庆元年，丙辰岁，水平桥洞上。咸丰十年，大水到此桥上，六月初一日立。②

---

① 《军机处奏折》，故宫档案馆藏。
② 《长江三峡工程水库水文题刻文物图集》，科学出版社1996年版，第18页。

8. 乾隆五十九年（1794）洪水题刻

重庆市渝北区石船镇麻柳村活脚湾上溪的石壁上刻有：

清乾隆五十九年甲寅，六月初十夜，水过石梁三尺，九月重建。会首刘文奉，李仕鼎。①

9. 嘉庆六年（1801）洪水题刻：

湖南省怀化市中方县荆坪古村舞水河洪水题刻：

嘉庆陆年端阳后三日洪水涨至此记。

此题刻在荆坪古村潘氏祠堂北面封火墙的外墙壁上，镶嵌在墙壁中，距离地面4米多高。舞水河为沅江支流。题刻距离地面如此之高，足见嘉庆六年（1801）的洪水泛滥程度。

10. 嘉庆七年（1802）洪水题刻：

重庆市铜梁区人和乡永清村龙洞岩涪江洪水题刻：

嘉庆七年七月二十八日，大水到此，沟水一丈高。②

江西省黎川县德胜镇茅店村德胜河洪水题刻：

大清嘉庆壬戌七年七月十五日子时，洪水克来，此石为记。当日茅店、官川房屋田地一片成洲，淹死人丁一百数十有余。水迹至五通半山岭之高，茅店只剩邓姓房屋一所，官川只剩彭宅老屋一栋。直下新城，上下大桥尽冲去，只剩横港、新丰显神通。又至西城、横村、丁吴淹死人口数千有余，细事难此言尽。

---

① 《长江三峡工程水库水文题刻文物图集》，科学出版社1996年版，第20页。
② 蔡东洲：《嘉陵江流域历代洪水碑刻考论》，《四川师范学院学报》（自然科学版）1999年第2期。

德胜河为抚河的支流，抚河为长江支流。此题刻中所记录的"新城"，指清代黎川县县城。

11. 嘉庆十二年（1807）洪水题刻
重庆市合川区小沔乡黄桷湾路边渠江洪水题刻：

境地有水口，昔有双桥，去夏水涨，将下桥推去，但此桥系往来行人之在道，余自捐资修建，敢曰岂利济行，余不过前善之不坠云耳，此序。信士陈现彩。嘉庆丁卯花月上浣日立。①

12. 道光四年（1824）洪水题刻
重庆市合川区临江场渠江洪水题刻：

道光甲申年闰七月二十七日大水。②

13. 道光二十年（1840）洪水题刻
四川省江油市涪江通口河洪水题刻：

庚子年涨水至。③

四川省绵阳市涪江洪水题刻：

是桥也，上通龙茂，下达潼绵，虽非巨浸，实属要津，自古固有桥也，乾隆初坏于水……嘉庆八年复坏……道光庚子年八月大水涨，奔腾澎湃，桥复中断。④

---

① 蔡东洲：《嘉陵江流域历代洪水碑刻考论》，《四川师范学院学报》（自然科学版）1999年第2期。
② 同上。
③ 《中国历史大洪水》（下卷），中国书店1989年版，第172页。
④ 同上。

重庆市潼南县玉溪乡涪江洪水题刻：

> 庚子年洪水泛涨，半壁临江……①

四川省苍溪县嘉陵江洪水题刻：

> 于道光庚子年秋八月河水涨，淹庙廊……②

四川省阆中市南津关嘉陵江洪水题刻：

> 道光二十年八月内，河水泛涨，将庙宇山门河堤冲去……③

四川省广安市渠江洪水题刻：

> 清道光庚子桂月合阳瀼水至此。④

所谓"瀼水"，陆游《入蜀记》载："土人谓山间之流通江者曰瀼。"道光二十年（1840）七月末至八月初，四川省境内出现了一场持续了四五天的大范围暴雨，岷江、沱江、涪江、嘉陵江、渠江等均发生了特大洪水。江河下游沿江城镇俱遭水淹，资中县洪水淹及城垛，合川县均被水淹，合城街巷所余无几。

1840年，这也是本书研究中所涉及时间的下限，此后在长江流域出现过同治九年（1870）大洪水，几乎遍及整个长江流域，也在干、支流留下近200段题刻，对于这次洪水题刻的辑录与研究，有不少成果

---

① 《中国历史大洪水》（下卷），中国书店1989年版，第172页。
② 《万寿宫碑记》，《中国历史大洪水》（下卷），中国书店1989年版，第172页。
③ 《重修临江碑记》，《中国历史大洪水》（下卷），中国书店1989年版，第172页。
④ 《中国历史大洪水》（下卷），中国书店1989年版，第172页。

第一章 洪水题刻

可供参考。①

明清时期（1368—1911）在我国称小冰期，史料所记载的长江流域洪水中，有近80%集中出现在小冰期最冷期（距今300—今100年）。②从长江流域的题刻来看，在小冰期最冷期，自乾隆年间以来至19世纪末，洪水十分频繁，留下的题刻也最多。

长江流域的洪水，大多与降水有关，所以多集中在夏季。如綦江流域，降雨年内分布较为集中，且时有暴雨发生。加之河道浅窄，坡度平缓，泥沙淤积，常致暴雨成灾。如《綦江县志》记载："清道光九年、十年、十一年并大水，而十一年（1831）水且入城，于是南关以东大析裂，民居半荡析，并北关亦坏，将不复成县治矣。"③

据对清代三峡地区水灾的研究，学者指出三个多发期：从顺治十五年（1658）至康熙三十九年（1700），42年中发生5次水灾，平均每8.4年发生一次；从乾隆十年（1745）至道光十三年（1833），88年中发生25次水灾，平均每3.5年发生一次；从咸丰八年（1858）至光绪三十一年（1905），47年中发生25次水灾，平均每1.9年发生一次；因此，清代三峡地区的水灾有愈演愈烈的趋势。④而且通过对发生过水灾的58个洪涝年各年内水灾发生的月份的统计，水灾主要出现在阴历三、四、五、六、七月。

第三节 黄河流域洪水题刻整理

相较于长江流域，黄河流域的洪水题刻数目少，而且完全不像长江流域题刻基本出现在江岸石壁上，黄河流域的题刻主要是以碑刻的形式

---

① 《长江三峡工程水库水文题刻文物图集》，科学出版社1998年版。胡人朝：《长江上游历史洪水题刻、碑记考察》，《西南大学学报》（社会科学版）1981年第3期。王帆、楚宜：《同治九年长江洪水题刻及相关问题研究》，《北方文学》2014年第8期。

② 朱诚、于世永、卢春成：《长江三峡及江汉平原地区全新世环境考古与异常洪涝灾害研究》，《地理学报》1997年第3期。

③ （清）宋灏修，罗星等纂：《綦江县志》卷一〇《祥异》，《中国地方志集成·四川府县志辑7》，巴蜀书社1992年版，第681页。

④ 华林甫：《清代以来三峡地区水旱灾害的初步研究》，《中国社会科学》1999年第1期。

存在，这种情形与黄河沿岸的地质地貌有密切的关系。黄河上游在历史上一直是游牧地区，自兰州以下，方进入中原，即《宋史》所说的："东北流至兰州，始入中国。"而从兰州向东北流、今贺兰山沿线，直至阴山脚下的河套地区，也一直是在农牧交界地区，"经三受降城、丰东胜州，折而南"，方进入农耕地区，但是这一带在黄土高原，即便是有洪水灾害，也往往没有坚硬岩壁可供大量留下洪水题刻。到潼关向东流，"东出三门，集津为孟津，过虎牢，而后奔放平壤。吞纳小水以百数，势益雄放，无崇山巨矶以防閑之，旁激奔溃，不遵禹迹。故虎牢迤东距海口三二千里，恒被其害，宋为特甚"①。因此，黄河流域在唐代以前一直作为政治统治的中心区域，统治者尤其重视水情水患，而现今在黄河流域所见的洪水题刻不多并非其洪水较少的缘故，而是这种特殊的地质条件使其原本留在河岸石壁的题刻少之又少，而以碑刻形式留存，或者在其他建筑物上留下的洪水痕迹往往又会在历史上的动荡、战乱、灾害等因素的影响下逐渐消失殆尽。

一　河南洪水题刻

1. 黄初四年（223）伊阙石铭

伊阙即著名的龙门石窟所在地，龙门是洛阳南面的天然门户，伊水中流，两岸香山、龙门山相对而立，远望就像天然的门阙一样。因此自春秋战国以来，这里就获得了一个形象化的称谓——伊阙。《左传·定公八年》："秋，晋士鞅会成。桓公侵郑，围虫牢，报伊阙也，遂侵卫。"② 郦道元《水经注·伊水》："伊水，又北入伊阙。昔大禹疏以通水，两山相对，望之若阙，伊水历其间北流，故谓之伊阙矣。《春秋》之阙塞也。"③ 隋炀帝都洛阳，因皇宫大门正对伊阙，古代帝王又以真龙天子自居，因此得名"龙门"，"龙门"之名即沿用至今。在郦道元

---

① 《宋史》卷九一《河渠一》，中华书局1985年版，第2255页。
② 《春秋左传正义》卷五五，（清）阮元校刻《十三经注疏》，中华书局1980年版，第2142页。
③ （北魏）郦道元原注，陈桥驿注释：《水经注》卷一五，浙江古籍出版社2013年版，第211页。

第一章 洪水题刻

《水经注》载有伊阙石铭两则，其中左壁刻石为：

> 黄初四年六月二十四日辛巳，大水出，举高四丈五尺，齐此以下。（盖记水之涨减也）①

黄初四年为223年，即魏文帝曹丕在位时期，"齐此以下"明确反映出当时应该在此做了记号。此铭文今已不见实物，或为后代开凿龙门石窟所破坏。但是，《水经注》中的记载为我们留下了最早的洪水题刻记录。可见早在三国初期，观水刻石已经成为一种重要活动。

2. 乾隆二十六年（1761）题刻

下列六组碑刻，②记载均为乾隆二十六年（1761）因黄河漫溢，致使伊河、洛河河水四溢，冲塌沿岸屋舍等情况：

《洛河支流涧河碑记》：

> 七月十五日，天降暴雨，昼夜不止，至十八日涧水泛涨，横流出岸，沿河房舍，尽被冲塌。

涧河为洛河支流，发源于河南省渑池县北，在今洛阳王城公园南注入洛河，全长120余千米，流域面积1300平方千米。

《洛河谷堆头村金装大地真君像碑》：

> 自乾隆二十六年大雨施行，忽伊洛河发水，涨十余丈，村庄房屋淹塌无遗（偃师岳滩）。

偃师岳滩位于伊河与洛河汇流处，过去常遭水灾，传说为避免水患

---

① （北魏）郦道元原注，陈桥驿注释：《水经注》卷一五，浙江古籍出版社2013年版，第211页。这条洪水记录，在自然科学的相关研究中也被作为重要依据，结合对伊洛河流域进行的水文学和沉积学野外调查，进行历史洪水的水文学重建。胡贵明、黄春长等：《伊洛龙门峡段全新世古洪水和历史洪水水文学重建》，《地理学报》2015年第7期。

② 史辅成：《黄河碑刻暴雨洪水》，《人民黄河》1993年第11期。

· 35 ·

曾名"双龙镇",后取"山"上有"丘"即"岳",以难淹此滩之意,故岳滩。

《洛河重修洛渡桥碑》:

> 七月十六日,洛、涧水溢,南至望城岗,北至华藏寺,庙前水深丈余,将桥木随水冲去。水至十八日方落。

《偃师县西石桥重修观音堂碑》:

> 乾隆辛巳秋,洛水泛涨,堂之前后左右,水深丈余,虽旧址犹存,而神像倾圮殆尽。

《偃师二里头寨重修牛王庙碑》:

> 牛王庙由来久矣,自乾隆二十六年秋七月,伊洛水涨,庙颓神压,荒凉凄惨不堪……

《偃师老城重修大堤碑》:

> 是年,黄河漫溢,伊洛水无处归,遂泛溢四出,竟入县城,官厅民庐淹没无算,水势猖狂……

3. 黄河博物馆收藏刻石

河南省郑州市的黄河博物馆收藏有一块清代碑刻,由河南省渑池县西柳村村民刻制,高 26 厘米、宽 20 厘米的碑,记载了道光二十三(1843)黄河涨水情况。题刻如下:

> 道光廿三年河涨至此,咸丰二年张合族修,继先记。

与此题刻同时被发现的还有在渑池县东柳窝村火神庙的东墙外的一

段题刻，高46厘米、宽38厘米，刻写着：①

> 道光二十三年又七月十四日，河涨高数丈，水与庙檐齐。咸丰二年立石。

道光二十三年（1843）夏，黄河北干流与渭河流域连降大雨，河水骤涨，淹没冲毁农田房舍无数。根据历史资料和洪水痕迹推算，这次洪水是黄河上流量最大、水位最高的一次特大洪水。陕县洪水洪峰流量最大达36000立方米每秒。这块刻石是推算当年洪水流量的重要依据之一。②

4. 石道记碑

在龙门石窟魏字洞北侧摩崖间，有咸平三年（1000）所刻《石道记碑》，记录了太平兴国八年（983）洛阳发生洪灾，高僧赞宁入告朝廷，请求并主持修复龙门石道的事，其中载：

> 太平兴国八年五月，西京洛阳洪涝成灾，伊阙首当其冲，以致房舍倾圮，物产漂溺，垣路崩陷，行旅中止。③

5. 伊洛大涨碑记

在偃师市顾县镇曲家寨村老君洞内一所房子的南墙上，镶嵌着《伊洛大涨碑记》，碑文不仅记载了康熙四十八年（1709）、雍正十二年（1734）的洪水灾害，尤其对乾隆二十六年（1761）七月的洪水灾害记录十分详细：

> 洪水横流，载在《尚书》，迨其后而水溢之患，笔之简编者，何代蔑有，然指不胜屈矣，姑且弗论。第以近今者言之，以近今水之不测者言之。康熙四十八年六月间，伊洛泛滥，田禾尽为淤泥，

---

① 《黄河洪水见证碑》，《中国水利报》2002年2月12日。
② 《1843年8月黄河中游洪水》，《水文》1985年第3期。
③ 河南省文物局：《河南碑志叙录》，中州古籍出版社1992年版，第232页。

而室庐仅得幸存，平野之水深有一丈；至雍正十二年秋七月廿三日，水复为灾而村巷流波，深有七尺，其时房屋倾塌者十有五六。吁！水患至此为已极矣，然而犹其小焉者也。乾隆二十六年秋七月望六日，伊洛横溢，来无际涯，流入村中即有七天余。七日则下流壅塞，而水添少许。迨八日夜半，河水洋洋，兼以淫雨霏霏，顷刻间水深一丈有四。斯时也，妇女呼诸天，闻之酸鼻；婴儿掷于水，见者惨目。或乘木为筏，或架树为巢。余家幸登高楼，亦仅以身免。而瞻望庐舍，湮没殆尽；牛马鸡犬，咸逐浊浪而东矣！呜呼噫嘻！此诚人间不经见之水也。而任君曰："水出非常，人所罕见，何不刻诸石，俾后之游子骚客，登临于斯者，咸知之曰：某年某月伊洛之所大涨也，几丈几尺，伊洛所涨之究竟也。"余奉教于任君，遂搁管而书之。

邑庠生曲奏凯旋歌氏撰文并书

道人任来瑞立石

怀庆孟县马有成镌字

大清乾隆三十年岁次乙酉秋七月下浣吉日[①]

二　山西洪水题刻

明成化十八年（1482），晋东南地区发生了一场罕见的大洪水，这场洪水异常凶猛，造成了极大的破坏，在史书中多有记载。在沁河流域还有几块洪水题刻和碑记。

山西阳城县河头村渡口指水碑刻有：

大明成化十八年六月十八日水发至此。[②]

山西阳城县润城公社九女台，坐落在沁河左岸，上建古庙九女祠，在庙门迎面天然崖壁上刻有：

[①] 范天平：《豫西水碑钩沉》，陕西人民出版社2001年版，第190页。
[②] 据1954年黄河水利委员会调查资料，该碑位于沁河左岸，于1941年日寇扩修公路时被毁。据1954年黄河水利委员会调查资料。

第一章 洪水题刻

成化十八年河水至此。①

山西阳城县瓜底村南崖壁上刻字：

成化十八年大水过崖头。②

《明宪宗实录》记载："河南自六月以来雨水大作，怀庆等府、宣武等卫所塌城垣一千一百八十余丈，流军卫有司衙门、坛庙、民居房屋共三十一万四千间有奇，淹死者一万一千八百五十七，漂流马骡等畜一十八万五千四百六十九。"③ 面对这次大洪水造成的灾害，朝廷除了赈灾，还在灾后免除灾区的粮草之赋。

> 成化十八年冬十月……甲申，以水灾免直隶隆庆州并永宁县粮三千三百九十余石，草四万四千一百二十余束。④

> 成化十八年十一月……辛丑，以水灾免陕西庆阳等六府十二卫所粮二十万一千五百余石，草二十八万四千九百五十余束，布一千七百三十余匹。⑤

> 成化十八年十一月……丁巳，以水灾免山西潞州及孝义等十二州县共粮六万八千一百九十余石，草十三万六千三百八十余束，其泽州及曲沃等十六州县卫所粮三万六千四百余石，草六万七千九百六十余束于内免十之七。⑥

---

① 卫伟林主编：《三晋石刻大全·晋城市阳城县卷》，三晋出版社2012年版，第32页。
② 据1954年黄河水利委员会调查资料，位于沁河支流阳城河左岸，已毁。
③ 《明宪宗实录》卷二三〇《成化十八年八月》，第3939页。
④ 《明宪宗实录》卷二三三《成化十八年十月》，第3973页。
⑤ 《明宪宗实录》卷二三四《成化十八年十一月》，第3978页。
⑥ 同上书，第3985页。

成化十九年夏四月……丁丑，免河南税粮子粒共六十六万余石内十分之八，以雨雹伤稼故也。①

第四节　其他河流流域洪水题刻整理

一　海、滦河流域乾隆五十九年（1794）洪水题刻

海、滦河流域（包括海河、滦河、徒骇河、马颊河流域）位于我国华北地区。流域内有燕山和太行山两大山脉，海拔多在500—2000米之间，最高的五台山主峰北台顶海拔3058米。燕山和太行山分别位于流域的北部和西部，形成一道高耸的屏障，阻挡着海洋水汽的畅通深入。山系以北和以西为内蒙古高原和山西高原，以东和以南为辽阔的华北平原，山地和高原占流域面积的60%，平原占40%。平原与山脉之间地形变化剧烈，丘陵过渡段短促，流域内的地形特征，对暴雨的形成和分布产生显著的影响。

平原地势大致由西南向东北倾斜，大部分海拔在50米以下，坡度在万分之一左右。历史上受黄河多次改道的影响，平原内形成若干纵横交错的垄岗和洼地，排水不畅，极易造成大面积的洪涝灾害。

《中国历史大洪水》载有乾隆五十九年（1794）海、滦河流域洪水碑刻资料，今将材料转录如下。②

清水河李家庄碑文摘录。清水河李家庄李佳和房屋，原为李家庄龙王庙旧址，现李佳和家存有原龙王庙内重修桥的碑刻，为嘉庆三年（1798）仲冬所立，摘录如下：

> 李家庄往东临河下游，素有板桥数处，上通至省，下通至□□，以便往来，屡历多年，至乾隆五十年、五十九年二次大水，漂去大半，数年秋遗，人有危渡之害……

---

① 《明宪宗实录》卷二三九《成化十九年四月》，第4056页。
② 胡明思、骆承政主编：《中国历史大洪水》，中国书店1989年版，第201页。

清水河耿家会碑文摘录。耿家会原龙王庙废址有嘉庆五年（1800）七月立碑，其文如下：

本村旧有板桥三座，建立多年，乾隆五十九年间被山水漂塌，往来人庶，□□于步涉……

滹沱河正定小孙村碑文：

余家世居郡西小孙村，西滨滹水，屡没冲塌，方拟避涉他乡，有志未逮。不意乾隆五十九年六月廿三日河水骤长。顷刻将一乡数百家悉没，片瓦无存……忽触南房木梯一具……做一筏，阖家乘之……院中之水已数尺……倾之房屋全悉没……漂起冲至塔元庄西南而得浅……淫雨如注……上溜冲来树木直下如矢……水势如龙激，声如雷鸣……先逃至大孙村，又回至战村。大清同治六年岁次丁卯六月立。

滹沱河获鹿古贤村碑文。获鹿古贤村刘崔海家门口左边墙下石碑：

乾隆五十九年六月廿三日夜晚之间，滹沱河之水溢于河外，是以洪水泛于里中，父兄子弟或逃于东岸或登于大树，房屋尽皆淹塌，器用无存者。

冶河井陉县南河头村碑文摘录：

贻前碑序云……延及乾隆五十九年圣象庙宇具随波沦没矣，水之泛涨较之往昔……

冶河井陉县石圪垯村有一关帝庙重修碑记，摘录如下：

吾乡旧有关帝庙一处，未知创立何时，自乾隆五十九年六月二

· 41 ·

十三日河水大发，冲去庙宇至于今而不复整，不亦泯前人之辛苦乎，于是合村公议卜地重依……咸丰元年六月立。

二 福建安溪洪水题刻

福建安溪县官桥镇吾宗村漈口山下，离蓝溪支流有六七百米远，在一块圆形的巨石上，刻有：

明万历甲寅年洪水至此。

明万历甲寅年，即四十二年（1614），是年夏田，泉州沿海海水一日三潮。秋，泉属各县大水，平地数尺，田宅庐舍多坏。南安坏民居无数；安溪城垣崩坏，冲塌民舍百余间，民溺死者数百人，高山崩塌。

三 浙江丽水南明山瓯江洪水题刻

浙江省丽水城南15公里南明山上，现存摩崖题记58处，主要分布在石梁、高阳洞、云阁崖三处，在高阳洞口下首崖壁上还有一则记载洪水的题刻，即无名氏刻写的《高阳洞纪事》：

大宋绍兴甲子丙寅岁，洪水自溪暴涨，约高八丈，人多避于楼屋，溺死者不可胜计，因纪于石，以告后来。①

该题刻真实记录了北宋绍兴十四年甲子（1144）和十六年丙寅（1146）两次洪水暴发给丽水百姓带来的巨大灾难。

四 安徽天门山洪水题刻

安徽省马鞍山市和县白桥镇西梁山山崖上，有明万历三十六年（1608）长江洪水题刻：

---

① 浙江省水文志编纂委员会：《浙江省水文志》，中华书局2000年版，第221页。

万历三十六年，洪水至此。

本镇乡约：

□寿　洪稷　□其贤　张年　方挺式　陈炜　江□学

五　广西桂林芙蓉石洪水题刻

广西壮族自治区桂林市花桥头芙蓉石漓江洪水题刻：

大宋崇宁五年丙戌岁六月二十九日大水泛至此。

崇宁五年为1106年。此题刻为芙蓉石摩崖石刻，高一尺四寸，宽一尺七寸，真书径一寸六分。[①]

六　广东肇庆七星岩摩崖石刻

在广东肇庆七星岩景区，有著名的七星岩摩崖石刻，石刻内容极为丰富，共有石刻531则，其中唐代至民国415则，当代116则，为南中国最大摩崖石刻群。2001年，被国务院列为第五批全国重点文物保护单位。

七星岩摩崖石刻中，有数则与肇庆西江洪水相关的石刻，对了解清代肇庆地区的相关史事颇有裨益。

1. 景日昣题刻

辛巳之年，昏垫汗漫。大士寻声，救苦救难。莲座特成，拯民涂炭。我民皈依，永登波岸。

康熙岁次壬午春季二日。

赐进士第文林郎知高要县事景日昣虔奉。

督造施裕、陆应琦、苏如璋。

住持僧令喆。

这则题刻记述了康熙辛巳年（1701）西江决堤，次年，即壬午年

[①]　杜海军辑校：《桂林石刻总集辑校》，中华书局2013年版，第97页。

（1702）造观音像安放在石室岩洞以镇西江洪水之事。

据《宣统高要县志》记载，康熙四十年（1701）夏，肇庆山洪暴发，西江决堤40余丈，郊区农舍被毁达21600余所，农田被淹达7900余顷，农民饥寒交迫，尸横遍野，题刻中所说"昏垫汗漫"，即是指这次洪水造成的灾害是大范围的。当时，肇庆曾一度爆发过抢夺地主粮仓的斗争，封建统治者十分惊恐，于是便四出宣扬，说决堤是由于白莲塘的鹅怪在作祟，于是用观音菩萨救苦救难的迷信思想来麻醉广大人民，熄灭农民斗争。这就是景日昣题刻记述的历史事实。

在这则题刻的右上方，有与此相关的另外一则：

> 康熙岁次壬午桂月吉旦，虔建大士前金刚□□石像二尊，勒名以记。
>
> 两广后营参将署高雷廉总兵官事左都督杨利率男治湘具。

上述景日昣题刻可见，康熙壬午年（1702）春，景日昣主持在石室安放观音像，本则题刻说，到了八月，高、雷、廉总兵杨利又在观音像前安放金刚等石像两尊。

2. 杨霈题刻等

在七星岩石室洞口外东侧的"北海碑亭"上方，有一幅镌刻于道光二十四年甲辰（1844）的石刻，高0.50米，宽2.10米，内容为：

> 道光甲辰，水痕至此。郡守杨霈，书以志痛。

这则题刻为肇庆知府杨霈所题。此外还有一则无名氏所留题刻，两相对比，应该也是记述本次洪水的题刻：

> 甲辰年六月初二日，崩围基，水面浸到此石为记。

这一年的洪水，据《宣统高要县志》载："道光二十四年夏，大水，西潦涌涨，郡城不没仅二版，围堤尽决。决堤后，天降淫雨，衢道泛舟，城内用水车车水出城。"① 肇庆知府杨霈在七星岩石室洞口外东侧的水痕之处，题书刻石，记载其事。这一水痕标志，成为西江下游的重要水文历史资料。

杨霈，字慰农，奉天铁岭人。道光九年（1829）中进士。道光十五年（1835）出任巴县知县，在职期间曾捐俸银三百两，重修七星岗下莲花池畔的巴曼子墓，还派专人看护，春秋焚香致祭。

道光二十年（1840），任肇庆知府，政绩突出，百姓爱戴。道光二十七年（1847），考虑到景福围历年修筑所需的费用颇繁，杨霈倡议募捐加税。五月八日，杨霈撰书并立下《官吏常捐围基经费碑记》，现存于肇庆市人民医院内。碑高1.80米，宽0.86米，端砚石，碑额为篆书，正文为楷书。《碑记》载：

> 肇庆景福围基，绵亘五十余里，实村民田园庐墓之保障也。惟基身低薄，浮松之处尚多。每遇西潦盛涨，即虞冲缺。小民荡析离居，官斯土者，实深悯恻。本府尝与郡城绅耆等，悉心讲求，佥云必须于基堤内外，密筑基柱，以撑护围身，方足以资巩固。惟需费颇繁，无项可措。兹本府拟递年捐银一百两，黄江厂吏亦递年捐银一百两，共成二百两，存贮府库。年终水落，交发值年绅士领出，勘明佥易次第，挨次兴筑。年复一年，捐无停止，使基柱愈筑愈密，围身如磐石之安，田园无浸没之苦。业经禀明道宪，永为常例。

至此，官府每年向景福围捐银成为定例，景福围才拥有较为固定的经费。"围基"，是珠江三角洲水网地带不可缺少的水利工程，是发展平原地区经济的基础设施。② 《官吏常捐围基经费碑记》的背面，还镌刻杨霈于五月十二日书以言志的《悯潦诗》，字体为行书。云：

---

① 马呈图纂辑：《宣统高要县志》卷十三《艺文》，《中国方志丛书·华南地方·第174号》，成文出版社有限公司1974年版，第227页。
② 陈慈祥、邱可发：《四会围基史话》，《广东史志》1998年第3期。

> 精卫偶衔石，填海思利赖。愿力贵坚久，积小成高大。
> 哀哉岁甲辰，患出所备外。全堤正危急，桂林忽崩坏。
> 水势建瓴下，八围同日败。长吏伤疮痍，事定痛未艾。
> 万姓复何辜，其罪在臣霈。防患既无术，取祸怨谁盖。
> 补牢鉴前失，积铢弥后害。所望善同心，论功无殿最。
> 继此官吏贤，湛恩永汪濊。堤名副景福，百世安平泰。

杨霈的所为是值得称道的，他不仅留下题刻对后人发出针对洪水的警示，更重要的是，作为地方主官，他积极为防范洪水灾害、保障民生安定而亲力亲为。带头为景福围基确定"尝捐经费"，并形成定制。

显然，这一做法产生了良好效果。《续修高要县志稿》载：

> 丙辰（咸丰六年，1856）夏，大水弥月，景堤几溃，屡救获全，此预筹备救基费之功不可忘也。肇罗道王云锦倡捐五百两，知府杨霈捐八百两，知县瑞宝捐三百两，皆交围总局发当商生息，专为备救基费。[①]

在景福围"备救基费"中，身为肇庆知府的杨霈一人捐银八百两，可谓治水有功者。因而，他的禄位被供奉入端州"嵩崖（景日昣之号）书院"中，四时祭祀，香火不断。

七 吴江水则碑

太湖流域在古代设置过较多的水则碑，目的就是测量水位的高低，以保证周边民户的农业生产和生命财产安全，从其根本来看，主要还是对洪水的关注，因此也可以将其视作一种洪水题刻来进行观察。

吴江，现为江苏省苏州市吴江区。据明代沈启的《吴江水考》记载：

[①] （清）吴信臣修、黄登瀛纂：《续修高要县志稿》卷一《水利略》，同治二年刻本，第23页。

第一章
洪水题刻

横道水则石碑

碑长七尺有奇,树垂虹亭北之左,二碑建置俱无考。

左石一,碑面横七道,道为一则,以下一则为平水之衡。水在一则,则高低田俱无恙;过二则,极低田淹;过三则,稍低田淹;过四则,下中田淹;过五则,上中田淹;过六则,稍高田淹;过七则,极高田俱淹。如某年水至某则为灾,即于本则刻曰:某年水至此。凡各乡都年报水灾,虽官司未及远临踏勘,而某等之田被灾不被灾者,已预知于日报水则之中矣。长民者时出垂虹以验之,俱得其实。而虚冒者无所容也。

直道水则碑石

碑长七尺有奇,树垂虹亭北之右。

右石一,碑分上下为二横。每横六直,每直当一月。其上横六直,刻正月至六月;下横六直,刻七月至十二月。每月三旬,月下又为三直,直当一旬,三季一十八旬,凡一十八直。其司之者,每旬以水之涨落到某则报于官,其有过则为灾者刻之,法如前意,当时必有掌水之人较晴量雨,体阪经畴,时为呈报。俾长民者因为捍患之图,而今不可见矣。

按二碑石刻,甚明正德五年犹及见之,其横第六道中刻大宋绍熙五年水到此;第七道中刻大元至正二十三年水到此;正德五年大水,城中街路皆断,稽其碑刻,水到六则,与宋绍熙中同,则元之水犹过也。今石尚存,而宋元字迹与横刻之道尽凿无存,止有减水则例四字,亦非其旧。乃于大直刻正德五年水到此,六年水到此,既无横道,何以为则,且增六年而遗四年,谬矣哉!失古建置之意,不知伊谁之过也?今石犹树水旁,追忆所见识之亦存详云。[1]

从记载可知,竖立在吴江垂虹亭北左右两侧的两块石碑,横道碑观测和记录水位的高低,进行预警。其中还明确记载了南宋绍熙五年

---

[1] (明)沈启:《吴江水考》卷二《水则考》,雍正十二年沈守义刻本,第2册,第7—11页。

（1194）的洪水和元代至正二十三年（1363）的洪水情况。另外还提到正德四年（1509）、五年（1510）的洪水情况。直道碑则记录每月水情。垂虹亭一带是太湖的主要出水口，下接吴淞江，此地对水位的观测和记录对太湖及湖东地区来说，颇具代表性。这是宋元时期对吴江地区洪水的观测和记录实物，也是古代先民的智慧结晶。文中记载"二碑建置俱无考"，而据张国维《吴中水利全书》记载："宣和二年，立浙西诸水则石碑。"① 想来此二碑的刻立，应该也在宣和二年（1120）。

小　结

近几十年来，随着学术研究的视野开拓和深度增强，洪水题刻资料逐渐被学术界所重视。洪水题刻是历史上对洪水的记录，大多留在江河岸边，有在长江、黄河等干流的，也有在一些小支流岸边石壁的，还有的也会利用岸边建筑、碑刻等进行记录，有的没有文字记录，只是一个或几个横线条，有的则用"某年某月某日，大水到此"等类似的题刻记录洪水，只有个别题刻有题刻者姓名或官称，而篇幅较大的题刻则凤毛麟角。洪水题刻主要是一种有强烈警示作用的记录，其中以长江流域留下来的最多，尤其是长江中游一带，在干流支流均有记录保留，当然这也与长江中游一带江岸的地质条件和岩石类型有密切关系。此外，在黄河流域、珠江流域、海河滦河流域以及江南等地，都有一些洪水题刻的记载或实物遗存。从时间来说，几乎贯穿整个古代时期，尤其以宋元以来为最。这些题刻资料充分反映出古代官民对水事的关注和重视。

---

① （明）张国维：《吴中水利全书》卷十《水治》，景印文渊阁四库全书，第578册，台湾商务印书馆1986年版，第333页。

第二章　枯水题刻

中国古代的枯水题刻，主要留存于川江地区，川江是长江的一段，习惯上用来指长江自四川省宜宾市至湖北省宜昌市这一段，长约1030千米。

在川江地区，留下了著名的七大枯水题刻，即江津莲花石、朝天门灵石、巴县迎春石、江北耗儿石、涪陵白鹤梁、丰都龙床石、云阳龙脊石题刻。这些题刻是古代各个历史时期保留至今难得的艺术宝库和历史资料宝库，它们真实地记录了古代，尤其是唐宋以来川江地区的民俗乡风，反映了历史时期各阶层人士的社会生活面貌、思想意识、生存状态，是我们进行唐宋历史研究、三峡地区历史文化研究的重要参考资料。

以上七大枯水题刻的一个共同点就是都位于江中，为江水枯竭之时露出水面的江心石梁上。此外，也有位于江岸的枯水题刻，为江水极枯时所留。位于长江三峡西陵峡上段、巴东县长江北岸绿竹筏村水域，有乾隆三十六年（1771）所刻"化险为夷"四个大字，是一副长宽约1平方米的题刻，落款"李拔"。这是清代乾隆三十六年（1771）荆南观察使西蜀李拔率修江劳工大规模整治河道时，刻下的枯水石刻。李拔，字清翘，号峨峰，今四川省犍为县人。乾隆十六年（1751）进士，历任湖北长阳、钟祥、宜昌等地知县，福建福宁、福州知府，湖南长沙知府和湖北荆宜施道台。[①] 李拔是一位文官、清官，更是一位执着地整治

---

① 四川省犍为县志编纂委员会：《犍为县志》，四川人民出版社1991年版，第735—736页。

三峡险关、足迹踏遍西陵峡险滩悬崖的"勤官"①。在三峡地区,李拔留下了不少大字题刻。

川江地区的七大枯水题刻,由于三峡大坝的修建沉没于江水之下,除了位于最上游的江津莲花石题刻还偶尔会露出水面,② 其他的题刻基本都不会再露出水面,大多采用原址保护方式,永远留存在江中。目前,白鹤梁题刻因为水下博物馆的修建,还可以在特殊的水下廊道中进行近距离观赏;云阳龙脊石题刻还可以在云阳滨江公园看到它的复制题刻群。

从目前的研究来看,白鹤梁题刻的研究最多。而其他题刻除了早期有个别论文进行过探讨外,没有较多的研究成果。

第一节 江津莲花石

莲花石原名挑灯石,也叫跳蹬石,位于重庆市江津区几江镇东门外长江航道北侧江中,由36块礁石交错组成,形状像一朵巨型莲花,莲花石下部有一朵线刻莲花,系八瓣莲花形,莲花石因此而得名。莲花心的海拔为180.89米。莲花石全部露出水面时,面积可达800多平方米。

整朵"莲花"上有题刻38段,题刻记录了南宋乾道辛卯年(1171)至民国二十六年(1937)之间近800年的长江枯水位情况,它常年没于水下,仅在江水特枯年份的早春时节露出水面,所谓"石不常见,见则年丰"之说,即寓此意。

莲花石题刻主要是诗题,内容大致可分为三类:一是咏叹莲花石的奇特风姿;二是"石现兆丰年"的祝颂;三是纪念明代女子谢秋芳在莲花石殉情的诗。

---

① 李啸海:《李拔治水西陵峡》,《中国三峡建设》2000年第6期。
② 2018年春,由于长江水位下降,江津莲花石部分露出水面,重庆三峡博物馆工作人员进行了抢救性拓印工作,媒体多有报道。

第二章 枯水题刻

一 咏叹与祝颂类题刻

1. 乾道七年（1171）赵宜之等题名

乾道辛卯正月十九日，天水赵宜之，陪王屋李希仲、太原王直夫，同寺首座珍况来游，饮不至醉。翌日晓再陪王屋希仲，李孝友书此以记岁月云。①

2. 明宁州知州曹邦化诗

原是华山十丈花，何年修植几江涯。
浮沉世态知多少，引得游人日泛槎。②

曹进可诗：

尔应天上之星，而尔肖君子之名，尔不常出，出则世清。③

曹邦化，江津人，明代成化年间（1465—1487）进士。《四川通志》载："以明经授吉安州通判，严正不阿，郡人刘给事忤时相，时相衔之，欲诬以事，邦化力为之辩，免。迁宁州知州，子进可登科，报至，遂辞不就任。致仕归里，操行淳厚，卒祀乡贤。"④ 曹邦化的儿子曹进可，也先后任知州、按察使等职，在处理贵州苗疆事务和平定奢崇明叛乱中多有作为。后来江津曹氏建立四牌坊以歌颂曹氏四位名人的功绩，其中两位即曹邦化、曹进可父子。

---

① 聂述文等修：《江津县志》卷二《地理志》，《中国地方志集成·四川府县志辑45》，巴蜀书社1992年版，第578页。
② 聂述文等修：《江津县志》卷一《名胜》，《中国地方志集成·四川府县志辑45》，巴蜀书社1992年版，第557页。
③ （清）曾受一纂修：《江津县志》卷一九《艺文志》，嘉庆九年重刊本，第22页。
④ （清）常明修，杨芳灿纂：《四川通志》卷一四六《人物四》，巴蜀书社1994年版，第4431页。

3. 江渊《江心砥石》诗

老龙脱骨当鸿濛,六丁移下冯夷宫。屹立中流作砥柱,百川倒障皆朝宗。

想当神禹工疏凿,波涛奋卷风雷恶。巨电斫断驱山鞭,乾坤从此开啃腭。

江心砥石激奔湍,砥柱中流障百川。每视低昂觇水候,还将出没验丰年。

根同海底千寻玉,形比峰头百丈莲。一自神功疏凿后,独留万古镇风烟。

江渊,《明史》有传。"字世用,江津人。宣德五年庶吉士,授编修。正统十二年(1447)诏与杜宁、裴纶、刘俨、商辂、陈文、杨鼎、吕原、刘俊、王玉共十人,肄业东阁,曹鼐等为之师。"[1]

明英宗正统十四年(1449),协助大臣于谦等击退了瓦剌军,保卫了京师。代宗时期先后任刑部左侍郎兼翰林学士、太子太师、工部尚书等职。曾督修雁门边防有功。天顺元年(1457),英宗复辟后,江渊被贬辽东。成化元年(1465),诏令平反,官复原职,并钦书"北极勋臣府,西川相国家"对联赐予。江渊工于诗,著有《锦荣集》《观光集》江津前八景、后八景诗。

4. 韩鼎爵题记

道光癸未新春十六日,韩鼎爵游此,偶见鄢姓重镌苗公原韵,爰借客笔以和之:

□椋江中任水流,乘□□□去偏留。同人有志镌古迹,我亦重刊祝万秋。

---

[1] 《明史》卷一六八《江渊传》,中华书局1974年版,第4518页。

再题：

　　□□怪石吐莲花，石吐莲花水映斜。古迹遗留今□□，始知当岁协重华。

5. 李风题诗

　　预兆丰年岁，江心现碧莲。三山分美种，十丈吐清泉。
　　影掠双鱼跃，光涵宝塔联。洋阳路古迹，百姓祝尧天。

李风，江津人，题于清道光癸未年（1823）春末。诗中提到"预兆丰年岁，江心现碧莲"。把江津莲花石的出水与丰年预兆联系在一起，这与白鹤梁石鱼出水兆丰年，朝天门灵石出水兆丰年的寓意形成呼应。

6. 龙德新题记

　　鸿蒙辟后石生华，天地无心色相差。
　　万古长江流不尽，云涛起涌妙莲花。

7. 李垣题诗

　　洪涛经历几千秋，洗净淤泥始出头。
　　立脚有根摇不动，故留君子镇江洲。

李垣，民国江津人。中华民国四年（1915）题。

8. 邑人刘泽嘉诗兼寄怀张鹿秋

　　怪石盘盘卧江底，离披下垂上如衹。或脱或接或孤撑，化为三十六瓣。开落波涛里。不知天公何事故逞奇。太华峰顶几江湄，以彼菡萏，森爽插天际。至今烟雨常迷离，此石不可转。潜身蛟宫，隆然浮起有生意。旁挺侧出心蓬蓬，我欲窥真面。水石相激战,潮落潮生空自知,花开花谢无人见。

民国四年乙卯春,江水奇涸扬飞尘。寒流贴地石突出,清冷孤洁何嶙峋。遍读题刻字漫灭,浪花冲击苔花蚀。中有女子谢秋芳,独留佳句生颜色。翠钿零落罢歌舞,年年石上风和雨。琵琶欲歇不歇如,闻声烟水空濛时。吞吐卿岂莲花身,清净悟前因几时。化石不回首足踏,莲花十丈江之津。具余剜刻何足数,虽留姓名亦伧父。石兮石兮何恶于汝,凿破混沌徒自苦。

我爱石如古君子,有道则见无道止。人言一出兆丰年,姑妄听之我心喜。又如神龙见首不见尾,云鳞雾里知有几。孤立清流中,呵护疑神鬼。大江东下如奔马,一石亭亭支大厦。

阳侯虽暴不敢嗔。冷云盘空水激泻,世无米襄阳,谁见知兄者,周子云爱莲,謦高和曲寡,诗成掷笔春江浔,张籍茫茫何处达,唯我与尔称知音。①

刘泽嘉,生于光绪六年(1880),字颖滨,笔名叟岩,今重庆江津区先锋镇大树村人。早年受业于江津名儒程农初、杨鲁丞门下,以廪生保送成都通省师范学校。毕业后,在江津私塾及中学任教。其后加入同盟会,任重庆《新中华日报》编辑,常以"叟岩"笔名,撰文揭露袁世凯窃国阴谋,闻名于巴蜀一带。因积极宣传革命思想,《新中华日报》遭封闭,刘泽嘉也被通缉,于是潜返江津岳父家避祸。1919年,聂荣臻等21名江津学生拟赴法勤工俭学,由刘泽嘉出面,请重庆商会会长汪云松征得法国驻渝领事馆同意,签发护照直赴法国。后这批学生谈及此事,仍十分感怀。

1920年,编纂《江津县志》,总纂程农初邀请刘泽嘉担任协修主任。初稿未过一半,程农初逝世,刘泽嘉继任总纂,研究旧志体例,编成十册,就是聂述文等修、刘泽嘉等纂,完成于民国十三年(1924)的《江津县志》。

---

① 聂述文等:《江津县志》卷1《名胜》,《中国地方志集成·四川府县志辑45》,巴蜀书社1992年版,第557页。

1933年，刘泽嘉被任命为江津县民众图书馆馆长，为筹建图书馆奔走各方，将自己珍藏的图书500余册悉数捐出，筹集江津知名人士龚农瞻、邓蟾秋等相继捐赠的《四库备要》《万有文库》及他人藏书共万余册。

刘泽嘉著有《叟岩诗草》一卷，由其婿张采芹集资刊行，此外还有《新中华日报》社评五卷、《家训》二卷、《文集》二卷皆因无力印行散失。1949年病逝于江津。

张鹿秋，江津人，光绪三十三年（1907），张鹿秋设农业夜校，以新法启迪农民。[①] 1914年为江津中学校长，其学识渊博，闻名于重庆一带，16岁的张大千慕其名从重庆求精中学转学到江津中学。

二　明代谢秋芳诗

买舟重到几江滨，烟水空蒙夜月新。
回首琵琶歌舞处，翠钿冷落不成春。

后人留题：

琵琶声咽晚江滨，胜句留题石上新。
名妓名花共今古，年年占得一枝春。

前一首是赞美名妓谢秋芳为爱人殉情的绝命诗。传说明代崇祯年间，四川泸州有一位貌美如花、多才多艺的名妓谢秋芳，与在泸州做官的江津人杨生相识，为其卓尔不群的气度和才华所打动，互生爱意。后来杨生被人诬陷受贬，在离开泸州回江津时，杨生向谢秋芳承诺，将凑钱为其赎身并结为连理。但杨生一去江津，时隔一年却不见其踪影，杳无音讯。谢秋芳费尽艰辛，自赎其身来江津寻找，几经周折后，得知杨生原来在回江津途中郁疾而亡。痛不欲生的谢秋芳便到莲花石上排遣忧

[①] 顾明远：《教育大辞典》，上海教育出版社1998年版，第227页。

伤，吟诗悼杨后，殉情于江心，凄美的传说得以流传百世。

后一首则是后人有感于谢秋芳诗作和谢秋芳的传说，按照谢秋芳诗的韵脚，和诗一首，两首诗一同对这个爱情传说进行了记载、诠释。

第二节　朝天门灵石

灵石，位于重庆市渝中区，在长江与嘉陵江交汇处的朝天门，是由沙嘴伸向江心的水下磐石，因石上有晋义熙三年（407）题刻《灵石社日记》，后世即称之为"灵石"，又称灵石题刻，俗称丰年碑，上面有题刻文献约20段。

灵石海拔很低，只有江水极枯之时才能露出水面，近百年来灵石都未曾出水，因而我们对灵石的认识也仅停留在文献上。从文献记载来看，川江枯水题刻群中，灵石的始刻年代最早，丰年碑枯水题刻最早出现在东汉光武帝时期（25—57），距今近2000年。此后，唐代又出现题刻11段，宋、明各1段，清代5段，其中大部分有长江枯水记载。今根据宋代陈思《宝刻丛编》[①]及清代王尔鑑《巴县志》，列出题刻名称，并据《全唐文》等其他资料记载，将各段题刻内容进行搜集如下：

一　光武题记

光武题记（25—57）一向被认为是灵石最早题刻，也是文献记载目前所知长江最早的枯水题刻，但关于该题刻，仅在宋代晁公武的题记中有提及，宋代就已经不见题刻踪迹。

二　灵石社日记　义熙三年（407）二月

石以二月社日，□先鉴传铭，于圯必泰。今大篆既正，皇晋中兴，西寇有独尽之势，关洛有可乘之兆。年丰气和，物宁其极。旷代冥征，复着于今。辄将奉时，仰协人会。飞旌命族，廓宁岷夏

[①]（宋）陈思：《宝刻丛编》，《历代碑志丛书》第一册，江苏古籍出版社1998年版。

第二章
枯水题刻

矣。义熙三年二月八日戊申社日记。①

义熙三年（407），为东晋安帝司马德宗年号。社日，是古代农民祭祀土地神的日子。在汉代以前只有春社，汉代以后开始有了秋社。这则《灵石社日记》，是极具政治意味的一则枯水题刻。

太元二十一年（396）九月，东晋孝武帝司马曜为张贵人所弒。《晋书·卷九》载："时张贵人有宠，年几三十，帝戏之曰：'汝以年当废矣。'贵人潜怒，向夕，帝醉，遂暴崩。时道子昏惑，元显专权，竟不推其罪人。"② 司马曜死后，谥号孝武皇帝，庙号烈宗。司马德宗即位，次年改元。

司马德宗愚笨，不擅长说话，据《晋书》载："帝不惠，自少及长，口不能言，虽寒暑之变，无以辨也。凡所动止，皆非己出。"③ 因此从隆安元年（397）起，东晋权臣叛乱、孙恩卢循之乱、桓玄之乱相继出现。兴元三年（404）十二月，桓玄篡位称帝，改国号为楚，史称桓楚，降安帝为平固王。义熙元年（405）初，安帝司马德宗被桓玄逐出建康，迁至浔阳。三月，刘裕举兵攻桓玄，桓玄军队大败，桓玄挟安帝逃往江陵。六月，桓玄被杀，晋安帝被恢复为皇帝。不久，桓玄的将军桓振攻陷江陵，晋安帝被俘。直到义熙二年（406）三月，晋安帝再次被从叛军手中解放出来。因此，次年灵石出水，即云："大篡既正，皇晋中兴。""西寇有独尽之势，关洛有可乘之兆"一句，也明确表现出5世纪初期东晋政权所面对的形势及其政治关切。

自317年东晋建立，司马氏偏安江南以来，与北方各政权之间的战争时断时续；383年淝水之战，东晋击败了北方的强敌前秦，但东晋还未来得及将疆域扩展到北方；386年，鲜卑拓跋部首领拓跋珪称帝，北魏建国，并且快速走上发展道路。同时，北方黄河流域形势也更加复杂多变。

---

① （宋）陈思：《宝刻丛编》卷一九《夔州府》，《历代碑志丛书》第一册，江苏古籍出版社1998年版，第640页。
② 《晋书》卷九《孝武帝纪》，中华书局1974年版，第242页。
③ 《晋书》卷一〇《安帝纪》，中华书局1974年版，第267页。

隆安元年（397）二月，后凉吕光的大将秃发乌孤自称大都督、大单于，国号南凉。三月，后凉建康太守段业自号凉州牧。三年（399）二月，段业自称凉王。关陇一带，后秦、后凉、西秦、南凉各政权征战不断。河西地区，北凉、西凉逐渐成为力量较强的政权。义熙二年（406），凉武昭王李玄盛遣使奉表称藩。这些形势的变化，在东晋看来，真的就是机会。

三　张萱灵石碑　唐天宝十五载（756）正月

张萱，清河人。天宝时为渝州刺史，唐天宝十五载（756）正月在灵石题刻，其《灵石碑》为：[1]

> 大唐天宝十五载岁次丙申，正月乙卯朔，十八日壬申，半江砥石出见于外，表时和而年丰也。君圣而龙凤祥形，臣忠而庶物昭著，虽图记不载，而迹远相传。太守清河张公，自承下车，宣布皇化，邦俗一变，江月双明。自置州郡以来未之有也，有兹乐事，敢事记云。

天宝十四载（755）十一月丙寅，"范阳节度使安禄山率蕃、汉之兵十余万，自幽州南向诣阙，以诛杨国忠为名，先杀太原尹杨光翙于博陵郡"。"安史之乱"爆发，朝廷震惊，仓皇应对，一方面在河洛一带布防重兵用来抵御叛军；同时在潼关布防，严守关中门户。此外，"以永王璘为山南节度使，以江陵长史源洧副之；以颖王璬为剑南节度使，以蜀郡长史崔圆副之"。虽然朝廷做出了积极应对，但是叛军进兵之迅速也使天下震动。

"十五载春正月乙卯，御宣政殿受朝。其日，安禄山僭号于东京。"[2] 安禄山叛乱和称帝，极大地考验着唐朝的皇帝和政治统治，当然对各地官员来说未尝不也是一种考验。面对这种局面，渝州刺史张萱

---

[1] （清）董诰等编：《全唐文》卷四〇三，中华书局1983年版，第4117页。
[2] 《旧唐书》卷九《玄宗本纪下》，中华书局1975年版，第231页。

记下"十八日壬申,半江砥石出见于外,表时和而年丰也"。而灵石并非常常出现,今日出现,乃是"君圣而龙凤祥形,臣忠而庶物昭著,虽图记不载,而迹远相传"。可见,张萱的这段题记,不仅仅是记下灵石出水这一难得的自然现象,更是要表明,在这样一个特殊的时间点,坚决与皇帝、与朝廷站在一起的态度。当然,其"太守清河张公,自承下车,宣布皇化,邦俗一变,江月双明。自置州郡以来,未之有也,有兹乐事,敢事记云"的自我夸耀式表述,想来也是以此抬高自己的声望,进而有更大作为,为朝廷出力,为皇帝分忧。

四 王昇灵石碑 唐乾元三年（760）二月

王昇,乾元三年渝州刺史。唐乾元三年（760）二月有《灵石碑》:①

> 嗣贤宣化兮,匪仁谁当尸之。吾欲息肩兮,物情率我攸宜。气和政洽兮,八风融滋。皇明烨赫兮,万古今时。年丰人康兮,鼓腹于斯。惭四子之咏兮,中和之诗。

这则题记依然是灵石题记突出政治性特点的又一典型。简单的理解就是:贤明的唐肃宗即位,宣德教化,谁还不马革裹尸努力勤王呢?我想要卸下肩上的担子,可是形势与我来说,正是适合有作为的时候。政治上,君臣要上下一心,共同平叛。皇帝英明雄武,古今一人。天下富足,人康年丰,百姓得以温饱。最后说自己就像孔子的四个弟子讨论人生理想一样,说这样的话还是有些中庸。

五 郭英干灵石碑 广德二年（764）

郭英干,太原人。广德二年（764）试鸿胪卿、渝州刺史,兼渝、合两州招讨团练使。其留有《灵石铭（并序）》:②

---

① 《全唐文》卷四三五,中华书局1983年版,第4437页。
② 《全唐文》卷四五七,中华书局1983年版,第4667—4668页。

此石应圣帝明王，时和年丰则见，晋义熙三年已有记矣，今继故事云：帝有道兮契无情，天降祉兮石应灵。万国欢兮仰太平，五谷丰兮贺圣明。戢干戈兮罢练兵，晋垂记兮唐勒铭。

宝应二年（763）春，历时7年多的"安史之乱"终于结束。同年，代宗改年号为广德。广德二年（764），渝州刺史郭英干的这段记载，热切赞颂皇帝的功德，叛乱平定、万民欢欣，灵石应时而出，太平盛世再现。

白鹤梁上已知最早的题刻就出现在广德二年（764），只是不能知晓白鹤梁广德题刻的全部内容，或许其内容中除了石鱼出预兆丰年外，还会有与灵石题刻相似的内容，即因安史之乱结束而对皇帝的颂词。

六　杨冕灵石颂　大历四年（769）正月

杨冕，大历四年（769）官剑南西道节度副使，摄渝州刺史、左威卫大将军。大历四年正月留有《灵石颂（并引）》：①

天下有道，祥瑞必呈，明王协应。今灵石见于深潭，克表清泰，摄刺史之宏农杨公之坐啸也。顷缘马伯南据州数月，及公下车，阐扬恩信，乃避而去。杨子琳部率一万，公以谈笑慰之，遂感激沿流，封疆乌合之众。砺戈恃险，八年不降，公飞短檄责之，乃敛衽屈膝而至。于是邱园之士，襁负毕来，六府孔修，百姓鼓腹。因感此石，如晋义熙之春焉。颂曰：

悬崖十仞，盘石且灵。候时将稳，必见其形。
烟尘已息，巴地初宁。良牧移风，厥德惟馨。

关于题刻中的杨子琳之事，涉及唐代宗时巴蜀地区的崔旰之乱，后文有专题研究（见本书第三章），此不赘述。

---

① 《全唐文》卷四五七，中华书局1983年版，第4673页。

七 李全灵石诗 唐大历十年（775）正月

唐大历十年（775）正月。① 《宝刻丛编》仅记载年月，而《全唐文》及其他典籍也没有此诗作。

八 任超灵石碑 唐建中四年（783）正月

任超，建中四年（783）渝州刺史。《全唐文》载为《灵龟王碑》。②

> 余诚不才，位忝州牧，乾惕恭守，五载临兹，前后三度见兹石矣。切观前贤记录明文，咸曰此石出则年丰岁稔。比亦未能记之，昨为去年季冬，五度雪降，三回盈尺，实冀苍生有丰稔之望。今又河南河北有不匡之徒，蚁聚蜂屯，我本道节度使仆射李公，奉诏发甲兵万人，从此而下，远伐不顺。有此事由，因铭之记。时唐建中四年岁次癸丑正月戊寅朔三日庚辰。

建中四年（783）为唐德宗即位的第四年。在建中三年（782）十二月，淮西节度使李希烈叛唐，自称天下都元帅、太尉、建兴王。题刻云"今又河南河北有不匡之徒，蚁聚蜂屯"，即是指此事。

九 贺若公灵石碑 唐大和七年（833）二月

温从撰，大和七年（833）二月。③ 诗作无记载。

---

① （宋）陈思：《宝刻丛编》卷一九《夔州府》，《历代碑志丛书》第一册，江苏古籍出版社1998年版，第640页。
② 《全唐文》卷六一八，中华书局1983年版，第6240页。
③ （宋）陈思：《宝刻丛编》卷一九《夔州府》，《历代碑志丛书》第一册，江苏古籍出版社1998年版，第640页。

十　陈君从灵石铭　唐会昌四年（844）

陈宪撰，会昌四年（844）。① 诗作无记载。

十一　牟崇厚灵石铭　唐大顺元年（890）二月

张孟撰，大顺元年（890）二月。②

牟崇厚，至迟在乾宁四年（897）仍然担任渝州刺史。《资治通鉴》载：

> （乾宁四年）春，正月，庚申，王建以决云都知兵马使王宗侃为应援开峡都指挥使，将兵八千趋渝州；决胜都知兵马使王宗阮为开江防送进奉使，将兵七千趋泸州。辛未，宗侃取渝州，降刺史牟崇厚；癸酉，宗阮拔泸州，斩刺史马敬儒，峡路始通。凤翔将李继昭救梓州，留偏将守剑门，西川将王宗播击擒之。③

十二　张武灵石碑　唐景福元年（892）三月二日

张武，石照人。入后蜀，加秩侍中，统飞棹诸营，为峡路行营招讨使。后蜀建立，复为孟知祥所用。卒年80余岁。《灵石碑》为：

> 夫祯祥应见，事著前闻。期至圣之效徵，为有年之先兆。备传故实，预保时康。武唐大顺己酉岁，以伐叛勤王之忠，悉专城剖竹之寄，时兹石出焉。去夏复领鱼符，再莅巴蜀。值岷涪澄澈，瑞应重睹。内循薄德，宁契殊祥。但荷天休，遂刻贞石。④

《资治通鉴》记载了张武在前蜀政权建立前后任职及活动。后唐同

---

① （宋）陈思：《宝刻丛编》卷一九《夔州府》，《历代碑志丛书》第一册，江苏古籍出版社1998年版，第640页。
② 同上。
③ 《资治通鉴》卷二六一，中华书局1956年版，第8502页。
④ 《全唐文》卷八九一，中华书局1983年版，第9306页。

第二章
枯水题刻

光三年（925），"（荆南）高季兴常欲取三峡，畏蜀峡路招讨使张武威名，不敢进。至是，乘唐兵势，使其子行军司马从诲权军府事，自将水军上峡取施州。张武以铁锁断江路，季兴遣勇士乘舟斫之。会风大起，舟絓于锁，不能进退，矢石交下，坏其战舰，季兴轻舟遁去。既而闻北路陷败，以夔、忠、万三州遣使诣魏王降"①。长兴元年（930）十月，"孟知祥以故蜀镇江节度使张武为峡路行营招收讨伐使，将水军趣夔州，以左飞棹指挥使袁彦超副之"②。"十一月，戊辰，张武至渝州。甲申，卒于渝州。"③

《十国春秋》有《张武传》：

> 张武，石照人。父雍，本合州武金坝渡子。武，其第三子也，少时身长七尺，面紫黑色，不务家人产业，里中豪多畏惮之。一日有楚僧溯流至武金渡头，顾同舟生曰：此间山水绝佳，结穴在南山之里，法当出贵子，握兵万人，受禄八旬。武时假寐窃听，是夜潜瘗父于其处。先是，天色晦霾，忽觉数丈内冉冉有光，遂平其土而去，人莫之识也。及长，勇敢善战，事高祖为破浪都头，大败荆南兵于防州，累官镇江军节度使。乾德中迁峡路应援招讨使，荆南武信王常欲取三峡，畏武威名不敢逼，及唐兵入寇，乃乘势将水军进峡攻施州，武作铁絚防江中流，立栅于两端，谓之锁峡不可上。武信王遣勇士斫之防，大风暴起，荆南舟絓于鏁，难为进退，武矢石交下，荆南兵败，衄奔还死者无算。既而闻北路防败，遂以夔忠万三州，诣魏王继岌降。武复仕后蜀，加秩侍中，统飞棹诸营，为峡路行营招收讨伐使，进取渝州，降唐刺史张环。分兵趣黔、涪，未防，卒于渝州，年八十余岁。武每统师下峡，经过故林，未常不屏去旌旗，独步莫父塋之防。渝合之间以楚僧言有验相传为异事。④

---

① 《资治通鉴》卷二七三，中华书局1956年版，第8942页。
② 《资治通鉴》卷二七七，中华书局1956年版，第9048页。
③ 同上书，第9049、9052页。
④ （清）吴任臣：《十国春秋》卷四三《前蜀九·张武传》，中华书局1983年版，第629页。

张武《灵石碑》，不仅再次证明了大顺元年（890）灵石出水的记载，而且相关内容还补充了前蜀建立之前张武的仕宦情况。

十三　牟知猷灵石诗　唐景福元年（892）三月①

《宝刻丛编》仅存此题目。

十四　晁公武丰年碑　宋绍兴十八年（1148）二月

  昭德晁公武，休沐日率单父张存诚、璧山冯时行、通泉李尚书、普慈冯樽，同观晋唐金石刻，唯唐张孟所称光武时题记不可复见矣，惜哉。
  绍兴戊辰二月戊戌。②

晁公武，宋代昭德晁氏，其与白鹤梁渊源较深，在下文中有详细介绍。这段题刻因晁公武、冯时行之名，历来受到重视。文中所载"唯唐张孟所称光武时题记不可复见矣"一句，是认定朝天门灵石最早有光武题记的唯一记录。"张孟所称"之上述唐大顺元年（890）二月《牟崇厚灵石铭》，张孟撰，铭文已经无法觅得。但是在此前的广德二年（764）郭英干《灵石铭》中，详细叙述了晋义熙三年（407）灵石题记，提到了唐代勒铭之事。如果张孟能够看到光武题记，100余年前的郭英干应该看得更加清楚，为何郭英干题记中丝毫未提到。因此，所谓光武题记还需今后在研究中仔细斟酌。

十五　屈直德丰年碑题记　明弘治十六年（1503）正月

  大明弘治十六年，岁次癸亥，正月既望。郡治东北朝天门外碑石出见，考诸郡志碻诸石刻，悉以为丰年之兆，及询之居民，在弘

---

①（宋）陈思：《宝刻丛编》卷一九《夔州府》，《历代碑志丛书》第一册，江苏古籍出版社1998年版，第640页。
②（清）王尔鉴：《巴县志》卷一《古迹》，嘉庆二十五年刻本，第一册，第61页。

治改元亦尝出见，其年大旱，民饥，是知郡志石刻似难全信。今后但遇此石出见，守兹土者不可因此而弛备荒之政，居此土者亦不可恃此而有侈靡之为也。恐误我后人，故庸是以告。

　　李旻榜进士前部大夫重庆府知府华阴屈直德，曾彦榜进士前礼部主事同知吉水李暹，通判六合邵宝、汾阳贺道，推官临川方悦，巴县知县渭南周仁勋。生员王用文代书。①

李旻为成化二十年（1484）进士，②重庆府知府屈直德与其为同榜进士。曾彦，为成化十四年（1478）进士，③重庆府同知李暹为其同榜进士。《屈直德丰年碑题记》所提到的弘治改元灵石出水，但是此年大旱，百姓饥馑。清代乾隆年间龙为霖等人对灵石出水的记载中，所提到的弘治之事，都出自于此。

十六　康熙二十三年　康熙二十三年（1684）、四十八年碑两见

　　义熙碑见，康熙甲子冬。④

十七　康熙四十八年　康熙二十三年、四十八年（1709）碑两见⑤

十八　碑复现　乾隆五年（1740）二月

　　水涸极，下碑石尺余。乾隆五年正月中浣。⑥

朝天门灵石，题刻数目不多，但因地处川江与嘉陵江交汇之处，而重庆自唐宋以来又一直是州府所在地，所以灵石在唐宋以来就已经名声

---

① （清）王尔鑑：《巴县志》卷一《古迹》，嘉庆二十五年刻本，第一册，第62页。
② 《明史》卷一四《宪宗本纪二》，中华书局1974年版，第178页。
③ 同上书，第174页。
④ （清）王尔鑑：《巴县志》卷一《古迹》，嘉庆二十五年刻本，第一册，第62页。
⑤ 同上。
⑥ 同上。

在外。元代著名诗人、被誉为"元诗四大家"之一的范梈，从其经历可见其从未涉足巴蜀一带，但有诗曰《赠方永叔往教重庆路》：

> 汲水得明月，倒影上青天。客行三十年，未识蜀月圆。中宵梦巴蜀，秣马辞燕服。成都虽云远，未到意已足。远意不可期，宿夕宛见之。云迷飞鸟道，雨急卧龙祠。干戈何草草，只说渝州好。但得渝州官，甘就渝州老。渝州古雄城，彭君旧建旌。至今江石上，犹有古时名。豪杰世已矣，空城俯流水。复有江东人，来教渝州士。方侯天机深，大雅托遗音。沈潜万夫敌，脱略五湖心。翩然别我往，长揖仙人掌。疾风吹大旗，落日明斜舫。即此少相知，相知长恨思。巫山桂树发，折寄定何时？①

"至今江石上，犹有古时名"明确指出朝天门灵石上的唐宋题刻内容。

第三节　涪陵白鹤梁

白鹤梁，位于长江上游重庆涪陵城北长江中，相传唐代尔朱真人在此修炼，后得道乘白鹤成仙而去，故名白鹤梁。是一段长1600余米，宽15米左右的石梁，石梁与长江南岸形成一块水域，称"鉴湖"。三峡大坝修建，整个石梁全部沉入江中，为了保护白鹤梁的题刻文献，修建无压容器保护了其中文字集中的六七十米，今天的白鹤梁水下博物馆主要参观对象就是这一段。

白鹤梁上有石刻文字及图像约180段（幅），其中有著名的唐代石鱼和清代石鱼，石鱼所在位置约相当于白鹤梁一般最枯水位。石上题刻最早的可以追溯到唐代，最晚的止于1963年，期间长达1300余年，这些题刻有不少是历代大书法家、大文学家留下的真迹。白鹤梁题刻历史

---

① （元）范梈：《范德机诗集》卷一，《四部丛刊初编》集部238，上海书店1989年版，第13页。

第二章 枯水题刻

久远、时间跨度大、内容丰富,在水利、科技史、农业史、社会史等研究方面有极其重要的价值,是全国重点文物保护单位,联合国教科文组织将其誉为"保存完好的世界唯一古代水文站"。目前,相关部门正在积极申报"世界文化遗产"。

一 清代以来题刻辑录主要资料

白鹤梁水文题刻最早见于著录,是北宋初乐史《太平寰宇记》,书中记黔州风俗:"开宝四年,黔南上言:'江心有石鱼见,上有古记云:广德元年二月,大江水退,石鱼见。部民相传丰稔之兆。'"① 记载了开宝四年(971)江水枯落、唐石鱼出现的场景和唐广德题刻的大概内容。自清代以来,对白鹤梁题刻的辑录和整理就不断进行,近年来,随着地方政府和学术界的重视,对白鹤梁题刻的整理、研究也在不断产生新成果。现将对白鹤梁进行辑录、整理、研究的文献做一列举,以利学界参考。

1. 吕绍衣等修,王应元、傅炳墀等纂《同治重修涪州志》②

同治九年(1870),署涪州知州吕绍衣、署涪州知州徐浩、署涪州知州陈枝莲主修,王应元、傅炳墀总纂的《同治重修涪州志》告竣。据该书卷五《职官志》载:"吕绍衣,江西九江府德化县人,同治七年署,吏才敏练,重修州志。徐浩,浙江德清县人,同治八年署,创建涪陵书院。陈枝莲,湖北东湖县举人,同治九年二月署。"③ 由此可知,同治七年(1868)吕绍衣署涪州知州,主修州志,次年离任。后任知州徐浩、陈枝莲继续主修。因主纂者王应元、傅炳墀并未变化,所以至同治九年(1870)最终完成。

在卷二《舆地志》与卷十四《艺文志》中,收录白鹤梁题刻70余段,部分全文辑录,部分则只有题名而未收录其内容。

---

① (宋)乐史撰,王文楚等点校:《太平寰宇记》卷一二〇《江南西道》,中华书局2007年版,第2394页。
② 《中国地方志集成·四川府县志辑46》影印同治九年刻本,巴蜀书社1992年版。
③ (清)吕绍衣等修,王应元、傅炳墀等纂:《同治重修涪州志》卷5《职官志》,《中国地方志集成·四川府县志辑46》,巴蜀书社1992年版,第504页。

2. 姚觐元《涪州石鱼文字所见录》①

该书为较早辑录白鹤梁题刻文献的重要资料。由晚清著名学者、目录学家、藏书家姚觐元辑录。

姚觐元，浙江归安（今湖州）人。字彦侍，又做彦士、念慈、子京、裕万等，约生于道光戊子年（1828），卒于光绪庚寅年（1890）。② 幼承其祖父姚文田、父姚晏只之家学渊源，于藏书、著述大有所成。

其祖父姚文田（1758—1827），字秋农，号梅漪。嘉庆四年（1799）己未科状元。是清代蜚声朝野的著名学者，官至礼部尚书，一生治学严谨，为官耿直，一身正气。世称翰苑名贤，文坛巨匠。父姚晏，字圣常，号婴斋，著名藏书家，荫生，任刑部主事。

同治九年（1870），姚觐元始任川东兵备道。同治十年（1871）夏，听所雇拓工说涪州江心有石鱼题刻，多无摹拓存世。但白鹤梁题刻并非年年出水，此后几年未见川江水枯，姚觐元未能目睹白鹤梁题刻。光绪元年（1875）冬，有传言石鱼已出水。于是姚觐元启程赴涪州，在观览众多题刻之余，简单记录了石刻的目录，并仿效前人作题记一篇，镌于石梁之上。这就是在白鹤梁上用篆书镌刻的《姚觐元题记》，全文为：

> 光绪乙亥冬，鱼出。岁其大稔乎？喜而记之。二品顶戴布政使衔、分巡川东兵备道，归安姚觐元。③

光绪二年（1876），姚觐元托缪荃孙对白鹤梁题刻进行捶拓，后经整理，共有题刻100段，编成《涪州石鱼文字所见录》。他与钱保塘合署之作《涪州石鱼文字所见录》，实际是利用钱保塘《涪州石鱼题名

---

① 《石刻史料新编》第三辑一五，新文丰出版公司1986年版。
② 刘兴亮：《姚觐元与清末白鹤梁题刻研究——兼谈〈涪州石鱼文字所见录〉的成书过程》，《中国典籍与文化》2018年第1期。
③ 王晓晖：《白鹤梁题刻文献汇集校注》，天津古籍出版社2015年版，第159页。

记》稿本,增加缪荃孙、陆增祥、潘祖荫等人校勘成果而成书。①

3. 钱保塘《涪州石鱼题名记》②

钱保塘,字铁江,号兰伯,清道光十二年(1832)出生于浙江海宁路仲镇一名门望族。作为吴越王钱镠的一支后裔、官宦世家的弟子,钱保塘从小就受到旧学的良好熏陶。后来其主要活动大多在四川,曾先后出任清远、大足、什邡县令。

据研究,现存《涪州石鱼题名记》主要有四个本子:其一为缪装初抄本,其二是姚藏缪校本,其三为王抄本,其四为《古学汇刊》排印本。诸本前后互有承继,但差异颇多。③

4. 陆增祥《八琼室金石补正》④

自宋代王昶《金石萃编》成书后,补辑者达20余家,其中以陆增祥《八琼室金石补正》最为完备。

陆增祥(1816—1882),号莘农,江太仓人。他以毕生精力完成此书。全书共130卷,收录自周至金石刻3522种,引录诸家题跋400余种。又经陆继辉、章钰、王季烈及刘承干等人校勘,在清代金石学史上占有相当重要的地位。

陆增祥"雅才硕学,于书无不窥,而尤笃金石……有溢出王氏之外者,补阙芟芜,刊讹匡陋,成《补正》一书,凡百三十卷,海内金石家莫不奉若瑰宝。谓为王氏之劳臣诤友"⑤。《八琼室金石补正》的编订,一方面补充王昶《金石萃编》之不足,校勘其讹误;另一方面也将清代金石学向前推进了一大步,对清代金石学的研究影响巨大。书稿写成未能刻印,直到1925年,始由刘氏希古楼刊行问世。

---

① 刘兴亮:《姚觐元与清末白鹤梁题刻研究——兼谈〈涪州石鱼文字所见录〉的成书过程》,《中国典籍与文化》2018年第1期。
② (清)钱保塘:《涪州石鱼题名记》,《丛书集成续编》本,史部第75册,上海书店出版社1994年版。
③ 刘兴亮:《姚觐元与清末白鹤梁题刻研究——兼谈〈涪州石鱼文字所见录〉的成书过程》,《中国典籍与文化》2018年第1期。
④ (清)陆增祥:《八琼室金石补正》,文物出版社1985年影印,吴兴刘氏希古楼刊本。
⑤ 刘承干:《八琼室金石补正序》,《石刻史料新编》第一辑第6册,新文丰出版公司1982年版,第3951页。

5. 陈曦震、陈之涵《中国长江水下博物馆：白鹤梁题刻》[1]

该书指出，白鹤梁之所以闻名遐迩，缘其石梁之上曾先后记录了从唐代广德元年（763）至今 1200 余年间文人墨客题刻约 174 段，3 万余言，文意隽永，书法绝妙，刻工精湛，保存完整。据"白鹤梁题刻"辨认与有关书志资料记载，宋代题刻有 103 段，元代有 5 段，明代有 17 段，清代有 24 段，民国 11 段，新中国有 3 段，年代不详的有 11 段。其中有枯水水文价值的 114 段。它记录了历史上 74 个年份的枯水水位。

6. 陈曦震主编《水下碑林——白鹤梁》[2]

该书作者搜集到了白鹤梁题刻的拓片资料，并实拍照片，查阅古籍，共集录题刻 174 段，其中有 7 段分别来自《八琼室金石补正》和《涪州石鱼文字所见录》，无拓本及照片。但部分照片比较模糊，个别录文也有商榷之处。

7. 政协四川工委编《世界第一古代水文站——白鹤梁》[3]

该书指出白鹤梁上有碑文题刻 165 段，并精选碑刻 102 段，图片 28 幅，分为"石鱼水文""人文集萃""千秋翰墨""镌刻生辉"四部分，集中展现白鹤梁的奇观风貌。书中图文并茂而且以中英文对照的方式对图片进行简要说明。

8. 《长江三峡工程水库水文题刻文物图集》[4]

该书在前言中对长江历代洪、枯水的调查情况，洪、枯水题刻的特点、重点、价值等作了专题阐述。编撰者在多年调查搜集整理分析基础上，将 300 余幅极具科学价值的题刻资料及近 50 幅相关背景图片编辑出版，其重要意义不言而喻。该书的每幅图片大多有地点、年代、高程、释文等简要说明。

编撰者指出，这些水文题刻不仅是科研资料，同时也是书法艺术的

---

[1] 陈曦震、陈之涵：《中国长江水下博物馆：白鹤梁题刻》，重庆出版社 2003 年版。
[2] 陈曦震主编：《水下碑林——白鹤梁》，四川人民出版社 1995 年版。
[3] 中国人民政治协商会议四川省委员会涪陵地区工作委员会：《世界第一古代水文站——白鹤梁》，中国三峡出版社 1995 年版。
[4] 水利部长江水利委员会：《长江三峡工程水库水文题刻文物图集》，科学出版社 1996 年版。

荟萃之作。许多水文题刻及诗文游记，多出自历代著名文人墨客之手，一幅幅题刻，篆、隶、行、楷书皆备，具有大书法家风范的颜、柳、苏、黄体等俱全。闻名于世的白鹤梁题刻规模宏大，有"水下碑林"之美誉。云阳龙脊石、江北县等题刻也不乏书艺的上乘之作。此外，有关背景图片还向人们展示了长江三峡壮丽的风光及题刻周围自然清新的景色。

综观全书，资料全面系统而重点突出，图文并茂，资料性艺术性兼具，是三峡库区水文文物保护性出版的重要成果。

9. 曾超《三峡国宝——白鹤梁题刻汇录与考索》①

该书分"正误""辑佚""考证""求索""附录"等五个部分，对此前著述中所收录的题刻进行了辨定、汇总、补正，并就白鹤梁题刻相关研究提出了一些富有建设性的意见。

10.《中国西南地区历代石刻汇编·四川重庆卷》②

重庆市博物馆编《中国西南地区历代石刻汇编》共有20卷。1—2卷，四川重庆卷；3卷，四川凉山卷；4—8卷，广西博物馆卷；9—13卷，广西桂林卷；14卷，云南省博物馆卷；15—18卷，云南大理卷；19—20卷，贵州卷。碑刻涉及政治、经济、军事、文化、交通、水文、地震、宗教、民俗等方面的内容。在第二卷中，收录了白鹤梁题刻的部分内容。

11. 何凤桐《宋代长江水文题刻实录》③

该文据贵州省博物馆藏清代拓片进行整理而作，但其中混有个别非白鹤梁的题刻，文章未能仔细辨别，后来的辑录著作中也误用频出。

12. 黄海《白鹤梁题刻辑录》④

该书是涪陵区委、区政府进行的文化工程《涪陵历史文化丛书》的选题之一。书中指出，根据已有的拓片资料统计，白鹤梁上有题

---

① 曾超：《三峡国宝——白鹤梁题刻汇录与考索》，中国文史出版社2005年版。
② 重庆市博物馆编：《中国西南地区历代石刻汇编·四川重庆卷》，天津古籍出版社1998年。
③ 何凤桐：《宋代长江水文题刻实录》，《贵州文史丛刊》2002年第1期。
④ 黄海：《白鹤梁题刻辑录》，中国戏剧出版社2014年版。

刻179则（约12000字），其中鱼形雕刻14尾，白鹤雕刻1幅，观音雕刻2幅。按照时代划分，唐代1则，北宋24则，南宋74则，元代5则，明代17则，清代26则，近代13则，现代3则，年代不详者16则。涉及水位观察的有95段。宋代是白鹤梁题刻发展的高峰时期。

13. 王晓晖《白鹤梁题刻文献汇集校注》[①]

该书在以往诸多学者对题刻记录的基础上，对照各种录文和照片、拓片，对白鹤梁题刻进行了汇集校注，并且针对每一篇题刻列出征引文献论著题录，以便读者利用。著作共收录北宋题刻27则，南宋题刻80则，元代题刻5则，明代题刻16则，清代题刻23则，民国时期题刻12则，中华人民共和国时期5则，年代不详20则。该书采用繁体出版，保持了题刻文字的原貌。但是，也存在一些不足，如对《黄觉先题刻》中"黄"字的误判，对《齐砺题记》《郭德麟题记》两则江苏盱眙第一山题记未能进行鉴别而误收书中。这些问题在作者2017年出版的《白鹤梁题刻人物汇考》中进行了充分的解读和纠正。[②]

二　白鹤梁题刻分类介绍

白鹤梁上的题刻，主要可以分为几类：一类是明确提到江水枯石鱼现、预兆丰年的记载；一类是简洁的出游题记；一类是诗文；还有一类就是石鱼图像及其他图像。以下将从这几个类别选取最具代表性的题记加以介绍。

1. 水枯鱼现预兆丰年的记载

这一类题记的主要表现是都提到"石鱼"，因石鱼出水而预兆丰年。如果仔细加以研读，这一类题刻又可以分为几个小的类别，如表2-1形式来表示：

---

① 王晓晖：《白鹤梁题刻文献汇集校注》，天津古籍出版社2015年版。
② 王晓晖：《白鹤梁题刻人物汇考》，天津古籍出版社2017年版。

表 2-1　　　　　　　　　　石鱼题刻分类表

石鱼出水，祈求当年丰收	题记中明确提到水位在鱼下几尺	笼统提到"石鱼"
前一年观石鱼出水，秋天果然丰收，于是在次年春石鱼出水时再度留题		

宋太祖开宝四年（971），"谢昌瑜题记"记载：

> 据左都押衙谢昌瑜等状申：大江中心石梁上，□□古记及水际有所镌石鱼两枚。古记云，唐广德二年春二月岁次甲辰，江水退，石鱼出现，下去水四尺。问古老，咸云：江水退，石鱼见，即年丰稔，时刺史、州团练使郑令珪记。自广德二年甲辰岁，至开宝四年岁次辛未二月辛卯朔十日丙□，百余年，今又复见者，览此申报，邀请通判□□□徒巡检司徒军州官吏等。因命舟楫□□□□，古记实不谬矣。于戏美哉，盛事直逢□□□□昭代斯乃呈祥，有以表吾皇之圣化远。①

广德二年为唐代宗李豫年号，即 764 年，岁次甲辰，这是白鹤梁已知的最早确切纪年。一般认为，白鹤梁题刻最早出现于广德二年。这段题记中明确提到，唐广德二年，长江水位低于石鱼四尺。

元丰九年（1086）"吴缜题记"明确记录"江水至此鱼下五尺"，见题记：

> 元丰九年岁次丙寅二月七日，江水至此鱼下五尺。权知涪州、朝请大夫郑颛愿叟，权判官石谅信道同观，权通判黔州、朝奉郎吴缜廷珍题。②

南宋建炎三年（1129），"鱼去水六尺"。

---

① 王晓晖：《白鹤梁题刻文献汇集校注》，天津古籍出版社 2015 年版，第 15 页。
② 同上书，第 29 页。

> 建炎己酉正月二十一日，宪属陈似龚卿还恭。摄郡事王拱应辰，送别江皋，僚友不期而会者。周祉受卿、刘纯常大全、孙之才伯达、林琪子美，同观石鱼，薄暮而归。时鱼去水六尺。龚卿书。①

绍兴七年（1137），"贾思诚题记"记录"水去鱼下数尺"：

> 涪陵郡城下，大江之中流，有石鱼焉，见则为丰年之兆，父老相传旧矣。事虽不经，偶兹旱歉，斯民艰食，天或垂悯，贶以有年，千里之□，幸也。爰因休暇，乃率别乘贾公杰千之、田景愆希贤、赵子仪景温、张振孙厚之、王赓子钦来观。而石鱼出水面数尺，传言之验将于斯民共庆之，是可书也。绍兴丁巳十二月中休日，左朝散郎、知军州事澶渊贾思诚彦孚题。②

中休日，指每月二十日。宋代规定：官员每十天休息一天，在每旬之末日，即每月的初十日、二十日、三十日或二十九日（小月）休假。所谓"中浣"也即此日。

绍兴十三年（1143）"李景旱等题记"记载："古汴李景旱、邓褒、赵子澄、赵公蒙，右四人，绍兴十三除前二日俱来，鱼在水尚一尺。"③

绍兴十五年（1145）"杨谔等题记"记录："绍兴乙丑仲春上休日，石鱼出水四尺，按古记：大有年矣。"④

绍兴十八年（1148）《何宪、盛辛唱和诗并序》记载："戊辰正月二十有八日，鱼出水数尺。"⑤

整整30年后的淳熙五年（1178），白鹤梁题刻再次明确地记录了水落鱼下：

---

① 王晓晖：《白鹤梁题刻文献汇集校注》，天津古籍出版社2015年版，第51页。
② 同上书，第62页。
③ 同上书，第71页。
④ 同上书，第76页。
⑤ 同上书，第77页。

第二章
枯水题刻

涪陵江心石梁刻二鱼，古今相传。水大落鱼出，见则时和岁丰。自唐广德间刺史郑令珪三载其事，而鱼之镌刻莫详何代？盖取诗人众维鱼矣，实维丰年之义。淳熙五年正月三日，刘师文相约同勾晦卿、贾清卿来观。时水落鱼下三尺，邦人舟楫往来，赏玩不绝，因书以识升平瑞庆云，向仲卿题。①

淳熙六年（1179），"朱永裔题记"记录："今春出水几四尺，乃以人日躬率仝寮。"②

宝庆二年（1226），"李公玉题记"载："宝庆丙戌谷日，涪陵石鱼出水面六尺。郡太守唐安李公玉喜其为丰年之兆。"③

以上这些题记，都是达官显贵、地方士绅在石鱼出现的时刻观石鱼留下的。以水去鱼下的尺寸来表示当年江水的枯水情况，以此强调石鱼出预兆丰年的古代传说。

另外还有几段题记也引起我们的注意，他们有一个共同特点就是题刻内容首先记录前一年春季石鱼出水，秋季获得丰收，以此说明传说不假。然后再对本年石鱼出水进行记录和提出祈望。以下可见这几段：

大观元年（1107）"水去鱼下七尺"。在大观二年（1108）涪州知州庞恭孙所留题记中，明确记录：

大宋大观元年正月壬辰，水去鱼下七尺，是岁夏秋果大稔，如广德大和所纪云。二年正月壬戌，朝奉大夫、知涪州军州事庞恭孙记。④

绍兴九年（1139）题记载：

岁在戊午，双鱼出渊，肇自古昔，实维丰年，绍兴八年正月初

---

① 王晓晖：《白鹤梁题刻文献汇集校注》，天津古籍出版社2015年版，第90页。
② 同上书，第92页。
③ 同上书，第102页。
④ 同上书，第40页。

· 75 ·

□日，邦人记。是岁果大稔，明天再到后，昔时十有三日，水已肥美。己未正月十□日书。①

戊午为绍兴八年（1138），双鱼出水，岁大稔。己未为绍兴九年（1139），石鱼再出水，留题。

至顺元年（1330）"王正题记"载：

> 皇元天历己巳春，水去鱼下二尺，岁大熟。庚午复去五尺，监郡宣侯爰及同僚泊邦人士游庆记耳。
>
> 王正上元日题。②

题记中记录天历二年（己巳，1329）春，"水去鱼下二尺，岁大熟"。至顺元年（庚午，1330）"复去五尺"。

"雷懿题记"记录了永乐二年（1404）、永乐三年（1405）石鱼出水之事：

> 予知是州，视篆初，有告曰：江心有石鱼、秤、斗，出则年丰。是岁甲申水□涸，率僚属以游观，得睹石鱼，而双秤斗犹渍之水，时果稔，输用足。乙酉仲春二日，同僚友征仕郎陈子仲致中、从仕郎荀仕能复览，鱼去水五尺，秤、斗不见，如昨时。朝使江右晏孟宣，□州学正古邵欧阳士鳞，训导西陵易巽、义陵张致和、古邵成礼同游，生员万琳等侍，奉训大夫、涪陵守古邑雷懿运通志。③

这则题记是涪州知州雷懿所留，题记中指出，永乐二年（1404）雷懿来涪州任职，就遇到江水枯竭，不仅石鱼出水，还看到秤、斗雕刻，这一年果然获得丰收，印证了传说。次年即永乐三年（1405）春，与同僚、朋友一同来观，江水在石鱼下五尺，相比又是一个丰年的预

---

① 王晓晖：《白鹤梁题刻文献汇集校注》，天津古籍出版社2015年版，第63页。
② 同上书，第125页。
③ 同上书，第132页。

兆，因此留题与白鹤梁。

2. 出游题记

这一类题记在白鹤梁题刻中不在少数，其突出的表现是题记文字不多，往往只列出人名及时间。

嘉祐二年（1057），涪州知州武陶与部分官员一起游石鱼题名：

> 尚书虞曹外郎、知郡事武陶熙古，涪忠州巡检、殿直侍其瓘纯甫，郡从事傅颜希圣。嘉祐二年正月八日谨识。①

元祐八年（1093），涪州知州姚珏等题记云：

> 元祐癸酉正月中浣前一日，郡守姚珏率幕宾钱宗奇、涪陵令杜致明、主簿张微、县尉蒲昌龄、武龙令袁天倪游览。因记岁月，巡检王恩继至。②

中浣，每月初一至初十称"上浣"，十一至二十称"中浣"，二十一至三十称"下浣"。

元符三年（1100），黄庭坚在白鹤梁留下著名的"涪翁题记"，这段题记仅有七个字，即：

> 元符庚辰，涪翁来。③

涪翁，即黄庭坚（1045—1105），字鲁直，自号山谷道人，晚号涪翁，又称黄豫章，洪州分宁（今江西修水）人。北宋诗人、词人、书法家，为盛极一时的江西诗派开山之祖。英宗治平四年（1067）进士。历官叶县尉、北京国子监教授、校书郎、著作佐郎、秘书丞等。哲宗立，召为校书郎、《神宗实录》检讨官。后擢起居舍人。绍圣初，新党

---

① 王晓晖：《白鹤梁题刻文献汇集校注》，天津古籍出版社2015年版，第21页。
② 同上书，第33页。
③ 同上书，第34页。

谓其修史"多诬",贬涪州别驾,安置黔州等地。徽宗初,羁管宜州卒。

此题刻长期以来一直被认为黄庭坚所题,也有不少研究。① 但也有学者对其否认,认为其并非黄庭坚所题,应该是在南宋绍兴十八年(1148)至嘉定十三年(1220)间,由别人模仿黄庭坚所题。②

绍兴二年(1132)赵子遹等观石鱼题名:

> 赵子遹述道、崔炜叔明、阎璟国华、李去病仲霍、李宗贤师德、陈革子正、王倣德初、虞中立和甫、王骏德先、邓奇颖伯、董天成常道,绍兴壬子正月三日同游。③

至大四年(1311)的"聂文焕题记",记录了涪州同知咬寻进义等人赴北岩拜谒伊川先生祠,并至白鹤梁观石鱼的事,详细罗列了同行官员的官职名称。

> 皇元至大辛亥十二月,奉训大夫、夔路万州知州、监管本州诸军奥鲁、劝农事安固,奉省檄整治各路水站、赋役事毕,偕忠翊校尉、同知涪州事咬寻进义,副尉涪州判官杨辉敬,谒伊川先生祠,因观石鱼,中旬三日聂文焕谨书。④

明熹宗天启七年(1627)的"七叟胜游题记",仅罗列了7位涪州名士的名字,所以并未引起学者们的太多关注。内容如下:

> 七叟胜游
> 刘惠□、刘道、曾彦甲、刘昌祚、陈文炜、夏河洲、罗瑛俱郡

---

① 李金荣:《涪陵白鹤梁题"元符庚辰涪翁来"考辨》,《重庆社会科学》2006年第5期。
② 胡昌健从题刻文字字形、字体、笔意等方面,从黄庭坚两次路过涪州时间,从题刻在白鹤梁上的位置等多方面进行了考证。胡昌健《涪陵白鹤梁"元符庚辰涪翁来"题刻考》,《四川文物》2003年第1期。
③ 王晓晖:《白鹤梁题刻文献汇集校注》,天津古籍出版社2015年版,第54页。
④ 同上书,第123页。

人，时年近期颐。

大明天启七年丁卯上元之吉。①

时年近期颐，是本段题记的亮点。期颐，一百岁。《礼记正义》载："八十、九十曰耄，百年曰期颐。"②《礼记·曲礼上》载："百年曰期、颐。"③注疏曰："期，犹要也；颐，养也。不知衣服食味，孝子要尽养道而已。""百年者饮食、居处、动作，无所不待于养。人生以百年为期，故百年以期名之。"④ 7位近百岁的老人同游白鹤梁，应该是何等的盛景。

3. 诗文题记

端拱元年（988），朝请大夫、行尚书库部员外郎、峡路诸州水陆计度转运使、柱国朱昂在白鹤梁留下题记，记录了这一年的石鱼出水，并赋诗以歌圣德。

涪州江心有巨石，隐于深渊，石旁刻二鱼。古记云：鱼出，岁必大丰。端拱元年十二月十有四日，昂自瞿塘回遵，途于此，知郡琅琊王公□云："石鱼再出，来岁复稔。"昂往而观之，果如所云，因歌圣德，辄成一章。

欲识丰年兆，扬鬐势渐浮。只应同在藻，无复畏吞钩。去水非居辙，为祥胜跃舟。须知明圣代，涵泳杳难俦。⑤

皇祐元年（1049）正月十二日，正当石鱼出水，知涪州军州事邹霖命工刻石，由新授安州云梦县令恭士燮书，在白鹤梁上刻下两首诗，一首是转运使、尚书主客郎中刘忠顺留题涪州石鱼诗一章：

---

① 王晓晖：《白鹤梁题刻文献汇集校注》，天津古籍出版社2015年版，第146页。
② 《礼记正义》卷一《礼记·曲礼上》，（清）阮元校刻《十三经注疏》，中华书局1980年版，第1232页。
③ 同上。
④ 同上书，第1232—1233页。
⑤ 王晓晖：《白鹤梁题刻文献汇集校注》，天津古籍出版社2015年版，第17页。

七十二鳞波底镌，一衔萱草一衔莲。出来非共贪芳饵，奏去因同报稔年。方客远书徒自得，牧人嘉梦合相先。前知上瑞宜频见，帝念民饥刺史贤。①

另一首则是尚书屯田员外郎、知梁山军水丘无逸次韵和转运郎中留题涪江双鱼之诗，云：

谁将江石作鱼镌，奋鬣扬鬐似戏莲。今报丰登当此日，昔模形状自何年。雪因呈瑞争高下，星以分官较后先。八使经财念康阜，寄诗褒激守臣贤。②

崇宁元年（1102），涪州知州、弘农杨元永留题，云：

邀客西津上，观鱼出水初。长江多巨石，此地近仙居。所记皆名笔，为祥旧著书。丰年知有验，遣秉利将舒。戏草春波静，双鳞乐意徐。不才叨郡寄，燕喜槐萧疏。③

淳祐十年（1250）正月八日，涪州知州、开封赵汝廪观石鱼，赋五十六言：

预喜今禳验石鳞，未能免俗且怡神。晓行鲸背占前梦，瑞纪龟陵知几春？拂石已无题字处，观鱼皆是愿丰人。片云不为催诗黑，欲雨知予志在民。④

宝祐二年（1254）正月，代理涪州知州长宁刘叔子与别驾蹇材望

---

① 王晓晖：《白鹤梁题刻文献汇集校注》，天津古籍出版社2015年版，第19页。
② 同上。
③ 同上书，第39页。
④ 同上书，第112页。

第二章
枯水题刻

到江边送客,因石鱼出水,于是"披沙阅古碣,得转运使、主客郎中刘公忠顺所题一诗,叔子感慨颓波之滔滔,激节石鱼之砥柱。而转运公之佳句,与之相为无穷,敬嗣韵以识盛事,尚庶几小雅,歌牧人之梦之意云尔。"刘叔子于是留下了诗:

> 衔尾洋洋石上镌,或依于藻或依莲。梦占周室中兴日,刻自唐人多历年。隐见有时非强致,丰凶当岁必开先。太平谁谓真无象,罩罩还歌乐与贤。①

至该年(宝祐二年,1254)腊月,石鱼再次出水,刘叔子任涪州知州,石鱼竟然于这一年春、冬接连出水,因此别驾潼川蹇材望写下:

> 何代潜鳞翠琰镌,双双依藻更依莲。梦符端报屡丰兆,物盛〔鱼丽美万物盛多〕宜歌大有年。玉烛调和从可卜,金刀题咏又开先。浑如泼刺波心跃,感召还知太守贤。②

明天顺三年(1459)春,重庆府阴阳学正术戴良臣在白鹤梁题诗:

> 祥鱼出水羡丰年,踪迹规模万载传。何代遗形留石上,至今诗咏满江边。行商来往停舟舰,节使周回驻马镌。予辈幸临观咏后,灵鳌准拟化龙天。③

万历十七年(1589),涪州知州罗奎与别驾江应晓、金国祥同往白鹤梁观石鱼,一行人仔细查看和阅读前人所留题刻,看到宋宝祐二年(1254)刘叔子、蹇材望题诗。刘叔子为宝祐二年涪州知州,蹇材望为别驾,今罗奎与江应晓、金国祥也是知州偕别驾同观,所以三人分别题

---

① 王晓晖:《白鹤梁题刻文献汇集校注》,天津古籍出版社2015年版,第113页。
② 同上书,第114页。
③ 同上书,第135页。

诗于白鹤梁，成就了美文。

罗奎题诗：

  神鱼翠壁托奇镌，不落池塘岂傍莲。春雨涨江翻巨浪，晴波浮石兆丰年。渔人把钓空垂饵，太史占祥庆有先。惟愿此中相继见，公余同咏附前贤。①

江应晓题诗：

  扁舟江上觅神镌，结灶何须访白莲。水底影浮刚一尺，亩中兆协已千年。沉碑我识杜元凯，博物谁同张茂先。别驾重来齐转运，风流太守是前贤。②

金国祥题诗：

  江石之鱼何代镌，江头之石拥青莲。呈奇偏遇上元节，题句因书淳祐年。来去岂为蓑笠引，浮沉不作鼋龟先。今人漫续古人咏，他日还传此日贤。③

  罗奎、江应晓、金国祥三人，在文献中只有江应晓有一些记载，其余二人的事迹尚难以考察。
  江应晓，字觉卿，徽州歙县人。《四库全书总目提要》卷127载："《对问编》八卷，副都御史黄登贤家藏本，明江应晓撰。应晓，字觉卿，徽州人，嘉靖末官涪州州判。是书刺取史籍，所载天文地理人物杂事，分条立说，议谕多偏驳不纯。前有自序一篇，文颇聱牙，盖亦沿历

---

① 王晓晖：《白鹤梁题刻文献汇集校注》，天津古籍出版社2015年版，第143页。
② 同上书，第144页。
③ 同上书，第145页。

下琅琊之习者也。"①

《江南通志》载其为："歙人，入成均就判涪州，耽吟咏厌苦簿书，归就驻跸山麓，筑室博览群籍。所著有《对问编》《嚣嚣集》，学者称山城先生。"②

第四节　云阳龙脊石

龙脊石位于重庆市云阳县城前长江江心，是一处长 300 余米，宽十多米的砂岩石梁。在三峡大坝修建前，每年冬春枯水季节，会全部露出水面，一般年份，石梁较低的中部潜于江心，东西两部分较高而露出水面，形成东西两岛，在水位十分低下的极枯水时节，则全部露出水面，宛如一条白龙潜于长江，故名龙脊石，又称龙潜石。天顺《明一统志》卷七〇《夔州府·山川》："龙脊滩，在府城东三里岷江中，有石长百丈，若龙脊，夏没冬见。"③

每当龙脊石出水，达官显贵乃至普通民众在龙脊石上宴游赋诗，占卜丰歉，十分热闹。同时也留下了大量的诗文题刻，共计 170 余段。这些石刻大字如斗，小字如粟，篆、隶、楷、草，样样俱全。

彭献翔《龙脊石题刻》指出，20 世纪 50 年代云阳龙脊石题刻较显著的有 175 幅，1981 年鸡伐子滩滑坡以后，江水受阻，居于上游的龙脊石一带水位更高，每年露出水面的范围更小。1987 年，云阳县文物普查时，相关人员曾多次前往龙脊石勘察，以露出水面的石梁丈量，东西共长 346 米，南北宽 8—16 米，总共录得各代题刻 143 幅。④

---

① （清）纪昀总纂：《四库全书总目提要》卷一二七《对问编》，河北人民出版社 2000 年版，第 3298 页。白鹤梁题刻称江应晓为"别驾"，即指通判，且所记时间为万历十七年（1589），此时距《总目》所记嘉靖末（嘉靖四十五年，1566）长达 23 年，江氏任涪州州判达 23 年之久，似乎不可信。根据《江南通志》的记载，江应晓任涪州通判的时间应该不会太久，题刻称其为别驾，应该是他曾经担任的官职，而非现职。

② （清）赵弘恩等监修，黄之隽等编纂：《江南通志》卷一六七《文苑》，《中国地方志集成·省志辑·江南 6》，凤凰出版社 2011 年版，第 268 页。

③ （明）李贤等纂修：《明一统志》卷七〇《夔州府·山川》，景印文渊阁四库全书，第 473 册，台湾商务印书馆 1986 年版，第 352 页。

④ 彭献翔：《龙脊石题刻》，《四川文物》1991 年第 1 期。

现存最早的题记是宋代元祐三年（1088），龙脊石上没有设立像白鹤梁石鱼那样固定的衡量水位涨落的标志，因此新中国成立后，经测量历年平均枯水位以下的题记下沿高程，共计获得了 53 个枯水水文年份的 68 段水文石刻题记，以宋代最多，其中宋代 30 段、元 1 段、明 24 段、清代 13 段。

由于龙脊石题刻至今还没有全面的整理，现根据清代学者钱保塘《龙脊石题刻》进行整理。①

1. 张匡翊题名　后蜀广政廿六年（963）

蜀广政癸亥岁二月十日，云安榷盐使、守右骁卫大将军、前守眉州刺史、驸马都尉张匡翊与宾寮同届此。

后蜀（934—965），又称孟蜀，是五代十国时期十国政权之一，孟知祥所建，定都成都（今四川省成都）。后唐同光三年（925），后唐举兵攻灭割据巴蜀的前蜀政权，由于后唐出现动乱，西川节度使副大使孟知祥窃取蜀中兵权，平定蜀中叛乱，整顿吏治，成都始安，随即断绝与后唐朝廷的行政关系，效仿前蜀开国皇帝王建割据一隅。在中原大乱结束之后，新即位的后唐明帝李嗣源授孟知祥为西川节度使，后唐长兴四年（933）又封孟知祥为蜀王，次年孟知祥在成都建都称帝，年号明德，国号蜀，史称后蜀。孟知祥死后，其子孟昶颇能励精图治，境内很少发生战争，后蜀维持近 30 年和平，巴蜀一带成为五代时期经济文化较发达的地区。后蜀政权最盛时，疆域约为今四川大部、甘肃东南部、陕西南部、湖北西部，其疆域比前蜀政权要小。

广政为后蜀政权皇帝孟昶的年号，从广政元年（938）到广政二十八年（965）。宋太祖乾德三年（965），北宋两路大军攻入成都，孟昶投降，后蜀灭亡。

---

① （清）钱保塘：《龙脊石题刻》，《石刻史料新编》第三辑一五，新文丰出版公司 1986 年版。

第二章 枯水题刻

2. 张告等题名　嘉祐六年（1061）

假守张告，邑人崔著，市征郭齐，嘉祐六年正月立春日游。

假守，指权宜派遣而非正式任命的州府长官。市征，即市场征收。《文献通考》载："开宝七年，诏三司校诸州盐、麹、市征、地课而殿最之。令诸州知州、通判官、兵马都监、县令所掌盐、麹及市征、地课等，并亲临之，月具籍供三司，秩满较其殿最，欺隐者置于法。募告者，赏钱三十万。"①

3. 张衮臣等题名　治平三年（1066）

治平丙午岁正月二十日，殿丞邑宰张衮臣，侍禁护戎苏几，再游龙脊滩。男苏约从行，奉命书。

4. 刘士尧等题名　治平三年（1066）

龙脊滩郡人，以岁首出游其上。都官外郎、知军事刘士尧、邑宰张子褒、护戎苏宗三、幕官冯越石、榷征王孝和、新滑台从事赵庠及纠掾刘可道、决曹卢仲宣、县尉钱禹卿同观鸡卜，时治平丙午岁壬戌日识。

从上列治平三年（1066）两则题刻可见，其时云安军知军为刘士尧，云安县知县为张衮臣，字子褒，由殿中丞出为地方知县，所以称为殿丞邑宰；护戎苏几，字宗三，护戎为宋代监察军务的官员。

宋代，云安的建置较为特殊，《宋史》载："云安军，同下州。开宝六年，以夔州云安县建为军。建炎三年为军使。元丰户一万一千七十五。贡绢。县一：云安。监一：云安。"②

---

① （元）马端临：《文献通考》卷一五《征榷考二》，中华书局1986年版，第156页。
② 《宋史》卷八九《地理五》，中华书局1985年版，第2228页。

5. 邓冲等题名　元祐三年（1088）

游龙脊题名记

　　夫云安风俗：春之胜游，惟龙脊为初。今自押录以下，偕得游赏。于是兴尽，抵暮而归。于是各留姓、名、字，仍刻之于石，以记一时之乐云耳。时大宋元祐三年戊辰正月初七日。

6. 唐言题名　元祐三年（1088）

　　元祐三年戊辰岁孟月有七，同年二亲游此龙脊。集古贤留传，以鸡子一枚卜一兆，可为得喜庆团圆之卦。恐后再来题名。

7. 唐言再题名　元祐四年（1089）

　　元祐四年己巳岁孟月有七日，同年二亲再游于前，以鸡子一枚卜兆，德喜庆团圆之卦，又再游。勾震刊。

8. 古淳夫欧阳忠□等题名　绍圣四年（1094）

　　古淳夫欧阳忠□存道、周谭季和、韩介夫和叔、田功成师敏、史干臣忠辅、论延龄思永、李晔日华、宋师民承之，绍圣丁丑岁正月七日同游龙脊滩。

9. 王霭等题名　政和七年（1117）

　　郡守每岁人日率同僚游龙脊滩，与民同乐。乃行春之故事，尽兴，抵暮而归。右四人同来：东牟王霭泽民，夷仪石砼国良，鄄城王贯师道，鄞江姚衍彦承。政和岁丁酉题。

第二章 枯水题刻

10. 周叔明题名　宣和七年（1125）

宣和岁次乙巳孟春人日，使吏周明叔因从典吏任公美而下，遂于鳌脊滩，就东亭聚饮歌乐，逮晚比归。次日再缘公遣到此。①

11. 李造道等题名　建炎二年（1128）

建炎戊申正月上七日，判官李造道、司户赵执权、知县毌丘元望、县尉冯当可陪郡侯谒武烈公神祠，遂泛江而下，散步此碛。时天宇清明，江国熙然。尝试与诸公拂白石以危坐，漱清流而长歌，则兴味与簿书间若何？诸公咸一叹。冯当可题。②

12. 毌丘知县题名　建炎二年（1128）

建炎戊申正月望日，知县朝奉毌丘使辖匠刻张待制诗石，凡五日毕。足观山色风波景，意想春事，只如然也。小孩丘梅素亦携遨此，陈修举书。

13. 李造道等再题名　建炎二年（1128）

建炎戊申正月上巳日，判官李造道、司户赵执，权知县毌丘元望、县尉冯当可陪郡侯谒武烈公祠。遂泛江而下，散步此碛。老杜诗云："元日到人日，未有不阴时。"议者谓天宝之季，此诗尽之。今日天宇清明，江国熙然，太平之期指日可俟，又获与诸公偕游，所谓人日也。冯当可书。③

---

① 各段均曰"龙脊"，独此曰"鳌脊"，因宣和间禁用"天、龙"等字。
② 武烈公祠，即张桓侯祠，祠在飞凤山之□。
③ 此段见《蜀中名胜记》，然后半已勒。武烈公祠，即张桓侯祠，祠在飞凤山之□。《全蜀艺文志》卷六四作《龙脊滩留题》，线装书局2003年版，第1791页。

以上三则建炎二年（1128）题刻中，都有云安知县毌丘元望，毌丘氏，以地名为氏。春秋时卫国有地名毌丘（在今山东省曹县南），居住在那里的人，有的以毌丘为氏，世代相传。三国时有名臣毌丘兴、毌丘俭、毌丘甸。

判官李造道的两则题记，都由冯当可所书。冯当可，即冯时行。冯时行（1100—1163）宋代状元，字当可，号缙云，祖籍浙江诸暨（诸暨紫岩乡祝家坞人），巴县人。宋徽宗宣和六年（1124）恩科状元，历官奉节尉、江原县丞、左朝奉议郎等，后因力主抗金被贬，于重庆结庐授课，17 年以后方重新起用，官至成都府路提刑，逝世于四川雅安。著有《缙云文集》43 卷，《易伦》2 卷。①

14. 卢能父等题名　绍兴三年（1133）

箕颍卢能父，豹林种民望，弟志远，以绍兴癸丑二月朔来游。②

15. 郑圃等题名　绍兴八年（1138）

绍兴戊午春正月八日，军使郑圃、宋涣渊明拉同僚浚仪贾议经国、许昌林舜臣邻之、弟舜邻德之游览终日，薄暮还城。

16. 宋涣等题名　绍兴九年（1139）

邑宰宋涣渊明拉袁溉泽之、冯俊子才、林舜臣邻之、赵伯寅延庆、张光范公达、袁师奭宗召、何浩季叔、常禋钦伯、杨彪文炳、陈俞武子、常垠退甫、李公弼正仲，绍兴己未人日同游。渊明之子介寿、栢寿，子才之子师亮侍行。

---

① 胡问涛、罗琴：《冯时行及其〈缙云文集〉研究》，巴蜀书社 2002 年版，第 350—370 页。
② 箕颍，指箕山和颍水。相传尧时，贤者许由曾隐居箕山之下，颍水之阳。后因以"箕颍"指隐居者或隐居之地。

17. 周明叔等题名 绍兴十六年（1146）

郡人周明叔同义友李应求、李义夫、唐子文、李卿夫、张德扶、袁进叔、黎深甫游于龙脊聚饮，抵暮而还。时绍兴丙寅人日，谨题。

18. 朱醇父等题名 绍兴十九年（1149）

颖昌朱醇父、成都赵图南、京兆种允济、汉初安志行、洛阳陈居中、镇洮王希鲁，以绍兴己巳人日同游。汴阳王宁祖书。

19. 安公传等题名 绍兴二十七年（1157）

绍兴丁丑上春□七军使安公传率僚属李会源、陈幸□土礼、李□之仝张□山、尉公显来游。

20. 蔡德方等题名 乾道六年（1170）

眉山蔡德方、颖县孙彦实、武信王先侯，邦人唐国用、冉真卿，乾道庚寅人日同游。尚恨官长宠德操趋府不与焉。

21. 袁进叔等题名 乾道七年（1171）

袁进叔，冯周翰，刁与道，张世杰，冯嗣俊，张时杰，杨彦显，向觉先，里社中最相契者。乾道七载上元后四日，讲寻春故事，访此遗迹。时天纤日烘，江色可怜，濯缨举觞，陶然一醉，盖不啻饮中八仙也。逸兴未尽，日堕乃还。时杰孙郭僧侍行。

这则题记与绍兴十六年（1146）周明叔题记比较来考察，"郡人周明叔同义友李应求、李义夫、唐子文、李卿夫、张德扶、袁进叔、黎深甫游于龙脊聚饮，抵暮而还。"绍兴十六年，袁进叔与周明叔等8人为义友，同游龙脊石。至25年后的乾道七年（1171），袁进叔再次留题龙脊石，当年的义友都没有了，或者是故去，或者是离开云阳，或者是关系不如从前，而作为社会性的人，经过时间的淘洗，老朋友或许不再，但新朋友从来不缺。因此，在这里我们看到："袁进叔，冯周翰，刁与道，张世杰，冯嗣俊，张时杰，杨彦显，向觉先，里社中最相契者。"里社本是至古代里中祭祀土地神的处所。《文献通考》载：

> 杨氏曰："愚按《礼经》：天子祭天地，诸侯祭社稷，祭莫重于天地，而社稷其次也。胡氏乃合祭地、祭社二者而一之，何也？曰：社者，五土之神，是亦祭地也，而有广狭之不同。曰里社，则所祭者一里之地而已；曰州社，则所祭者一州之地而已；诸侯有一国，其社曰侯社，则所祭者一国之地，一国之外不及也；天子有天下，其社曰王社，则所祭者天下之地，极其地之所至，无界限也。①

祭祀的土地神仅为一里之地，则为里社。因古代乡里制度的实行，在里中大多都有对土地神的祭祀，因此往往有以里社来代指乡里。

淳熙四年（1177），袁进叔再次与友人同游并留题。

22. **康性之等题名　淳熙元年（1174）**

> 固陵康性之，开封杨处道，泽城梁国宝，宁川冯巨济。
> 右四人以淳熙改元甲午人日同游。

23. **赵庚诗　淳熙三年（1176）**

> 春早江流岸□深，舣舟龙脊共登临。
> 一犁膏雨知时节，万里和风快客襟。
> 麹米香浓真旧味，竹枝歌好更新音。

---

① 《文献通考》卷八二《郊社考十五》，中华书局1986年版，第744页。

飘然自有凌云气，何必鸡占慰此心。

淳熙丙申岁人日，郡人宋南、赵庚、冯晨、费公锡、谭光远、杜渊、李如莹、牟滂、冉槐卿、冉嵩卿、谭泽偕游，庚辄留五十六字以识其行。

赵庚的诗作中，对宋代巴蜀一带的"人日"习俗进行了详细的解读，登龙脊石、歌竹枝词、行鸡卜等等，这是正月初七"人日"的基本活动。

24. 韩子展题名　淳熙四年（1177）

邑尉权教官韩子展同幸益茂，宋德恭，袁闲之，赵西仲，黄国器，王志行，邓民望，李茂才，李光庭，朱平之，冯当时，冉廷直，冉才甫，王鸿举，淳熙丁酉人日前一日游。

25. 袁进叔等题名　淳熙四年（1177）

郡人袁进叔，冯周翰，刁兴道，冯嗣俊，张时杰，冉子文，杨彦显，谭翔老舣舟来游，览昔人□妙，老眼为之渭明□书长，春暖四望融，若愈可人意，终夕而归，淳熙丁酉人日题。

26. 贾遁等题名　淳熙六年（1179）

淳熙己亥人日，郡将向公委邑尉开封贾遁厚叔，率巡检舜都陈彦全贯道，巡铺丹阳刘植元直宴游于此。

27. 董伯高等题名　淳熙六年（1179）

董伯高，宋德恭，冉说道，袁闲之，赵西仲，谭绍先，唐纪明，董叔才，冯当时，胡德载，张彦模，黄克任，冉才甫，王鸿举，以淳熙己亥人日后二日来。

闲之男仲午侍行。

28. 张时杰题名　淳熙九年（1182）

　　郡人张时杰，淳熙壬寅人日后一日，挈家来游。
　　陈巽良刊

29. 赵庚等题名　淳熙十年（1183）

　　淳熙癸卯人日，郡人赵庚，李本，冯晨，唐鉴，张松，王翱，董鼎臣同果山苟中立登鳌访古，俯仰天地间无一点尘俗气，真可人意也。

30. 郭公益等题名　淳熙十二年（1185）

　　淳熙乙巳春七日，西州郭公益率军僚湖北郭谊，东州刘庚，江西彭嗣祖，峡中孙沂同来，修故事也。

31. 袁彦选等题名　淳熙十二年（1185）

　　郡人袁彦选，常济民，符德茂，袁百寿，安廷玉，幸信道，李公绍，陈国辅，冯正卿，冉叔正，以人日同游。从古鸡子卜，获吉兆，聚饮终日而退。时淳熙乙巳岁，谨记。

32. 段作等题名　淳熙十三年（1186）

　　东里遗民段作，以侄谦仲侍亲此邑，同震仲晋偕来省视。暇日，撑小艇登龙脊滩，置酒石上，四顾风物一□。曾经少陵枚拭，念身世之无常，怅江山之不改。相与三叹而去。淳熙丙午十贰月望。

东里遗民,据《宋史》记载:"杨璞字契玄,郑州新郑人。善歌诗,士大夫多传诵。与毕士安尤相善,每乘牛往来郭店,自称东里遗民。"① 由此可见,段作以东里遗民自称,应该为新郑人。

33. 黄藻等题名　淳熙十五年(1188)

邦人黄藻,冉密,宋辅,宋梅,仝大宁昌时以淳熙戊申正月上元前三日游此,为终日欸,聊书于此。宋梅德操书。

34. 黄藻等题名　绍熙三年(1192)

郡侯人日游龙脊滩,与民同乐,以鸡子卜年庆。邦人未尝有可免者。首春天气,融和诸庆,会间遂举其故事而来观此景,睹纤罗锦水,浮龙势于天边;峭壁巫云,拥凤蠹于日外。杯兴之次日,眺明媚,不胜快哉。

摄郡职黄藻明叔,李公悦正文,杨尧举、舜举,幸宥原叔,乡友符海□三,幸时敏勉叔,谭辅良弼,绍熙壬子正月念四日,尧举书。

是日双舟捧人亦经水。

作头陈舜先刊。

鸡子卜,即用鸡进行占卜的一种形式。《史记·孝武本纪》载:"是时既灭南越,越人勇之乃言'越人俗信鬼,而其祠皆见鬼,数有效。昔东瓯王敬鬼,寿至百六十岁。后世谩怠,故衰耗'。乃令越巫立越祝祠,安台无坛,亦祠天神上帝百鬼,而以鸡卜,上信之,越祠鸡卜始用焉。"② 鸡卜应该是越人的一种古老占卜方式,至于鸡卜的具体方式,张守节所做的注解载:"用鸡一狗一,生,祝愿讫,即杀鸡狗,煮熟又祭,独取鸡两眼骨,上有孔裂,似人物形则吉,不足则凶。"③ 至

---

① 《宋史》卷四五七《万适传附杨璞传》,中华书局1985年版,第13428页。
② 《史记》卷一二《孝武本纪》,中华书局1959年版,第478页。
③ 同上。

于其源头及后代占卜形式的演变，众说纷纭。①

35. 谭丙诗　庆元五年（1199）

地脉英灵元不断，人才复起振吾邦。
临流亦有中兴志，追忆晋臣能誓江。
庆元五年，岁在己未，越上休之一日。郡人谭丙文父识。

36. 李英等题名　嘉泰二年（1202）

李英宇雄叔，胡绍昌先，陈林茂先，何友谅益仲，宋彬德忠，黎枢国器，李光宅国祥，张祖华尧夫，兰珪大郎同往西州。回日，谒忠显庙，退游此龙脊。尽晚醉归。嘉泰壬戌二月中旬记。

此题记与上述淳熙十二年（1185）"郭公益等题名"中都提到自"西州"来，这里对西州做一简单说明。

提到"西州"，唐代西州最为有名。贞观十四年（640），交河道行军大总管侯君集率军灭掉麴氏高昌国，唐政府随即于其地设置西昌州，不久改名西州，设西州刺史、西州都督，领高昌、柳中、交河、蒲昌、天山五县。天宝、至德间，改为交河郡。安史之乱后，先后为吐蕃和回鹘所占。

但是，"西州"之名在唐以前出现时，主要有几个不同的指向。一是指中原以西。如《晋书·张轨传》载："张凉州一时名士，咸著西州。"② 二是指陕西偏西、甘肃一带。如《战国策》中有记载道："昔者秦穆公一胜于韩原而霸西州，晋文公一胜于城濮而定天下。"③ 三是指四川尤其是成都周边及其以西的地域。《后汉书》中记载："范（指廉

---

① 紫鹃：《鸡子卜与鸡崇拜》，《文史知识》2007年第2期。
② 《晋书》卷八六《张轨传》，中华书局1974年版，第2221页。
③ （汉）刘向集录：《战国策》卷二八《韩策三》，上海古籍出版社1985年版，第1010页。

范）父遭丧乱，客死于蜀汉，范遂流寓西州。注：西州：谓巴蜀也。"①这个指向上，也就是西川。

两宋时期，以上所指"西州"的各个指向，只有西川为宋所有。范成大《吴船录》记载，其于淳熙丁酉岁（四年，1177）五月二十九日离成都，六月经彭山、郫县、永康军，遂登青城山，见：

> 真君殿前有大楼，曰玉华。翚飞轮奂，极土木之胜。殿四壁，孙太古画黄帝而下三十二仙真，笔法超妙，气格清逸。此壁冠于西州。两庑古画尚多，半已剥落，惟张果老、孙思邈二像无恙。②

很明显，这里所说的西州，就是指西川。在《吴船录》中，"西川"之名出现的频率也很高，根据文意，所指大致就是唐代剑南西川节度使管辖的区域，其与长江中下游之间的往来应该不成问题。所以，题记中来往于云阳和西州之间的人并非个别。

37. 郡人冯镕《如梦令》词　　嘉泰二年（1202）

> 素餐浩然之气，铁石心肠谁拟。
> 蒿目县前江，不逐队鱼游戏。
> 藏器，藏器。
> 只等时乘奋起。
>
> 嘉泰壬戌仲春，乡进士冯镕景范游此，因成《如梦令》一阕，书之于石。

38. 知县忠南唐酉等题名　　开禧元年（1205）

> 开禧改元乙丑人日，云安长吏率僚佐游龙脊滩，览石刻，决鸡卜，歌竹枝，皆故事也。军使兼知县忠南唐酉，主簿常德薛铸，巡

---

① 《后汉书》卷三一《廉范传》，中华书局1959年版，第1101页。
② （宋）范成大撰，孔凡礼点校：《吴船录》卷上，《范成大笔记六种》，中华书局2002年版，第190页。

检永兴张珪，县尉舜泽续庆祖，乡人兴州文学康炎，乐温簿吴炎，正奏名进士巫阳王仲午偕行。

军使兼知县，按照宋制，废军为县，或仍保留军使之职，兼知县事。其地位低于军、监长官，而高于县官。①

39. 幸樵、史彦等题名　开禧元年（1205）

郡宾房笺司幸樵山父，史彦正父，朱彭年寿春，杨大淳德美，符棋子玉，冉中行直夫，杜恭子温，常嵩山父，使院张仲春德茂，厅吏赵春，从太守讲人日故事，访古叹昔，抵晚而退。是年开禧改元乙丑识。正父之子壬仲侍行。

40. 宋梅等题名　嘉定四年（1211）

嘉定辛未人日后一日，郡庠宋梅、宋彬拉姝季己、季贤，婿冉震、符友文携家来游。叹前题倏尔一纪，光阴如驹之过隙耳。诸亲咸一叹。孙奎书。

41. 邓绍先等题名　嘉定八年（1215）

郡使院典级邓绍先，金州米彭年、李绂、李光宅、陈瑞、张永寿、张仲夏、张镛，同客院辛樵、符棋、冉棋，并符椿、邓良、符祖、符寅、杨初、安普、何辅、郑宗、张丙、金照、夏铸、张杞、李京、谭文、安坤厚、符仲杞，嘉定乙亥元正后四日来游，幸良器往西州同神男季乙偕来，寓迹笺司古通、彭震、蔡揖以干续至。

镌工陈仲成、陈公道。

---

① 龚延明：《宋代官制辞典》，中华书局1997年版，第554页。

42. 邓绍先再题名　嘉定九年（1216）

丙子正月人日前一日，邓绍先，幸良器，幸樵等同杨松年，陈全，王祖，袁丙，杜甲再游。

袁绂书。镌工陈仲吉。

43. 邑尉古渝里公辅和韵　嘉定九年（1216）

界破峡山分两壁，峡江万顷谁蠡测。
自古韬藏灵异物，怪石崚嶒蛟龙窟。
夭矫乍浮还乍没，中流触起掀天雪。
疑是当年酆剑失，至今犹蜕平津骨。
年年元日至人日，似趁阳春晒灵脊。
我来得得访古迹，恍疑脚到金沙碛。
未睹金沙先兆吉，但见龙章呈五色。
使君有感心声发，口吮色笔手和墨。
投以夜光奖明月，十字不容加损益。
大书龙背不漫灭，便似负图敢弗踣。
早晚一声雷霹雳，不信斯文埋草泽。
嘉定丙子人日。

44. 沈安义等题名　嘉定十四年（1221）

（上缺）义熙，涪陵之石鱼，云安之龙脊，地维不同，而古今民之占丰年则一也。邑令开封沈安义子方，以嘉定辛巳人日，率同僚游龙脊，修故事也。灯夕后三日，春官开明张光验荡复拉延平廖佽祖子上，舞阳黄烈毅夫，宛陵李栋子东，大梁高彭伯季祖、与乱江再游于此，摩挲石刻，搜阅各题，插小亭于平江，酌众宾于古碛。夫此州胜迹，莫不因人而重，视先后名公巨卿，未倾是邦。此未始不肆，其乃而为一时之巨丽也。归棹于岸，斜阳满舟。刊之以记，留序藏岁月云。沈安义书。

45. 杜良金题刻　嘉定十六年（1223）

思昔中兴日，于今仅百年。
缙云记龙脊，此石重燕然。
体国存先见，今人忆古贤。
太平不须卜，万世可流传。

建炎初，冯缙云屡刻诗于前，断然者中兴太平之句，其言可验。真所谓"国之蓍龟，万世先见"之明。中兴以来，一人而已。因成四十字赞之，幸毋以斯言借。

嘉定癸未春，是邦杜良金同友李翔父、谭子正题。

题记中所谓"建炎初，冯缙云屡刻诗于前，断然者中兴太平之句"，指的是建炎二年（1128）"李造道等再题名"冯时行所书："今日天宇清明，江国熙熙，太平之期指日可俟。"嘉定七年（1214）七月，宋宁宗接纳真德秀的奏议，决定从此不再向金贡纳"岁币"，而此时，金国已遭受蒙古帝国的打击，被逼迁都至开封。为了扩大疆土以弥补被蒙古侵占的地域，金以宋不再纳岁币为名，出兵南侵，但是失败。此后，金国面临蒙古的节节进逼，亡国之相越来越明显，在这种情况下，南宋士大夫们似乎看到了中兴的局面。

46. 李中行等题名　绍定元年（1228）

绍兴改元人日，李中行携僚友黎耕，张酉传来游。睹清流，抚陈迹，有想乎前辈之退躅，时□将庐海以摄警兴。

47. 谭仲等题名　绍定元年（1228）

黎阳谭仲乙、幸仲深父、佳父，何士常厚父、坤父，与夔州张用之以人日来游，修亲禊事也。是日，从郡侯三泸李公与渝江张尉仙仝盛山黎判一溥，绍定改元人日书。

48. 袁逢龙《龙脊歌》 宝祐三年（1255）

龙脊歌

此龙一年一度出，碑矶巉岩只见脊。二月春光生，九月江未平，龙维有脊却潜形，及乎春涨夏涝秋霖侧卷却横潦，夕除沟浍洄雨绝地干霜降水落，万濑□沉，百川绳约，寒鱼依藻，岁蛇委蛰。此龙万召出沧溟，江心夭矫脊梁陈，前贤述烦映千古，赏游奔走一世人。是时春正融，春色盛，津津相约，考鸡卜，愿作太平民。太平本是苍龙致，龙脊现时占太平。呜呼！潜见有时，龙何心也？盖三也，深后必钜藏之也，久出必奇也。当颓波溃渊，轰陁澎湃之时，而潜龙勿用，阳在下也；深藏固□，光景之不露，及固阴江寒凌属刻轹之后，而见龙在田，德施普也；行歌坐赏，人世之共趋，向非有是脊梁而不与世变，波鹿奚至是哉？吾视龙脊之现，盖类有道者。故从而歌之曰：龙乎，龙乎，愿勿随云飞上下。

永镇峡江
乐太平年
宝祐乙卯
王正二日
簿兼军教
岩渠袁逢龙
醉书

49. 张坚老等题名

辛丑正月上休，张坚老，陈大年，王仲山、仲甫，张济卿重来游。大年之子马行者侍行。

50. 解至临等题名

郡守解至临,邑宰史祥,前州签吕玉,军幕陈奭,前巴川宰张仲容,前临邛尉骨元矩同游。

壬寅岁人日题。

51. 武科举子题诗　崇祯元年（1628）

天堂江心一片石,往来何故多留题?愿将洗净贪污胆,压酥奸臣骨如泥。

52. 单行举题记　乾隆十八年（1753）

水落石出
江峰览不尽,云树自年年。苍龙如可驾,我欲问青天。

单行举,云阳县令。

龙脊石上有题记"古渝之义熙（即朝天门灵石）、涪陵之石鱼、云阳之龙脊石、虽地各异、然意皆同"[①]的记载,其在水文记录上的价值,仅次于涪陵白鹤梁题刻。同时,龙脊石题刻在人物、官称、郡望等的记载,无疑会丰富我们的历史认识,而其在书法艺术上的价值也比较高。

第五节　迎春石、耗儿石与龙床石

一　巴南迎春石

迎春石水文石刻,位于重庆市巴南区麻柳嘴镇长江主航道南侧的礁

[①] （清）王应元:《涪州碑记目》,《石刻史料新编》第三辑一五,新文丰出版公司1986年版。

石上，靠近南岸，与北岸乐碛镇隔水相望。分为上下石，相距约50米，上石长约19米，宽8米，下石长27米，宽约13米，两石表面凹凸不平。川江七大枯水题刻，基本都是在长江枯水年份的春季露出水面，迎春石也是如此，春季露出水面，短时与世人见面，若不枯水，即久藏于江心。

1. 冯时行题刻　绍兴十八年（1148）

在宋代以前，迎春石上还没有任何遗迹。南宋绍兴十八年（1148）三月，巴县进士冯时行在谪居期间，与友人同游迎春石并题刻：

> 乐碛大江中有石洲，烟水摇荡，云山杳霭，全似江南道士矶。可以泛舟流觞，修山阴故事。绍兴十八年戊辰三月十二日，冯时行当可、王荩臣兴善、刘愕何廉、冉居中和甫、蒙尧云望之、于道行士达同游。①

自冯时行开启刻石留题后，宋、元、明、清有识之士或文人雅士，赋诗留题十余幅，并刻有石鱼作为水位标迹以示后人。还有南宋嘉定壬午年（1222）《冯如祖题刻》，内容亦言及江南道士矶。冯如祖，可能还是冯时行的后辈。

2. 王应熊题刻　崇祯十年（1637）

崇祯十年（1637），王应熊49岁，在巴县闲居。三月清明，游巴县"迎春石"，于石上作两段题刻：

> 看道士矶，始证冯公之语。然轻帆一拂，何如此地盘桓，遂我鸿性。崇祯丁丑清明日王非熊题。

> 春石，余别号也，义取此洲矣。王应熊非熊识。

---

① （宋）陈思：《宝刻丛编》，《历代碑志丛书》第一册，江苏古籍出版社1998年版，第225页。

王应熊，字非熊，号春石。四川巴县人，万历四十一年（1613）进士。天启中，历官詹事。崇祯三年（1630），召拜礼部右侍郎。与温体仁、周延儒相援结。六年（1633）冬，晋为礼部尚书兼东阁大学士，入参机务。八年（1635），张献忠率兵攻陷凤阳，毁皇陵，王应熊包庇凤阳巡抚杨一鹏、凤阳巡按吴振缨，遭言官参劾，被迫罢去官职，回家乡居。乡居期间，于崇祯十年（1637）在巴县迎春石留下题刻。

> 崇祯十七年（1644）三月，京师陷。五月，福王立于南京。八月，张献忠陷四川。乃改应熊兵部尚书兼文渊阁大学士，总督川、湖、云、贵军务，专办川寇。时川中诸郡，惟遵义未下，应熊入守之，缟素誓师，开幕府，传檄讨贼……又明年十月，献忠余党孙可望、李定国等南走重庆，英战殁。可望袭破遵义，应熊遁入永宁山中，旋卒于毕节卫。一子阳禧，死于兵，竟无后。①

崇祯十七年（1644），崇祯皇帝在景山自尽，明朝灭亡，清军入关。福王朱由崧建南明弘光政权后，任王应熊为兵部尚书兼文渊阁大学士，总督川、湖、云、贵军务，楚、郧、贵、广悉听应熊节制，专剿张献忠，给银三万两，赐尚方宝剑。但是，此时的王应熊名为督师而实无师可督。王应熊散尽家财，招兵数千人，于遵义驻守。隆武元年（1645），擢为少保、武英殿大学士。八月，王应熊组织川东一带地方武装，抗击张献忠。后在川南一带辗转，最后回驻遵义。隆武二年（1646），清军入川，招降王应熊，王应熊斩杀来使，弃遵义入毕节。永历元年（1647）正月，封长寿伯，至贵州仁怀卒。

二 江北耗儿石

耗儿石，因形似耗子而得名，位于重庆市江北区长江鱼嘴沱下游5公里蒋祠段航道上，长2.4米、宽0.8米，是川江七大枯水题刻中体积

---

① 《明史》卷二五三《王应熊传》，中华书局1974年版，第6532页。

第二章
枯水题刻

最小，内容最少的。题刻仅有两段，一段为"后蜀明德三年题刻"，一段为"南宋绍兴题刻"。

"后蜀明德三年题刻"内容简略，刻有32个字：

> 大蜀明德三年岁次丙申二月上旬，此年丰稔倍常，四界安怡，略记之。水去此一丈。

这里的大蜀，指五代十国时期以成都平原为中心的后蜀政权；明德三年为后蜀孟昶明德三年（孟知祥、孟昶共用一个年号，共四年，即936年）。这一题刻，早于白鹤梁上有明确纪年的北宋开宝四年（971）题刻，是目前长江流域现存有明确纪年的最早枯水题刻文献。

"南宋绍兴题刻"为绍兴十五年（1145）所刻，其中文字记载说：

> 《易》曰：河出图，洛出书……以为祥瑞之证……志于河口，时或一出，以为丰年之瑞也。①

关于"河出图、洛出书"，在传说中，伏羲时代有龙马从黄河中出现，背负"河图"；大禹治水的时候，又有神龟从洛水中出现，背负"洛书"。《周易·系辞上》载：

> 是故《易》有太极，是生两仪。两仪生四象。四象生八卦。八卦定吉凶，吉凶生大业。是故法象莫大乎天地；变通莫大乎四时；县象著明莫大乎日月；崇高莫大乎富贵；备物致用，立成器以为天下利，莫大乎圣人；探赜索隐，钩深致远，以定天下之吉凶，成天下之亹亹者，莫大乎蓍龟。是故天生神物，圣人则之；天地变化，圣人效之；天垂象，见吉凶，圣人象之；河出图，洛出书，圣人则之。《易》有四象，所以示也。系辞焉，所以告也；定之以吉凶，

---

① 宁应城：《长江上游历史洪枯水题刻调查及应用》，《人民长江》2013年第11期。

所以断也。①

"河出图,洛出书,圣人则之。"汉代以来,人们认为河图、洛书是帝王受命而王天下的象征,是祥瑞,古人把河图、洛书刻于河底,当它出现的时候就是祥瑞吉兆,而且它的出现必须是在帝王有积德累业,诚孝感动于天地之时,是万物之所归、神明之所福的奇迹。可见,绍兴题刻即是对祥瑞的祈求,同样后蜀题刻的出水也是祥瑞吉兆,该年将"丰稔倍常"。

三 丰都龙床石

龙床石,位于重庆市丰都县城南(原丰都县城在江北,今迁至江南)水门子外的长江河心,又被称作龙床堆、龙船石、笔架山,是一条长形的水下磐石,长约28米,宽约13米。龙床石较为平坦,像一张巨大的石床卧于江心,所以叫"龙床"。《丰都县志》载:

> 龙床石滩,治南江中,石盘耸出,流水激涌,冬尽水落下水,船险。石面镌大字,曰石槎,傍有题刻,水落辄见。②

龙床石约有40段题刻,已知最早的题刻是南宋绍兴年间的,还有南宋端平年间和元大德年间的题刻,绍兴、大德、端平、嘉靖、万历、嘉庆、道光、咸丰等年号仍清晰可辨,保存较好的有"龙床春观""龙床堆""石槎"等大字题刻。③

"龙床夜雨"为丰都八景之一。黄洵诗曰:

> 此地当年起卧龙,洞门深锁石床空。不知子夜千山雨,飞向云

---

① 《周易正义》卷七《系辞上》,(清)阮元校刻:《十三经注疏》,中华书局1980年版,第82页。
② 黄光辉等修,郎承诜等纂:《丰都县志》卷一《舆地志》,《中国地方志集成·四川府县志辑47》,巴蜀书社1992年版,第12页。
③ 李盛林:《龙床石:长江上游水下题刻》,《四川文物》1986年第1期。

天第几重？漏转江流催急溜，梦回渔夫泾孤蓬。至今鲸吼清滩下，冥答仙都观里钟。①

卢雍也有诗：

神龙久化去，水底石床平。月冷江空阔，风声作雨声。②

小　　结

枯水题刻以川江地区为最，著名的七大枯水题刻，即江津莲花石、朝天门灵石、巴县迎春石、江北耗儿石、涪陵白鹤梁、丰都龙床石、云阳龙脊石等题刻，是古代各个历史时期保留至今难得的一处艺术宝库和历史资料宝库，它真实地记录了唐宋以来川江地区的民俗乡风，反映了历史时期各阶层人士的社会生活面貌、思想意识、生存状态，甚至还有对政治事件的另一种书写，是我们进行唐宋历史研究、三峡地区历史文化研究的重要参考资料。

---

① 黄光辉等修，郎承诜等纂：《丰都县志》卷四《艺文志》，《中国地方志集成·四川府县志辑47》，巴蜀书社1992年版，第65页。

② 同上。

第三章　洪枯水题刻与历史认识

中国古代的洪水枯水题刻文献尽管内容有详有略，但是将其与中国历史的发展变迁联系起来，可以对其进行较为深刻的探讨和分析。

古代对洪水的观测和认识，不仅仅局限在自然角度。"昔者禹抑洪水，而天下平，周公兼夷狄驱猛兽，而百姓宁，孔子成《春秋》，而乱臣贼子惧。"① 自然界的和谐与人类社会的稳定是密切相关的。因此，作为统治阶级，也就十分关注自然界中水的变化。

归有光《策问》中有问：

> 国家有非当之灾，天之所以警戒人主，使修德以保大业，而受多福也。今天子承统继祚，宽仁恭俭，天下延颈以望至治。迩来灾异频仍，岂上天垂象，示所以仁爱之至者欤？

对于上述的问题，可做这样的思考：

> 今岁洪水泛滥，弥漫数千里，而大江以南，海水震荡，沿海居民，漂溺者以百万计。于洪范五行，推其事类，以为貌之不肃。故曰：貌伤，则致秋阴而常雨。然至于江河横流，海水飞溢，其变不止常雨之应而已。汉世如董仲舒、郎颙颐之徒，皆能推阴阳以纳说

---

① 《孟子注疏》卷六下《滕文公章句下》，（清）阮元校刻《十三经注疏》，中华书局2009年版，第2715页。

第三章
洪枯水题刻与历史认识

时君。学者或以为流于术数,假经托义,非吾儒之正道。然前世因天变,下诏求贤良方正、直言极谏之士。今天下之事,可言以告吾君者多矣。诸士子抱忧世之志,其各以意对。①

正是水与传统时代的社会观念有密切的关系,所以在历代正史中,《五行志》作为重要的组成部分,被历代学者不断地丰富和发展。在《汉书》中记载:

传曰:简宗庙,不祷祠,废祭祀,逆天时,则水不润下。

说曰:水,北方,终臧万物者也。其于人道,命终而形臧,精神放越,圣人为之宗庙以收魂气,春秋祭祀,以终孝道。王者即位,必郊祀开地,祷祈神祇,望秩山川,怀柔百神,记不宗事。慎其齐戒,致其严敬,鬼神歆飨,多获福助。此圣王所以顺事阴气,和神人也。至发号施令,亦奉天时。十二月咸得其气,则阴阳调而终始成。如此则水得其性矣。若乃不敬鬼神,政令逆时,则水失其性。雾水暴出,百川逆溢,坏乡邑,溺人民,及淫雨伤稼穑,是为水不润下。京房《易传》曰:颛事有知,诛罚绝理,厥灾水,其水也,雨杀人以陨霜,大风天黄。饥而不损兹谓泰,厥灾水,水杀人。辟遏有德兹谓狂,厥灾水,水流杀人,已水则地生虫。归狱不解,兹谓追非,厥水寒,杀人。追诛不解,兹谓不理,厥水五谷不收。大败不解,兹谓皆阴。解,舍也,王者于大败,诛首恶,赦其众,不则皆函阴气,厥水流入国邑,陨霜杀叔草。②

从《五行志》关于水的记录,可以看到,古代人对洪水泛滥的认识是这种灾害不仅影响到农业发展、城市繁荣、人口增殖等问题,它还会影响到帝王言行、臣下方策、天下治乱、兵连祸结、民族互动,等等。历代《五行志》的记录,给我们提供了认识洪水、枯水深刻内涵的重

---

① (明)归有光著,周本淳校点:《震川先生集》别集卷三《策问》,上海古籍出版社1981年版,第793页。

② 《汉书》卷二七《五行志上》,中华书局1962年版,第1342页。

要途径。

第一节　洪枯水题刻与政治史研究

在传统时代，记事赞颂碑刻、哀诔纪念碑刻等成为最能反映政治观念和政治行为的石刻文献，历朝历代都不缺少它们的足迹。

毛远明先生的《碑刻文献学通论》是迄今为止关于碑刻文献学理论和方法最重要的一部著作，其中对碑刻文献做了详细的分类。①

记事赞颂碑刻包括志颂碑刻，如秦代的泰山石刻、琅琊台石刻、峄山刻石、会稽刻石等；汉代以后有志颂圣贤的如《姜嫄、公刘新庙碑》，志颂事功的如汉代三颂——《石门颂》《西狭颂》《郙阁颂》，尤其是志颂战功的较为突出，如东汉《燕然山铭》《裴岑纪功碑》，三国《毌丘俭纪功残碑》，唐代《大唐纪功颂》《平蛮碑》《平淮西碑》，等等；还有志颂国家兴隆的等等。

记事赞颂碑刻也包括表德碑刻，对历史上著名的人物进行表彰和颂扬，往往通过对人物事迹的详细描述，彰显古圣先贤、历代皇帝的神功圣德，赞美政绩突出官吏的德政仁治，表彰聪明睿智忠贞贤良孝节之人的惠德美誉。

记事赞颂碑刻还包括记录历史事件的碑刻和志颂宗教神话人物的碑刻。

石刻文献有其独特的政治意义，北宋《大观圣作之碑》因其对伦理、道德的强调，对朝廷本意之宣示及垂远于后世之图而闻名于历史。大观元年（1107），吕夷简、夏竦等撰《八行八刑条》一卷，由宋徽宗御笔书写，通直郎、书学博士李时雍奉敕摹写，颁行全国，各府州县刻《大观圣作之碑》（或曰《御制学校八行八刑碑》），立于府州县学。②

洪水枯水题刻往往因水文变化而产生，属于一种应用文碑刻。从其文字表面来看，不像记事赞颂碑刻、哀诔纪念碑刻、祠庙寺观碑刻、诗

---

① 毛远明：《碑刻文献学通论》，中华书局2009年版。
② 王晓晖：《论宋代八行取士》，《历史教学》2017年第10期。

歌散文碑刻、石经等具有强烈的符号特征和几近固定的程式。但从其文字内容来说，又不失作为碑刻文献所蕴含的深刻内涵。因此，洪水枯水题刻文献虽然并非因政治而出现，但其与政治史的研究关系密切。

一 洪枯水题刻与国家治理

洪水枯水题刻的产生，与古代官民的政治意识有密切的联系。尤其对于历代官员来说，为官一任，造福一方，自己所治理的地方州县乃至省府是否海晏河清、是否风调雨顺、是否国泰民安，都是其密切关注的所在，当然也是作为每一个王朝的统治者关注的重点。因此，对洪水、枯水的发生进行密切关注，并与国家治理贯穿在一起就成为洪水、枯水题刻的一个特点。

长江枯水而白鹤梁石鱼出水，即是丰年的征兆，在地方官员来看这种景象乃是皇帝布德泽于天下的象征。

《范锡朋观石鱼记》也记载："圣人御宇，百物效灵，彼冥顽蒲恭之伦，亦将跃恩波而思呈露，昭格所至，详祉萃臻，行看额手而颂太平也。"[1]

在传统时代，洪水和枯水情况的发生往往与政治是紧密相连的。一旦出现这种情况，上至皇帝、下至士庶，都极为关注。所谓"圣帝明王受命，天时未必无灾，是以尧有九年之水，汤有七年之旱，惟能济之以人事耳"[2]。

作为最高统治者的"君权神授"的皇帝，往往会在这种情况下"罪己"以自责，如北魏孝文帝在太和六年（482）诏曰：

> 朕以寡薄，政缺平和，不能仰缉纬象，蠲兹六沴。去秋淫雨，洪水为灾，百姓嗷然，朕用嗟愍，故遣使者循方赈恤。而牧守不思利民之道，期于取办。爱毛反裘，甚无谓也。今课督未入及将来租算，一以丐之。有司勉加劝课，以要来穰，称朕意焉。[3]

---

[1] 王晓晖：《白鹤梁题刻文献汇集校注》，天津古籍出版社2015年版，第168页。
[2] 《晋书》卷一七《傅玄传》，中华书局1974年版，第1320页。
[3] 《魏书》卷七《高祖本纪上》，中华书局1974年版，第152页。

皇帝做出了姿态，做臣下的自然更是不能不有所表示，面对灾害，臣子还会借机向皇帝进行陈策，详细分析政事。

西晋泰始四年（268），颇有水旱之灾，御史中丞傅玄上疏说："伏惟陛下圣德钦明，时小水旱，人未大饥，下祗畏之诏，求极意之言，同禹、汤之罪己，侔周文之夕惕。"① 借着水旱频发，皇帝下罪己诏之机，傅玄进一步提出治理天下、稳固政权的五条意见：

其一曰，耕夫务多种而耕暵不熟，徒丧功力而无收。又旧兵持官牛者，官得六分，士得四分；自持私牛者，与官中分，施行来久，众心安之。今一朝减持官牛者，官得八分，士得二分；持私牛及无牛者，官得七分，士得三分，人失其所，必不欢乐。臣愚以为宜佃兵持官牛者与四分，持私牛与官中分，则天下兵作欢然悦乐，爱惜成谷，无有损弃之忧。

其二曰，以二千石虽奉务农之诏，犹不勤心以尽地利。昔汉氏以垦田不实，征杀二千石以十数。臣愚以为宜申汉氏旧典，以警戒天下郡县，皆以死刑督之。

其三曰，以魏初未留意于水事，先帝统百揆，分河堤为四部，并本凡五谒者，以水功至大，与农事并兴，非一人所周故也。今谒者一人之力，行天下诸水，无时得遍。伏见河堤谒者车谊不知水势，转为他职，更选知水者代之。可分为五部，使各精其方宜。

其四曰，古以步百为亩，今以二百四十步为一亩，所觉过倍。近魏初课田，不务多其顷亩，但务修其功力，故白田收至十余斛，水田收数十斛。自顷以来，日增田顷亩之课，而田兵益甚，功不能修理，至亩数斛已还，或不足以偿种。非与曩时异天地，横遇灾害也，其病正在于务多顷亩而功不修耳。窃见河堤谒者石恢甚精练水事及田事，知其利害，乞中书召恢，委曲问其得失，必有所补益。

其五曰，臣以为胡夷兽心，不与华同，鲜卑最甚。本邓艾苟欲取一时之利，不虑后患，使鲜卑数万散居人间，此必为害之势也。

---

① 《晋书》卷一七《傅玄传》，中华书局1974年版，第1320页。

秦州刺史胡烈素有恩信于西方，今烈往，诸胡虽已无恶，必且消弭，然兽心难保，不必其可久安也。若后有动衅，烈计能制之。惟恐胡虏适因于讨击，便能东入安定，西赴武威，外名为降，可动复动。此二郡非烈所制，则恶胡东西有窟穴浮游之地，故复为患，无以禁之也。宜更置一郡于高平川，因安定西州都尉募乐徙民，重其复除以充之，以通北道，渐以实边。详议此二郡及新置郡，皆使并属秦州，令烈得专御边之宜。[①]

对于傅玄的陈策，晋武帝司马炎认为，其言及农事得失和水官兴废，言及安边御胡之策略，又言及朝廷政事之宽猛，而且思虑周全，实为国之大本，当今之急。对傅玄称赞有加。

二 川江题刻所见宋代蜀人治蜀

北宋平蜀后，四川地区归于宋朝版图，成为宋朝统一南方的财源基地。前期，宋侧重于从富庶的蜀地征敛财物，忽略了对蜀地士人的团结和民众的安抚，造成社会动荡不安。中期以后，宋朝调整了治蜀方略，大量任用蜀人，蜀地遂社会安定，人才辈出，蜀人遂成为北宋朝廷一支重要的政治力量，活跃于政治舞台；尤其诏令蜀人可以在蜀地为官，也为宋代蜀地的发展产生积极影响。

自965年宋平蜀至1000年，宋初四川地区的武装斗争长达30余年，规模大，时间长，给北宋政府带来极大的震动。宋初四川地区大规模的起义被镇压下去之后，官员们心有余悸，惧怕到四川做官。史载："李顺之乱，川陕选官多惮行"，凌策"自陈三莅蜀境，谙其民俗，即命知蜀州"[②]。选择官员到四川地区任职在当时确实成为让朝廷头疼的事。

宋初四川人民的反宋斗争，调整了四川地主阶级和北宋中央王朝之间的关系，北宋政府认识到，在四川巩固统治，实现长治久安，必须依

---

① 《晋书》卷一七《傅玄传》，中华书局1974年版，第1321—1322页。
② 《宋史》卷三〇七《凌策传》，中华书局1985年版，第10128页。

靠和团结四川的地方势力,太宗因"上言者以为四川兆乱,职豪民啸聚旁户之由也",因此下诏"州县,责任乡豪……得肃静寇盗,民庶安堵者,并以其豪补州县职以劝之"①。从而改变了宋代初期排斥、歧视四川地区地主阶级和知识分子的政策,开始注意联合和启用四川的地主阶级和知识分子,共同对四川人民进行统治。同样,利用四川士人出任四川地区的地方官员,也是充分利用他们熟悉区域历史、地理、文化、语言、习惯等方面的有利条件。作为四川地区的地主阶级和知识分子,也改变了不乐仕进的态度,积极地入仕做官,从而促进了宋代四川地区文化的发展,也使宋代四川地区人才辈出。

表3-1　　　　　　　　题刻所见蜀人任蜀官情况表

姓名	籍贯	任职地	官职	朝代	年代
姚涣	普州安岳	涪州	知州	北宋	治平元年前
郑顗	昌州大足	涪州	知州	北宋	元丰年间
李袭	奉节	涪陵县	司理参军	北宋	神宗熙宁元年
费琦	成都	蜀州、绵州	通判	北宋	神宗熙宁中
石谅	眉州	江安	知县	北宋	元符三年
吴缜	成都	黔州	权通判	北宋	元丰九年
符正中	云安	涪陵	县令	北宋	崇宁元年
蒲蒙亨	阆中	涪州	司理参军	北宋	政和二年
牟天成	通川	涪陵	县尉	北宋	政和二年
胥挺	武信军	涪陵	县令	南宋	淳熙五年
夏敏	眉山	涪州	知州	南宋	淳熙十一年
李瑀	唐安	涪州	知州	南宋	宝庆二年
秦季槱	普州	潼川	知府	南宋	宝庆二年
赵广禧	武信军	涪陵	县令	南宋	淳祐三年
刘叔子	长宁军	涪州	知州	南宋	宝祐二年
朱永斋	阆中	涪州	知州	北宋	淳熙年间

---

① （清）徐松辑：《宋会要辑稿》刑法二之五,中华书局1957年版,第6494页。

第三章
洪枯水题刻与历史认识

宋朝在鼓励四川地区士大夫入仕的同时，还逐步解除了蜀人不能在蜀地为官的禁令，用四川人来治理蜀中的臣民。天禧四年（1020）规定，官吏中川峡有科名历任无赃罪经举荐者，三任内许一任去本贯三百里外守官。其年老致仕者，"亦听还乡"。天圣八年（1030），宋朝正式允许蜀人在本地做官。史载："集贤校理彭乘以亲在蜀，恳求便官，诏乘知普州。蜀人得乡郡，自彭始。"①

从题刻可以看到，除上表所列官员外，出任县一级官员的川籍仕人更多。显然北宋王朝利用熟悉当地风俗民情和语言习惯的四川人出任四川地区的官员，尤其是知州一级，更显重要。用蜀人来治理蜀地的政策，收到了很好的效果，他们爱家乡、知乡情、谙乡语，勤政安民，使宋朝在四川的统治更加巩固。

四川地区要稳定、要发展，必须得依靠当地人，朝廷只能控制大的方向，不可能事事亲力亲为。熙宁二年（1069），宋神宗下诏"川陕闽广七路除堂选、守臣外，委转运司依四选例，立格就注"②，赋予了四地各转运司很大的用人权。随着蜀地官员任用当地人越来越多，蜀人治蜀的局面逐渐形成。

当然，面对这种情况，也有大臣提出反对意见，何正臣曾言：

> 蜀人之在仕籍者特众，今自郡守而下皆得就差，一郡之官，土人太半，寮寀吏民皆其乡里亲信，难于徇公，易以合党。请收守令阙归之朝廷，而他官兼用土人，量立分限，庶经久无弊。兼闻差注未至尽公，愿许提刑司索案牍究察之。③

在何正臣看来，蜀人治蜀有很大的弊端，官员和百姓互为乡里乡亲，往往不能秉公，而且也容易形成党羽，因此，会对地方的有效管理和政治稳定带来不利的影响，主张改变这种状况。

此外，枢密副使、参知政事冯京还与王安石就蜀人治蜀的问题有过

---

① （宋）李焘撰：《续资治通鉴长编》卷一〇九，中华书局1995年版，第2536页。
② 《宋史》卷一六七《职官七》，中华书局1985年版，第3964页。
③ 《宋史》卷一五九《选举五》，中华书局1985年版，第3722页。

一段对话，表现出朝廷中不同力量对此的看法：

> 熙宁三年八月初，上督执政、指挥、川、广等路远官就差文字。其后，冯京言，川峡差本土人知州不便。上问其故，京曰："今仕宦一任远，一任近，而四路人许连任，就四路则是常得家便，实为大幸。"安石曰："所以分远近者，均劳佚甘苦，今内地人不乐入四路，四路人乐就家便，用新法即两得所欲，何须苦之使两失优便，且此非特便于士人，省吏卒迎送劳费，尤为善法也。"①

冯京的说法与何正臣基本一致，都认为蜀人在蜀地为官者太多，会对朝廷的统治造成不利的影响，因此坚决反对蜀人治蜀的局面。而王安石则认为，蜀人治蜀是"两得所欲"，何必"两失优便"。由于王安石的反对，朝廷虽然做了一些政策上的调整，但蜀人治蜀的局面并未改变。因此，在川江枯水题刻中，看到大量的蜀人在蜀地为官，甚至个别蜀人一生主要的仕宦经历都在蜀地。

到了南宋时期，这种现象则更加普遍。这些四川人在当地为官，给两宋时期四川地区的稳定和发展都带来积极地影响。史书记载，"赋无横敛，刑无滥罚，政无暴，民无党"，政治统治较为清明。而百姓"力于农则岁丰，工于业则财羡。惟安和是恃，惟嬉游是图。甚者以至饥寒而竟逸乐。倪绳以赏罚而驱之于盗，不忍为也"，社会风气较好。"士兵之籍于郡者，大率柔而多畏，冗而不足用"，骄纵横行的士兵也很少见到。总之，呈现出"验于政则甚和，审于民则自安，度于兵则无状"② 的社会秩序稳定、局面安定祥和的态势。

三 洪枯水题刻与政治事件记录

1. 灵石题刻与崔旰之乱

朝天门灵石题刻中，有两则需要格外引起注意的，就是唐代郭英干

---

① （宋）李焘：《续资治通鉴长编》卷二一四，中华书局1995年版，第5217页。
② 傅增湘：《宋代蜀文辑存》，北京图书馆出版社2005年版，第3页。

第三章
洪枯水题刻与历史认识

《灵石铭（并序）》和杨冕《灵石颂（并引）》。

郭英干《灵石铭（并序）》，没有确切的时间，但据《全唐文》记载，郭英干于广德二年（764）试鸿胪卿，任渝州刺史，兼渝、合两州招讨团练使。此题记也没有确切所指之事，通篇表明灵石出是帝王圣明、时和岁丰的象征，充满了颂扬之意，喜悦之情。结合史实，此题刻的出现应在永泰元年（765）。

题刻者郭英干，为郭知运之子。永泰元年五月，剑南节度使严武卒于成都，杜济为西川行军司马权知军府事，郭英干为都知兵马使，郭嘉琳为都虞侯，皆请郭英干兄郭英乂为节度使。后崔旰之乱事起。①

在朝天门灵石有大历四年（769）正月剑南西道节度副使、摄渝州刺史、左威卫大将军杨冕留《灵石颂（并引）》，载：

> 天下有道，祥瑞必呈，明王协应。今灵石见于深潭，克表清泰，摄刺史之宏农杨公之坐啸也。顷缘马伯南据州数月，及公下车，阐扬恩信，乃避而去。杨子琳部率一万，公以谈笑慰之，遂感激沿流，封疆乌合之众。砺戈恃险，八年不降，公飞短檄，责之，乃敛衽屈膝而至。于是邱园之士，襁负毕来，六府孔修，百姓鼓腹。因感此石，如晋义熙之春焉。②

此段题刻，借朝天门灵石出水，对杨冕进行颂扬，同时对唐代宗时巴蜀地区出现的崔旰之乱及平息之事进行了描述，因此，这段题刻便有了强烈的政治意义。

崔旰之乱及平息之事，与剑南节度使严武有密切关系。

严武，字季鹰，华州华阴人，中书侍郎严挺之子。《旧唐书》载其：

> 弱冠以门荫策名，陇右节度使哥舒翰奏充判官，迁侍御史。至德初，肃宗兴师靖难，大收才杰，武杖节赴行在。宰相房琯以武名

---

① 《旧唐书》卷一一七《崔宁传》，中华书局1975年版，第3397—3402页。
② 《全唐文》卷四五七，中华书局1983年版，第4673页。

臣之子，素重之，及是，首荐才略可称，累迁给事中。既收长安，以武为京兆少尹、兼御史中丞，时年三十二。①

至德二年（757），唐肃宗将剑南分为东、西两川。三年（758），严武出任绵州刺史，迁剑南东川节度使。不久调回京，任侍御史、京兆尹。

乾元二年（759）十二月，严武被任为成都府尹兼御史大夫、充剑南节度使。这时唐室为了对付吐蕃，合剑南东川、西川为一道，支度、营田、招讨、经略等统为一体，权力相当大。

宝应元年（762）四月，唐玄宗、唐肃宗父子时隔十四日相继去世。七月，严武被召回京，入为太子宾客、迁京兆尹、御史大夫。实际是命他充陵桥道使，监修玄宗、肃宗父子的陵墓。

严武一离开成都，蜀中便出现乱象。剑南兵马使徐知道勾结邛州兵占据西川，扼守剑阁，通往京城长安的道路阻塞，不得前行。据《少陵先生年谱会笺》："七月，送严武还朝，以舟至绵州，抵奉济驿，登陆，遂分手而还。会徐知道反，道阻，乃入梓州。秋末，回成都迎家至梓。"② 八月，徐知道与兵发生矛盾，被将所杀，叛乱才被平息。严武回京后，在监修二帝陵墓时，颇有魄力，立下功劳。

广德元年（763），作为严武继任者的高适，治蜀力不能支。随着吐蕃内犯，攻陷陇右，进逼长安，蜀郡西北部的松州、维州、保州等地都被包围，并最终陷落。人们讥讽高适内战内行（指击败永王璘），外战外行。由于败于吐蕃，唐朝在剑南西北地区百余年的经营成果几乎全部丧失，唐政府意识到剑南道分立的危害。为了扭转战局，二年（764），唐代宗再次任命严武出镇剑南，合并东西两川为一道。③ 严武第三次入蜀。

七月，严武率兵西征。九月，"破吐蕃七万余众，拔当狗城（四川

---

① 《旧唐书》卷一一七《严武传》，中华书局1975年版，第3395页。
② 闻一多：《唐诗杂论》，上海古籍出版社1998年版，第75页。
③ 陈乐保：《唐肃代时期剑南道政治地理研究（757—767）——以东西两川的分合为中心》，《四川大学学报》（哲学社会科学版）2015年第2期。

第三章
洪枯水题刻与历史认识

理县西南)。十月,取盐川城(甘肃漳县西北),加检校吏部尚书,封郑国公"①。同时遣汉川刺史崔旰在西山追击吐蕃,拓地数百里。并与郭子仪在秦陇一带主力战相配合,终于击退了吐蕃的大举入侵,保卫了西南边疆。

永泰元年(765)四月,严武突患疾病死于成都,时年40。严武先后三赴剑南,两镇成都,在剑南道政治走向中有重要的影响。②严武去世,蜀中遂出现大乱。

> 剑南节度使严武卒,载以英乂代之,兼成都尹,充剑南节度使。既至成都,肆行不轨,无所忌惮。玄宗幸蜀时旧宫,置为道士观,内有玄宗铸金真容及乘舆侍卫图画。先是,节度使每至,皆先拜而后视事。英乂以观地形胜,乃入居之,其真容图画,悉遭毁坏。见者无不愤怒,以军政苛酷,无敢发言。又颇恣狂荡,聚女人骑驴击球,制钿驴鞍及诸服用,皆侈靡装饰,日费数万,以为笑乐。未尝问百姓间事,人颇怨之。又以西山兵马使崔旰得众心,屡抑之。旰因蜀人之怨,自西山率麾下五千余众袭成都,英乂出军拒之,其众皆叛,反攻英乂。英乂奔于简州,普州刺史韩澄斩英乂首以送旰,并屠其妻子焉。③

严武去世很突然,所以由西川行军司马杜济知军府事,于是郭英乂的弟弟都知兵马使郭英干,与都虞侯郭嘉琳共请郭英乂为节度使。西山都知兵马使崔旰,与所部共请大将王崇俊为节度使。当两份奏折都到京城时,朝廷的诏旨已任命郭英乂。郭英乂至成都仅数日,便诬杀王崇俊。"召旰还成都,旰辞以备吐蕃,未可归,英乂愈怒,自将兵攻之,声言助旰拒守。会大雪,山谷深数尺,冻死者甚众,旰出兵击之……于

---

① 《旧唐书》卷一一七《严武传》,中华书局1975年版,第3395页。
② 据学者研究:"严武帅剑南其实是上元二年冬、广德二年春,两充节度使,第一次受朝命乃任东川节度使;第二次受命则是在东川节度使任上,敕命两川都节制、兼领成都尹;第三次受命在广德二年春,合东西川为一道,拜成都尹,充剑南节度使。"吴在庆、曾晓云:《严武再帅剑南抑或三镇蜀川考》,《周口师范学院学报》2007年第1期。
③ 《旧唐书》卷一一七《郭英乂传》,中华书局1975年版,第3396页。

· 117 ·

是帅所部五千余人袭成都。辛巳,战于城西,大败。旰遂入成都,州牙将李昌巙各举兵讨旰,蜀中大乱。"①

永泰元年(765)十月,崔旰杀节度使郭英义,据成都,自称留后。邛州牙将柏茂琳、泸州牙将杨子琳、剑州牙将李昌巙各举兵讨旰,蜀中大乱。

大历元年(766)二月,朝廷命杜鸿渐以宰相兼充山、剑副元帅、剑南西川节度使,以平定蜀地之乱。杜鸿渐为人并无深谋远虑,来剑南之地而志气怯懦,加上杜鸿渐此人酷好佛道,不喜欢军戎之事。到成都后,杜鸿渐惧于崔旰在剑南的势力以及其人的雄武,不敢向崔旰问罪,反而上表请将剑南节度使让于崔旰。

此时正值吐蕃寇边,关中多事,杜鸿渐在剑南一带孤军陷险,兵威不振,迫于形势,代宗仍以崔旰为剑南西川行军司马,柏贞节为邛州刺史,杨子琳为泸州刺史。大历二年(767),方下诏以崔旰为成都尹、剑南西川节度使,召杜鸿渐还京。杜鸿渐率崔旰同入觐,代宗嘉之。

大历三年(768)四月,崔旰入朝,以弟崔宽为留后,泸州刺史杨子琳帅精骑数千乘虚突入成都。朝廷听闻成都有变,加崔旰检校工部尚书,赐名宁,派遣其还镇成都。

六月,崔宽与杨子琳战于成都一带,数次交战而不能取得胜利,秋七月,崔宁妾任氏出家财数十万,招募兵丁,得数千人,遂再次出击杨子琳,大破之。

大历四年(769)二月,败还泸州的杨子琳,招聚亡命之徒,得数千人,于是军队沿江东下,声言要入朝,涪州守捉使王守仙伏兵于黄草峡,但被杨子琳击败,伏兵全部被擒,随后进击王守仙于忠州,王守仙兵败,仅以身免。杨子琳又沿江而下攻夔州,杀夔州别驾张忠,据夔州城。后杨子琳遣使诣阙请罪。乙巳,以杨子琳为峡州团练使。② 至此,自严武去世之后出现的蜀中之乱最终结束。

朝天门灵石上,大历四年(769)正月剑南西道节度副使、摄渝州

---

① 《资治通鉴》卷二二四,中华书局1956年版,第7187页。
② 同上书,第7207页。

刺史、左威卫大将军杨冕的《灵石颂（并引）》中，表达了两个主要意思：一是杨子琳之乱的平定者就是杨冕；二是平定蜀中之乱在谈笑间完成。

三 题刻所反映的官制名称及变化

白鹤梁题刻记载了自唐宋以来的大量官职名称，包含了不同的称呼，这对于我们研究唐宋以来各政权官制的构成、发展变化，尤其是地方官制的发展变化有重要的意义。

从相关的文献中可以看到各种官称的记载，在宋代洪枯水题刻中，就可以看到有如下内容：

文散官：银青光禄大夫、朝奉大夫、朝请大夫、朝散大夫、朝奉郎、宣德郎、迪功郎、奉义郎、通仕郎、奉议郎、将仕郎等；

武散官：左班殿直、修武郎等；

检校官：检校太子宾客、检校工部尚书；

中央机构官名：监察御史、武骑尉、柱国、上柱国、左都押衙、巡检、司徒、行尚书库部员外郎、尚书主客郎中、尚书屯田员外郎、尚书虞曹外郎、都官郎中、屯田外郎、驾部员外郎等；

地方官员名称：峡路诸州水路计度转运使、转运使、观察使、团练使、刺史、知州、知军、知郡事、太守、郡守、殿直、郡从事、监征、督邮、州学教授、录事参军、司理参军、县令、县宰、县尉、供奉、监税、掌狱、主簿、从事、户掾、理掾、民掾、宪掾、教授、兵马都监、兵马监押等。

宋初沿唐制，节度使、观察使、防御使、团练使、刺史等，都是实官，赴各州任职。宋太祖、太宗收藩镇之权后，以文臣京朝官知州、府事，以上诸使成为武臣遥领不赴任之迁转贵阶，或者为亲王、宗室所带之衔。文武散官阶、文臣本官阶、文臣寄禄官、武官阶等等，在题刻文献中都有反映。

宋代知州为一州之行政长官，全称为知某州军州事，习惯上又称为郡守、太守、刺史、牧、州将等别称，掌本州郡、民之政，白鹤梁题刻文献就反映出宋代涪州知州往往出现不同的称呼。

将录事参军称为"督邮",是宋代的一个特例,这在题刻中也有反映。白鹤梁题刻《王蕃诗并序》载:"司马机才孺为涪陵督邮,实摄郡事。"① 司马机,字才孺,政和二年(1112)以涪州录事参军身份,摄郡事。督邮,这里指州录事参军,位序在诸曹参军之上。其原为汉代郡守佐官,掌纠举违法及狱讼等事,其执掌与录事参军事近。② 宋代遂有将州府录事参军称之为"督邮"。魏晋时期,把刺史也称作"五马"③,将知州称为"五马",也在题刻当中反映出来。如绍兴十八年(1148)"杜与可等题记"载:"戊辰春,五马以双鱼出水,率郡寮同观。"④

四 洪枯水记载与政权更迭

近千年的洪水枯水题刻文献,充分反映出长江流域历史时期的气候、环境变迁,由此进行的规律性探讨,似乎可以了解到自唐代以来中国气候的变化。早在1907年,美国历史地理学家亨廷顿出版了《亚洲的脉动》一书,在其中特别援引中国古代的史实,来论证民族迁徙、社会动荡和气候波动之间的关联。⑤

1972年,竺可桢发表了《中国近五千年来气候变迁的初步研究》,充分利用了我国古代典籍与方志的记载,以及考古的成果、物候观测和仪器记录数据,指出"从仰韶文化到安阳殷墟的二千年间,黄河流域的年平均温度大致比现在高2℃,一月温度约3℃—5℃;此后的一系列冷暖变动,幅度大致在1℃—2℃,每次波动的周期,历时约400年至800年;历史上的几次低温出现于公元前1000年,公元400年、1200年和1700年;在每一400年至800年的周期中,又有周期为50—100年的小循环,温度变动的幅度0.5℃—1℃"。"从气候变化与相关朝代之间的对应关系来看,夏商西周秦汉隋唐等朝代总

---

① 王晓晖:《白鹤梁题刻文献汇集校注》,天津古籍出版社2015年版,第42页。
② 龚延明:《宋代官制辞典》,中华书局1997年版,第546页。
③ 同上书,第532页。
④ 王晓晖:《白鹤梁题刻文献汇集校注》,天津古籍出版社2015年版,第78页。
⑤ Ellsworth Huntington, *The Pulse of Asia: A Journey in Central Asia Illustrating the Geographic Basis of History*, Boston: Houghton – Mifflin Co. 1907.

第三章
洪枯水题刻与历史认识

体上属于温暖期,从北宋开始,南宋、西夏、金、元、明清的大部分时间属于寒冷期。"[1]

由此我们可以理解,北宋以来,长江流域出现大量的枯水题刻,一方面与宋代士人及社会风气有关,另一方面,气候变化与人口迁移、民族关系的变动联系越来越密切,似乎已经引起人们的注意。我们可以推测,汉族的农业生产会受到气候变化的影响,而位于北方的少数民族的畜牧业生产也会受到气候变化的更严重影响,因此,游牧民族向东、向南的掠夺,汉族向东向南的自然迁移将不可避免。此外,汉族和游牧民族出于稳定生产和生活的目的,二者之间的冲突也变得难以避免,自唐末以来,五代十国、北宋、南宋、辽、金、夏等的并立以及在北方黄河流域广大地区的持续争夺。

虽然,有学者指出"朝代兴衰、更替的原因这一考古学家和历史学家们一直关注的重大问题不会轻而易举地被自然科学家们解决,而是需要不同领域的科学家对特定时段的气候变化、环境背景、政治格局、经济形态、文化基础等高度复杂的社会生态系统进行综合研究"[2],但是除了传世史籍的记载,长江中上游地区两宋时期较为集中的枯水题刻给我们提供了一份珍贵的数据,用其作为唐宋时期复杂民族关系和政权更迭的一个依据,也没有不妥。

自秦汉以来,气候变冷期与中国各政权的衰落和分裂期存在较好的对应关系:气候变化是一个循环过程,气候的恶化往往通过对农业的影响,间接地导致了社会的动荡。据研究,我国历史上战争频度和温度总体呈负相关:寒冷期,战争数量增加,社会动荡;暖期农业生产发展,战争数量减少,社会稳定。但是温暖期,只要降温达到一定程度也会导致战争的爆发,如中世纪暖期,两次降温同时对应大规模的战争爆发;事实上,暖期中的突然降温,在一定程度上对社会的压力更大,暖期激增的人口突遇自然灾害,往往会产生大规模的社会

---

[1] 竺可桢:《中国近五千年来气候变迁的初步研究》,《考古学报》1972年第1期。
[2] 周力平:《读〈Nature〉Yancheva 等和张德二等论文有感》,《气候变化研究进展》2008 年第 2 期。

动荡。①

川江地区存留下来的两宋时期的枯水题刻，首先表现出来的就是江水下降，甚至有些年份下降得极为厉害，结合宋代灾害性天气的状况可知，宋代气候波动比较明显。通过历史文献记载的了解，尤其是从自然科学角度对树轮、冰芯、湖芯、石笋等过去环境变化的气候代用资料的分析可知，北宋时期我国的气候总体上温暖，但降水变率大，我国南方地区以暖湿为主，北方广大地区以暖干为主，后期均有转冷的趋势。②

据统计，两宋期间（960—1279），共发生大小战争551次，年均战争数达到1.72次，大大高于历史年平均作战次数。③自五代以来，一直到南宋灭亡，宋、辽、金、夏各政权，不断进行争夺，但始终未能有一个强大的政权能够消除这种并立局面，一直到元朝统一。应该说，这种局面恰与北宋时期的气候波动相对应，特别是在北宋后期，气候转冷，西北地区草场生产能力下降，靠天吃饭的游牧民族南下侵扰中原掠夺粮草，宋夏兵戎相见。

第二节 洪枯水题刻与经济史研究

洪水枯水题刻是人们通过观水、记水，进而很好地用水的重要活动。在传统农业社会中，水对农业生产影响极大，即使是在长江流域，旱情与江水低枯、洪灾与流水四溢，都会对农业生产产生影响，进而影响到地方的政治、经济等。

涪陵白鹤梁题刻中的民间传说"石鱼出水兆丰年"产生的具体年代已经无从稽考，但这句传说已经深入人心。唐代宗广德元年（763），涪州刺史兼涪州团练使郑令珪就在白鹤梁上留题，将"石

---

① 金勇强：《气候变化对宋夏战事的影响述论》，《宁夏社会科学》2010年第5期。
② 刘嘉慧、查小春等：《北宋时期气候变化及其对应社会影响》，《中山大学学报》（自然科学版）2018年第1期。
③ 王俊荆、叶玮、朱丽东等：《气候变迁与中国战争史之间的关系综述》，《浙江师范大学学报》（自然科学版）2008年第1期。

第三章
洪枯水题刻与历史认识

鱼出水"与否作为年岁丰歉、收成好坏的征兆。在所有题刻中，明确将"石鱼出水"与年岁丰凶紧密联系的，经粗略统计约占全部题刻的40%。每当"石鱼出水"就预示着丰年有望，故题刻中多以丰稔、丰年、丰登、年丰可占等文字来表达。其中，白鹤梁石鱼就来源于古代涪陵人民的具体劳动实践与积极探索，凝聚着古代涪陵人民水文观测的宝贵经验与智慧，所以石鱼报岁、预时、警示的功能十分强大。

长江水位、流量、流速、水温等水情变化引发"石鱼出水"，必然引起涪陵及其周边地区的气温、降雨、植被、土壤含水量等发生变化，进而作用于周边的各种农业生产活动。

在农田水利基本建设方面，参考洪枯水题刻的记载，可以进行江河溪流堤坝的建设、塘沱陂的开发，沿江河坡度舒缓地带农田的开发种植，沿江河地带城镇建设，等等。在农事活动安排方面，参考题刻可以进行农作物的选择性种植，长江枯水现象的出现，大约以10年为期，这样，在农作物的种植上，当地居民就会考虑适当调整耐旱或耐涝作物的种植面积，以此保证每年的丰收。同样还影响到收支分配等，最终影响庄稼的长势、年岁的丰歉、人民生活的贫困与安康。

同样，从上述竺可桢先生的研究也可见，从气候变化与土壤、植被、自然灾害、农业生产和牧业生产等密切关系可以推测，气候由暖向冷的变化会影响土壤、植被，也会影响农业和牧业生产的效率，从而形成对中国历史上经济和社会的巨大影响。

从枯水题刻的记载来看，作为白鹤梁最低水位标志的石鱼，它出现的年份实际上是枯水阶段的最后一年，随后长江的水位一般会逐年增高。因此，出现最低水位后，可以预计当年仲春以后的水位必然比往年同期有所提高，但又不会马上出现洪水。水位的变化很大程度反映在了降雨的增加上，而降雨的增加无疑是农业丰收的有利条件。1949年以来，已有3次（1953、1963、1973）"石鱼出水"的现象，并且当年的降雨充足，农业获得丰收。由此看来，石鱼题刻在某种程度上也是历史上长江上游农业丰收的记录。

一 水事观测记录与农业生产

长江上游地区的气温，在汉唐以前比现在要温暖湿润，人口较少，丘陵地区居住的主要是少数民族，人类活动主要集中在江河两岸，且以下游地区为主，人类活动对上游水源林的影响较小。当地人民的日常生活、农牧业生产、手工业生产等活动对木材的采伐量还不算太大，远远不足以破坏生态平衡，长江上游地区到处森林密布。

研究认为，在唐代，渝州、涪州、利州、剑州、汉州、巴州等地，仍然是虎群出没的地方，而在四川盆地周边的南州、溱州也是大象出没的地方，川南一带四山皆竹子，川西黎州一带山林中更是古木参天。①

淳祐三年（1243），涪州知州张霁率群僚同观石鱼，留下题记：

> 郡太守山西张霁明父率同僚来观，通判开封李拱辰居中、教授古通王樋均卿、判官古黔邓季寅东叔、录参长沙赵万春伯寿、司理凤集孙泽润之、司户□□赵与扔仲器、监酒潼川李震发子华、□安□应午子酉、监税资中张应有嗣行、涪陵县令武信赵广禧公叔、主簿合阳李因夏卿、县尉合阳冯申龙季英、忠州南宾薄尉开汉王季和和父、节干成都周仪可义父、节属益昌张申之西卿、郡斋奉节王建极中可与焉。②

这次活动，人数众多，几乎涪州官署和涪陵县衙的所有官员都来了，还有忠州南宾县官员，足见这是一次重要的活动。而原因就是：

> 石鱼报稔之瑞，旷岁罕见。淳祐癸卯冬，水落而鱼复出，既又三白呈祥，年丰可占。③

---

① 蓝勇：《历史时期长江上游河道萎缩及对策研究》，《中国历史地理论丛》1991 年第 3 期。
② 王晓晖：《白鹤梁题刻文献汇集校注》，天津古籍出版社 2015 年版，第 106 页。
③ 同上。

第三章
洪枯水题刻与历史认识

石鱼出水兆丰年，本来就是难得的祥瑞，旷岁罕见。而且前一年，即淳祐二年（1242）冬，还有"三白呈祥"的瑞兆。三白指雪，此处指涪州降雪，应为丰年之兆。真德秀《长沙劝耕》云："已看三白兆丰年，更喜春来雨泽通。从昔楚邦农事早，好将人力副天工。"① 其中，三白即指瑞雪。

涪州地处亚热带，出现三白呈祥的情况，说明降雪还是不小。由此也印证了关于宋代气候研究和探讨的一些成果。

在朝天门灵石题刻中，有唐德宗建中四年（783）渝州刺史任超留下的《灵龟王碑》，其中记载："昨为去年季冬，五度雪降，三回盈尺，实冀苍生有丰稔之望。"重庆属于亚热带季风性湿润气候，年平均气温在16℃—18℃，最冷月平均气温为4℃—8℃。在重庆，冬季降雪是难得的景象，常常会造成万人空巷地上山赏雪。题记中的记载反映建中三年（782）大雪频现，而且"五度雪降，三回盈尺"，实在是天气异常的表现。

在认识清代前期的历史中，"康乾盛世"是一个重要的名词。但是乾隆后期，盛世景象已经开始逐渐衰落。学界在探讨其衰落缘由的过程中，主要把它归咎于当时日益凸显的三大隐患，即人口膨胀、物价持续上涨和皇权过度膨胀，而且认为后者是三大隐患中最重要的。② 但有学者指出，天灾严重威胁着乾隆朝的民众生命财产安全、国家粮食安全和财政安全，影响着民心的向背及社会稳定等，引发了多方位和深层次的社会危机，实乃乾隆盛世衰落的主因之一。③ 在乾隆年间频仍、严重的自然灾害，造成了农业经济损失惨重，灾民生命财产安全和基本生存条件缺乏保障；而灾害发生后，朝廷要花费不小的气力进行灾害救助，这往往使国家财政不堪重负，而且吏治的腐败在灾民面前也暴露无遗；灾民流离失所，多种形式的反抗

---

① （宋）真德秀：《西山先生真文忠公文集》卷一，万有文库本，商务印书馆1937年版，第14页。
② 郭成康：《康乾盛世的历史报告》，中国言实出版社2002年版，第41—78页。
③ 张祥稳：《天灾视角下的乾隆盛世衰落缘由探略》，《中国农史》2013年第6期。

斗争连绵不断。这一切都削弱了专制统治。在乾隆朝的60年间，灾害异常频仍，18直省的水灾、旱灾、雹灾、虫灾、风灾、冻灾、地震和瘟疫等八大主要灾种被及的州县次共约14403个，年平均数分别是康熙、雍正朝的2.42和2.73倍。自然灾害"可能在局部地区乃至更大的范围内引发一系列的社会危机"[①]。

在本书第一章所记录的洪水题刻中，清代洪水题刻就主要集中在乾隆时期（同治九年的洪水题刻不在本文探讨之列），计有乾隆三十年（1765）、三十五年、四十三年、四十六年、四十七年、五十一年、五十三年、五十四年、五十九年，有些时候还是连年水灾。乾隆五十三年（1788）的大洪水引发的水灾几乎遍及自四川到江苏的整个长江中下下游，农田被淹、城池破坏，百姓耕牛、房屋等财产损失极其严重，其对农业生产造成的破坏可想而知，严重影响到乾隆朝后期的经济社会发展。

二 白鹤梁题刻所见内陆渔业资源

学者认为，史前人类动物题材的雕刻作品，一般都是以写实为表现方式。[②] 我国考古学和自然科学研究中，许多成果就是根据古代动物题材艺术作品的写实特征，对作品中所刻画的动物进行种类分析和鉴定。

例如，从对阴山岩画动物形态的分析发现，内蒙古史前时期曾经有虎、熊、梅花鹿、马鹿等多种野生动物，古今生态环境差异较大。[③] 在浙江余姚河姆渡遗址中，出土了陶猪，根据其形态、性状的分析，研究者认为长江下游是世界上家猪的最早驯养中心之一。[④] 仰韶文化彩陶中，有不少鱼纹陶器，根据这些绘制的纹饰，学者们鉴别出有鲤鱼、鲢

[①] 夏明方：《民国时期自然灾害与乡村社会》，中华书局2000年版，第1页。
[②] Sieveking A., "Paleolithic Decorated Bonediscs", *Prehistoric and Roman Studies*, The British Museum, 1971, pp. 206-229.
[③] 文榕生：《中国珍稀野生动物分布变迁》，山东科学技术出版社2009年版，第254—258页。
[④] 常洪主编：《动物遗传资源学》，科学出版社2009年版，第18页。

第三章
洪枯水题刻与历史认识

鱼、游鲷、大鲵等多种鱼类。① 从湖北邓家湾遗址石家河文化陶塑动物中，鉴定出有狗、猪、绵羊、山羊、水牛、鸡、鸭等家养动物和亚洲象、华南巨貘等野生动物。②

白鹤梁石鱼也同样是基于古代刻工对鱼类形态写实艺术的基础，通过工匠细致刻画的不同鱼类生长形态，对不同石鱼作品所属鱼种可进行分析和考释。

白鹤梁及其附近区域，自古就是三峡地区最为重要的渔业生产地之一。三峡地区渔业资源十分丰富，万州"民赖鱼罟"③，宋代秭归县还建有专门的鱼仓，三峡地区"家家食黄鱼"并非虚言。④

白鹤梁题刻中除了文字外，石鱼是其重要的组成部分。在白鹤梁上共刻有石鱼九组十三尾，已有学者对这十三尾鱼的种类进行了细致的考察。认为，唐代作为水标的石鱼形态属于鲤鱼；元代、明代石鱼形态为花鲈、鲻鱼等溯流海鱼；清代以后雕刻的石鱼作品，主要是岩原鲤、青鱼、鲫鱼、胭脂鱼、中华倒刺鲃、短身白甲鱼等三峡地区特色鱼种或优势鱼种。⑤

白鹤梁位于三峡地区长江干流，这一地带在古代除了盛产圆口铜鱼、中华倒刺鲃、胭脂鱼等地方优势鱼种外，还有大量长江淡水生殖洄游性鱼类、海洋—江河溯河洄游性鱼类，包括青鱼、草鱼、鲢鱼、鳜鱼、鲥鱼、鲚鱼、鲟鱼、银鱼、鳗鲡等⑥。可见白鹤梁地理位置的特殊性，使该地点曾存在数量和种类均很丰富的鱼类资源。学者对白鹤梁上雕刻的石鱼进行了详细整理，主要内容如下：⑦

---

① 吴山：《中国新石器时代陶器装饰艺术》，文物出版社1982年版，第18页。
② 武仙竹：《邓家湾遗址陶塑动物的动物考古学研究》，《江汉考古》2001年第4期。
③ （宋）祝穆编，祝洙补订：《宋本方舆胜览》卷五九，上海古籍出版社1986年版，第514页。
④ 蓝勇：《历史时期三峡地区的农林副业开发研究》，《中国农史》1995年第3期。
⑤ 武仙竹、邹后曦、黄海：《白鹤梁石鱼考》，《中国国家博物馆馆刊》2012年第10期。
⑥ 陈国阶、徐琪、杜榕桓等：《三峡工程对生态与环境的影响及对策研究》，科学出版社1995年版，第204—311页。
⑦ 武仙竹、邹后曦、黄海：《白鹤梁石鱼考》，《中国国家博物馆馆刊》2012年第10期。

表3-2　　　　　　　　白鹤梁镌刻石鱼详表

分组	石鱼名称	雕刻年代	尺寸（厘米）	石鱼种类
第1组	石鱼水标（唐代）	唐广德元年前	残	鲤鱼
	石鱼水标（清代）	清康熙乙丑年	100×28 105×27	鲤鱼
第2组	张八歹石鱼	元至顺癸酉年	85×14.3	花鲈
第3组	李宽双鱼	明正德元年	29.2×12.6 29.1×12.8	鲻鱼
第4组	杨名时双鱼	清康熙乙亥年	62×14.6 61.8×14.7	岩原鲤
第5组	董维祺石鱼	清康熙丙戌年	47×14	鲫鱼
第6组	张师范石鱼	清康熙乙亥年	280×92	青鱼
第7组	佚名浮雕鱼	清晚期	128.5×39.3	胭脂鱼
第8组	佚名浮雕鱼	清晚期	51.5×19.3	中华倒刺鲃
第9组	民国石鱼	民国	40×15	短身白甲鱼

鲤鱼，《诗经》中就有记载，"岂其食鱼，必河之鲤"①，说的就是黄河鲤鱼。对鲤鱼的认识，在传统典籍中不乏记载：

> 鲤，今之赪鲤也，一名鳣鲤，脊中鳞一道，每鳞上有小黑防文，大小皆三十六鳞，鱼之贵者。养生杂纂，鲤，至阴之物也。本草，鲤鱼最为鱼之主，形既可爱又能神变，乃至飞越山河，所以琴高乘之山上。②

花鲈，鲈鱼的一种。《清稗类钞》载：

> 鲈，可食，色白，有黑点，巨口细鳞，头大，鳍棘坚硬。居咸水淡水之间，春末溯流而上，至秋则入海，大者至二尺。古所谓银

---

① 《毛诗正义》卷七《陈风·衡门》，（清）阮元校刻：《十三经注疏》，中华书局1980年版，第377页。
② （宋）陆佃：《埤雅》卷一《释鱼》，中华书局1985年版，第5页。

鲈、玉花鲈者，皆指此。①

鲻鱼，又称乌鱼。岩原鲤，又名黑鲤鱼、墨鲤等，主要生活在长江上游的干支流中。胭脂鱼，为生长于长江水系的珍稀鱼种。短身白甲鱼，为鲤科，突吻鱼属的鱼类，在中国，分布于长江上游等。

中华倒刺鲃，为鲤科，为一种底栖性鱼类，性活泼，喜欢成群栖息于底层多为乱石的流水中，是底层鱼类。冬季，中华倒刺鲃在干流和支流的深坑岩穴中越冬，春季水位上涨后，则到支流中繁殖、生长；渔民称这种现象为"七上八下"，即农历七月以前是由干流进入支流的时期，八月以后是由支流退到干流的时期。主要分布于长江上游的干、支流里，长江中游也偶尔见之。

在白鹤梁上雕刻的这些石鱼形象表明，宋代以来，人们对长江流域鱼类的认识已经十分清楚，相关鱼类的饲养在川江地区可能已经较为普遍了。而渔业或许在宋代以来就已经是川江地区重要的经济门类了。

第三节　洪枯水题刻与文化史研究

洪枯水题刻彰显社会文化的变迁，表现为与水相关的社会文化，贯穿着社会文化教育、科学技术等，从历史发展和社会关系的角度来探讨中国古代洪水和枯水题刻的出现及其所反映的内容，可以增强对中国古代社会和文化的认识。

古代洪水枯水题刻，数量多，内容丰富，内涵深刻。但目前的研究在以质量为标杆的纯学术研究方面还明显不足，对多学科视角的综合性研究方面也存在不足。因此，对文献的搜集整理、分类介绍、特征总结，将为研究的进一步开展奠定良好的基础，同时结合传世文献、考古数据等对题刻文献的记载，进行多学科综合研究，将推动三峡地区史、巴蜀历史文化、荆楚历史文化、唐宋历史、中国水利史等相关研究的进步。

---

① 徐珂编撰：《清稗类钞》，中华书局1986年版，第6885页。

一 题刻所见书法艺术

留存于各地的洪枯水题刻,数量可观,又极具书法艺术价值。这些题刻历经千百年,不少石刻刻工精湛、书法精妙、辞文优美,而且出自书法名家。这给我国丰富的书法艺术宝库增添了新的内容。

1. 白鹤梁题刻书法艺术综述

白鹤梁题刻,不仅是中国,而且是世界上延续时间最长、文字数量和记录数目最多的枯水水文题刻,其历史、文化和艺术价值早已为世人瞩目。白鹤梁题刻具有极高的艺术价值,特别表现在书法和篆刻方面。白鹤梁题刻多出自历代文人墨客之手,以北宋著名文学家、书法家黄庭坚的"元符庚辰涪翁来"题刻最为著名。梁上还留有朱熹、庞恭孙、朱昂等历代300多位文化名人的诗文题刻,其内容或诗或文,或纪事或抒情,有题名、题记、题诗等形式。从书法的角度看,篆书、隶书、楷书、行书、草书诸体皆备,虞体、褚体、颜体、柳体、欧体、赵体、黄体各派并存。题刻除汉字外,还有蒙文。图像则包括石鱼图、白鹤时鸣图、佛神像、秤斗图等,有线雕、浮雕,或图章镑刻,或运用模拟术刻,或运用汉代画像石刻,或仿造像碑等手法。题刻刻工精湛,是我国书法和篆刻艺术中的珍贵资料。近年来,已经有了一些对白鹤梁题刻的诗、书等文化艺术方面的探讨。

在北宋中后期,苏、黄、米、蔡四家的书法,风格上以意取胜,不落唐人陈套。黄庭坚的字"行、草、正三体俱妙"[①],白鹤梁上黄庭坚所题的"元符庚辰涪翁来",虽寥寥数字,却是其书法艺术臻于成熟时期的手笔,是其最擅长的行草之一。

宋哲宗绍圣二年(1095)黄庭坚被贬到黔州;元符元年(1098)因避其外兄张向之嫌,迁戎州。

元符三年(1100)一月,宋徽宗即位,黄庭坚被起用,复为宣德郎,监鄂州酒税,签书宁国军判官,知舒州,以吏部员外郎召,皆辞

---

① 翁周运:《论黄庭坚的书法》,《书法》1984年第3期。

不行。①

　　这段时期，除《石鱼题字》外，尚有《题东坡大字分》《锁江石摩崖留题》《中岩题字》《西山碑》《北岩题字》等书法名作。②

　　研究者认为，苏轼、黄庭坚作为宋代乃至中国历史上著名的诗人、书法家，他们倡导的"尚意"书法，追求"出新意"和"生新奇"，其笔意的纵横曲折与"以文为诗"而重气格的宋诗章法相通。他们的书体，或端庄杂流丽、刚健含婀娜，或雄健奇崛、丰筋多骨，一如其诗体而风格独特，具有"一笔书"的气韵，讲究"字中有笔"和"句中有眼"，这些与他们诗歌的句法和字法也都有关系。苏、黄的书法和诗学，往往由技艺间事转入治心养气的品格修养，不仅求妙于笔，更求妙于心。才高者"心法"无轨，信手自然而超轶绝尘；学深者技进于道，抖擞俗气而痛快沉着，达到"至法无法"的境界。③

　　黄庭坚不仅能用鸡毛作字，还开辟了以羊毫为笔的书法新途径。其书法的表现，可以分两个阶段。元祐年间，在学习历代名家的基础上，承继名家，融入于己，学古而不囿于古人的窠臼。后期则锐意创新，在晚年形成其书法艺术独特的风格。他对自己要求很高很严格，常否定元祐间即49岁前所写的作品。说："元祐间书，笔意痴钝，用笔多不到。"④ 甚至在被贬戎州时说："见旧书多可憎，大概十字中有三四字差可耳。"⑤

　　黄庭坚晚年的书法，纵横开阖，浩逸雄伟。其用笔讲究大起大落，静如山冈峰峦起伏连绵，中有奇峰争险；动似流云飘逸环山而走，其间变化无穷。而布局则好比行军打仗，步步为营，万弩张弦，相机齐发。形成前无古人的独特风格。白鹤梁上的"元符庚辰涪翁来"七个行书大字，笔笔凝练，势若长蛇挂树，笔随心到，"一笔书"的气韵浑然天成。

---

① 《宋史》卷四四四《文苑》，中华书局1985年版，第13109—13110页。
② 水赍运：《黄庭坚书法年表》，《九江师专学报》1986年第1期。
③ 张毅：《苏、黄的书法与诗法》，《文学遗产》2010年第2期。
④ 黄庭坚：《山谷集》，景印文渊阁四库全书，第1113册，台湾商务印书馆1986年版，第255页。
⑤ 同上书，第256页。

白鹤梁上其余的宋元明清等各个时代的楷、行、草、隶、篆等书法题刻，也有不少出类拔萃者。

宣和四年（1122）朝奉郎、权知军州事吴革的题记是一幅楷书，就极有新意。吴革在南宋建立后，调任浙江转运副使。① 从笔法看，颇有颜体风韵，刚劲稳重，结构严谨，情态端庄，具有颜体"形顾之簇新、法度之严峻、气势之磅礴"② 的特点。字体横细竖粗，体方笔圆，深得颜书蚕头燕尾、一波三折、点如坠石、钩似屈金之妙。转折处则轻笔暗抹、顿笔处落笔有神，具有颜体端庄美、阳刚美、人工美，数美并举的美学特征，给人以沉着痛快的感觉。

绍兴十年（1140）晁公武题记又是另外一种意趣。晁公武，字子止，号昭德先生，祖籍澶州清丰，晁冲之之子，兄弟可考者五人：兄公休，弟公遡、公荣、公退、公适。崇宁四年（1105）生，靖康末年入蜀避乱，宋高宗绍兴二年（1132）举进士第，绍兴十一年至十七年（1141—1147）任四川转运使井度的从官。自幼喜读群书，初为四川总领财赋司，办事有才干。绍兴时，官为监察御史、知恭州、荥州、合州，迁四川安抚制置使、兴元府知府、成都知府等职。乾道七年（1171）回京师，以敷文阁直学士、左朝仪大夫除临安府少尹，官至吏部侍郎。有良吏之名，官累礼部侍郎。

晁公武学问广博，不主一家，著有《易诂训传》十八卷、《尚书诂训传》四十六卷、《中庸大传》一卷、《春秋诂训传》三十卷、《稽古后录》三十五卷、《昭德堂稿》六十卷、《读书志》二十卷、《嵩高樵唱》二卷、《读书志》四卷、《老子通述》二卷、《毛诗传》二十卷、《石经考异》一卷等。③

晁公武的书法以欧阳询书体为基础，用笔刚劲峻拔，笔画方润整齐，结构开朗爽健，中紧而外纵，左密而右疏。行笔顿挫有力，多似方似圆之处，出锋如刀削，落点似卵石，唯弯钩显得乏力。

---

① 王晓晖：《白鹤梁题刻所见涪州知州吴革考辨》，《三峡大学学报》2015年第2期。
② 李祥俊：《颜真卿与唐代中后期楷书系统的成熟》，《衡水学院学报》2016年第4期。
③ （宋）晁公武撰，孙猛校证：《郡斋读书志校证》附录二，上海古籍出版社1990年版，第1303—1325页。

第三章
洪枯水题刻与历史认识

在隶书题记中，有一些值得称道。淳熙五年（1178），刘甲等人游白鹤梁，并留下隶书题记，这段题记保留了相当浓郁的篆书笔法，实为难得。隶书一般认为由篆书发展而来，可分为秦隶与汉隶，横长竖短，一波三折，且有"蚕头燕尾"的特点。秦隶保留的篆书特征较为明显，汉隶则作为隶书成熟时期的形式，在东汉达到顶峰。汉代以后的学者，在隶书书写中，或偏重于秦隶，或表现为明显的汉隶。刘甲题记的篆书笔法，表现出书写者擅长秦隶的特征。

光绪七年（1881），涪州知州濮文昇所留下的题记是极为工整的隶书，加之刻工精美，看来赏心悦目。

淳祐年间（1241—1252）别驾新安金国祥的行书极为俊美。这是行楷书体，字体方正中略带圆润，严谨中似见伸展，字欲张而又内敛，行楷作为在楷书基础上的简化、连带和速写，字形上打破过于平稳，而产生静中求动的视觉态势。此外，字体在点画之间，尚留有隶韵。

宝祐六年（1258）的"何震午等题名"是一则行楷题记。其明显因袭了黄庭坚的尚意书风，显得比较随意且性情化。淳祐六年（1248）的"邓刚题名"也是同样的表现。可见自黄庭坚之后，学习其书法尚意之风的文人在南宋颇为众多。

题于约民国四年（1915）的"施纪云题记"，可窥明清馆阁体之一斑。明清书风大多承袭赵孟頫，行书流利娟秀，结构整齐，笔画丰润，规矩有余，变化则不足。施纪云题刻正是效法赵体，谨严认真，藏头护尾，起落、转折一丝不苟。

光绪七年（1881）天水人孙海所题"白鹤梁"三个大字，雄浑秀健，出锋藏锋并举，既给人以骏利沉静之感，又可领略到浑融飘逸之意味。

孙海（1840—1901），字吟帆，一字举卿，号配山。晚清天水秦安人。咸丰十一年（1861）拔贡，历任阆中、成都、富顺、遂宁等县知县。其才学奇特，尤擅书法。孙海曾与陇上名士安维俊同为秦安名儒巨潭门下弟子。其父孙振声为清代秦州著名书法家。而孙海的书法颇有清代何绍基之风。

光绪七年（1881），孙海题"白鹤梁"，并有"白鹤梁铭"。此时的

133

孙海，任涪州盐运事务。在任遂宁知县时，主修《遂宁县志》。①

白鹤梁的几段篆书题刻也颇具代表性。熙宁元年（1068）军事判官徐庄等人的"观石鱼题名"，端庄华美，笔画纤细、秀气，布局规整大方，结体疏密适度，运笔流畅自如，于细微处见起落，寓挺劲于流动之中。

绍兴十年（1140）"黄觉先题记"又有不同。题记巧峻落拓，笔力遒练，从运笔的势态来看，体势沉着，既源于秦描，又稍参隶意，杀锋以取劲折，凝重中透出活泼，字形自由，长短阔狭相得益彰，形神具备，有较高的艺术价值。同时，该题记文字繁复，个别字极不容易辨识，就一个黄觉先的"黄"，在清代以来的资料辑录和研究中就频频出错。

光绪元年（1875），二品顶戴、布政使衔、分巡川东兵备道姚觐元的题记也为篆书。姚氏为名门之杰，在金石学等方面卓有成绩，他的题字笔画流畅、稳重大方、整体布局疏朗俊美，是白鹤梁题刻中难得的篆书佳品。

2. 八分书

乾隆十九年（1754），朝天门灵石又从江底露了出来。巴县人龙为霖有《丰年碑》记载：

乾隆庚申岁二月，忽传碑见适感风。卧闻古篆不可辨，孤怀遥结时忡忡。小愈亟命肩舆往，由来八分半朦胧。汲水湔刷泥沙净，甫识绍兴铁画工。深镌更冒以铁汁，依稀剥落如蛀虫。唐碑晋刻浑不见，况觅汉篆又无从。②

另一位巴县乡贤周开丰也有《丰年碑》诗：

---

① （清）孙海修，李星根纂：《遂宁县志》，国家图书馆藏光绪五年（1879）刻本。
② （清）龙为霖：《荫松堂诗稿》卷七，《清代诗文集汇编》266册，上海古籍出版社2010年版，第241页。（清）王尔鉴：《巴县志》卷一五《艺文七古》，早稻田大学藏嘉庆二十五年刻本，第15册，第65—66页。

鹤坪（即龙为霖）好古急往视，洗之剔之发其蒙，市人如堵求辩识，复为手录成一通。北有碑形杳无字，明刻虽异出深衷，宋碣八分特完好，观者晁张李与冯。①

龙为霖诗中写到的"由来八分半朦胧"、周开丰在诗中提到的"宋碣八分特完好"，即前代题刻的"八分书"。

八分书是隶书的一种，人们把带有明显波磔特征的隶书称为"八分书"。亦称"分书"或"分隶"。汉末魏晋之际，"八分"这个名称才在典籍中出现。晋卫恒有《四体书势》一文，作为对西晋以前书法史的总结，是我国书法理论的重要文献。文中探讨了汉字的构成、字形字体的演变，并对西晋以前的书法家进行了评论，指出他们在书法方面的得失。文中对"八分书"的渊源、出现有明确记载：

秦既用篆，奏事繁多，篆字难成，即令隶人佐书，曰隶字。汉因行之，独符、印玺、幡信、题署用篆。隶书者，篆之捷也。上谷王次仲始作楷法，至灵帝好书，时多能者，而师宜官为最，大则一字径丈，小则方寸千言，甚矜其能。或时不持钱诣酒家饮，因书其壁，顾观者以酬酒，计钱足而灭之。每书辄削而焚其柎，梁鹄乃益为版而饮之酒，候其醉而窃其柎。鹄卒以书至选部尚书。宜官后为袁术将，今巨鹿宋子有《耿球碑》，是术所立，其书甚工，云是宜官也。梁鹄奔刘表，魏武帝破荆州，募求鹄。鹄之为选部也，魏武欲为洛阳令，而以为北部尉，故惧而自缚诣门，署军假司马；在秘书以勤书自效，是以今者多有鹄手迹。魏武帝悬著帐中，及以钉壁玩之，以为胜宜官。今宫殿题署多是鹄篆。鹄宜为大字，邯郸淳宜为小字，鹄谓淳得次仲法，然鹄之用笔尽其势矣。鹄弟子毛弘教于秘书，今八分皆弘法也。汉末有左子邑，小与淳、鹄不同，然亦有名。②

---

① （清）王尔鉴：《巴县志》卷一五《艺文七古》，早稻田大学藏嘉庆二十五年刻本，第15册，第80—81页。
② 《晋书》卷三六《卫瓘子恒传》，中华书局1974年版，第1061—1062页。

关于八分书体，后世的解释极为繁杂多变，众说纷纭。秦代上谷散人王次仲创造"八分书"。据记载说是割程邈隶字的八分取二分，割李斯的小篆二分取八分，故名八分。后被汉代蔡邕简化为汉隶用作官方字体，有三体石经流传于世，时称楷书，也称为"真书"。

二 石鱼雕刻技法

白鹤梁上作为水位标示的石鱼，其雕刻技法包括线雕、浅浮雕、高浮雕三种形式。而以线雕和浅浮雕为主要雕刻形式，唐代石鱼水标和清代翻刻石鱼水标均使用线雕。所有线雕石鱼线条流畅，刀法娴熟，能够准确表现出石鱼的体态轮廓和活动姿态。高浮雕石鱼只是清代一例。

白鹤梁石鱼雕刻技法从时间顺序上看，有一定的演变规律。从最早的唐代线雕，过渡到元、明时期的浅浮雕，再到清早、中期的线雕、浅浮雕、高浮雕杂陈，最后到晚清时期的线雕。

线雕的唐代石鱼，应该刻于广德之前，今已经部分残损。还有清代康熙二十四年（1685）涪州知州萧兴拱所雕双鱼。

浅浮雕石鱼分别为元代至顺四年（1333）张八歹题记下方所镌刻石鱼，明代正德元年（1506）李宽双鱼，清代康熙四十五年（1706）董维祺石鱼和清代晚期佚名浮雕鱼。在各种雕刻技法中，以先秦时期的浅浮雕技艺在世界艺术史上影响较大，石鱼浅浮雕巧妙地借用白鹤梁基岩天然纹理和自然色彩，精妙地体现出鱼的纹理。

高浮雕石鱼一例，即清代嘉庆十八年（1813）由涪州知州张师范所刻石鱼，这是白鹤梁上最大的石鱼，尺寸为280×105×92厘米。

白鹤梁石鱼的总体雕刻风格是以写实为根本，非常重视细节刻画，这一特征与我国历史上以动物为母题的雕刻作品艺术风格一致。

第四节 洪、枯水题刻与人物研究

洪水题刻一般字数少，记载简单。枯水题刻往往内容较为丰富，且涉及人物较多，以白鹤梁为例来看，题刻中有不少题名者往往存在一定的血缘亲情关系，且标出题名者的郡望，这一类题刻可以称之为姓族题刻。据不完全统计，白鹤梁题刻共涉及如两宋皇族赵氏，黄、贾、濮、高、朱、文、晁、张甚至毌丘等不同地域的姓氏约50余个、530余人。其中不乏历史文化名人，他们家世显赫，地位尊贵，声望高，其言论、行为、事迹为社会所高度关注。研究白鹤梁题刻的姓族，不仅对于深入考察白鹤梁题刻所体现和反映的姓氏家族文化有重要价值，而且通过挖掘历史时期这些家族的社会影响力，探究其对三峡地区政治、经济、社会、文化等方面的影响和贡献，具有重大意义。题刻文献还反映出古人的郡望，白鹤梁涉及大约150个地名，来自全国不同地区的官员及其亲属、幕僚等等，将不同地域的文化特色、生活习惯等带到了当地，因此不同地域文化的交融和汇合也在此表现出来。

一 洪、枯水题刻与家族个案认识

1. 昭德晁氏

昭德晁氏的晁公武兄弟，在白鹤梁都留下了姓名，还有他们的姑父孙仁宅及其他亲属，晁公武也在朝天门灵石留下了题刻。

宋代昭德晁氏家族是一个文化上的著名大家族，在文学创作、学术研究上尤其有建树。家族繁衍，在宋代大观年间（1107—1110）已经达到500余口，著作达百数十种，流传至今的也有二十余种。[①]

太平兴国五年（980），晁迥中进士，仕至翰林学士承旨，深得宋真宗信赖，赐第于京师昭德坊，其后裔也多居住于此。《迪功郎致仕晁子与墓志铭》载：

> 宋兴而翰林文元公讳迥、参政文庄公讳宗悫，父子以文章德业被遇真宗、仁宗，继掌内外制，赐第京师昭德坊。子孙繁衍，分东西眷，散处汴、郑、澶、济间，皆以昭德为称。[②]

晁迥是晁公武、晁公遡等兄弟的五世祖，晁迥有四个儿子，宗悫、

[①] 何新所：《昭德晁氏家族研究》，上海古籍出版社2006年版，第16页。
[②] （宋）周必大撰，周纶编集：《文忠集》卷七五，景印文渊阁四库全书，第1147册，台湾商务印书馆1986年版，第565页。

宗操、宗晦、晁简。晁宗悫有二子，一为晁仲衍，二为晁仲蔚。晁仲衍有子六人，三人未名而夭，其他三子为端彦、端方、端禀。晁端方有二子晁载之、晁冲之。晁冲之为晁公休、晁公武、晁公遡之父。①

晁冲之，字叔用，一字用道，世称具茨先生。绍圣初年隐居于具茨山下，靖康二年（1127）晁冲之在宁陵（今河南商丘附近）被金兵杀害，死于国难。父亲死后，晁氏兄弟南下，渡江入吴，建炎三年（1129）入蜀。晁氏兄弟在蜀地的活动，在白鹤梁、灵石枯水题刻中反映出来。

绍兴十年（1140），晁公武兄弟的姑父、涪州知州孙仁宅在白鹤梁留下题记：

> 涪陵江心石上，昔人刻鱼四尾，旁有唐识云：水涸至其下，岁则大稔；隐见不常，盖有官此，至终更而不得睹者。绍兴庚申首春乙未，忽报其出，闻之欣然，庶几有年矣。邀倅林琪来观，从游者八人：张仲通、高邦仪、晁公武、姚邦孚、仁宅之子允寿、公武之弟公退、公适、邦仪之子宁祖。郡守孙仁宅题。②

绍兴十年（1140），晁公武与兄弟等人观白鹤梁石鱼，留下题记：

> 晁公武邀外兄高邦仪、外弟孙允寿，弟公荣、公退、公适，侄子员、表侄高宁祖、甥王掖仝观石鱼。绍兴庚申正月二十日。③

绍兴十年（1140）二月，晁公武的好友、济南人张仲通与晁公武等来观石鱼并留下题记。题记称"时宋兴一百八十年"，自960年宋建

---

① 昭德晁氏家族的世系研究，前辈学者已有诸多成果。主要有劳格《读书杂识》卷九《宋人世系考（上）》，丛书集成新编《月河精舍丛钞》。包弼德《斯文：唐宋思想的转型》，刘宁译，江苏人民出版社2001年版。何新所《昭德晁氏家族研究》，上海古籍出版社2006年版。刘焕阳《晁补之世系考辨》，《烟台师范学院学报》1988年第1期等。
② 王晓晖：《白鹤梁题刻文献汇集校注》，天津古籍出版社2015年版，第64页。
③ 同上书，第66页。

国，至今180年，即为绍兴十年（1140）。题记云：

> 二月初七日，张仲通、张修、晁公武、赵子仪来观。时宋兴一百八十年。①

绍兴十四年（1144）冬，晁公遡等人因白鹤梁石鱼出水而往观之，但未过一个月，涪州就出现大旱，这与以往的传说完全不符。因此在次年（1145）春，晁公遡写下这段文字，并叫人刻在白鹤梁上：

> 江发岷山，东流入于巴，其下多巨石。霜降潦收，则石皆森然在水上。昔涪之人有即其趾刻二鱼，或考其时，盖唐云。其后始志其出，曰其占有年。前予之至，曾一出，已而岁不宜于稼。及予至，又出。因与荆南张度伯受、古汴赵子澄处度、公曛景初、李景嗣绍祖、杨侃和甫、西蜀张珆廷镇、任大受虚中往观，既归，未逾月而旱。予窃怪其不与传者协，岂昔之所为刻者自为其水之候，而无与于斯耶？抑其出，适丁民之有年，而夸者附之而自神耶？将天以丰凶警于下，而象鱼漏之则，惧其不必于政而必于象鱼，故为是不可测者耶？于是归，三十有六日，乃书此以告后之游者。是岁绍兴十五年正月廿八日也。嵩山晁公遡子西。②

绍兴十八年（1148），晁公武与友人一起登临朝天门灵石，留下丰年碑。

在以上这些题记中，提到的昭德晁氏子弟有晁公遡、晁公武、晁公荣、晁公退、晁公适、晁子员。还有晁氏姻亲，有晁公武兄弟的姑父孙仁宅，孙仁宅之子孙允寿，有晁公武的外兄高邦仪及其子高宁祖，有晁公武的外甥王掖。晁公武兄弟自父亲遇难后，流寓巴蜀，在涪州颇受姑父孙仁宅照顾。

---

① 王晓晖：《白鹤梁题刻文献汇集校注》，天津古籍出版社2015年版，第66页。
② 同上书，第74页。

水文记录与社会意识：
中国古代洪水枯水题刻研究

晁公遡《嵩山集》有其所作《悯孤赋》，追述其家族渊源，追忆其父晁冲之抗金、死难之事，也记载了其逃难、流落之情。记载如下：

有卫氏之君子兮，鼻祖肇绪于初度。灵根大于元庄兮，益植德而垂裕。后皇揆其中情兮，嘉耿介以作辅。绵蝉连而通籍兮，逮五叶之踵武。皇考生而謇直兮，杂若芳以为佩。中既有此修能兮，罹氛浊而不得试。服铜墨于岩邑兮，迫洿渎而缭戾。鸱枭迭翔千仞兮，鸾畏吓而增逝。甑窒荐于清府兮，倭傀纷其径侍。惟谣咏之妒美兮，君犹天其何怼。犬戎忽其吠尧兮，肆齮啮犹未果。进铅刀以御冲兮，众固知其不可。女嬃婉娈而来告兮，圣乱邦而不居，昔予弃而今辞兮，揆厥礼而弗渝。皇考申之怫郁兮，日食焉其可舍。倚东藩以出奔兮，日重茧而百舍。奋大义以委命兮，元戎感而就驾。前茅蹶于宁陵兮，胡天命之不假。独立而弥厉兮，遂结缨于此野。夫差悼于恸阖兮，岂忘越之伤指。眕盱啜泣于卞隙兮，宁蹈敌以偕死。余杀身其非难兮，实有慕于申子。眷欲留此故都兮，怀维桑之攸止。豹伈伈而晌关兮，宇将颠而藩陊。心眐眐而横骛兮，撰余辔于睢之阳。朝发轫而南迈兮，惨去故而蠱伤。睨帝阍以增退兮，日沈翳其无光。岑石摧其重輙兮，豺狼跱夫中路。夕惴栗而不寐兮，昼徙倚而环顾。察九土之洪旷兮，予何为此窘步。介淮海之具区兮，幸去危而即安。俄魏狸之涉泗兮，赤囊翩其若翰。幼遭世之厄艰兮，尚童齓而未冠。后貗貐之淫噬兮，前大江之奔湍。睥鲵渊之赫怒兮，柮将进而复止。委虎蹊以颠越兮，恐赍恨而永已。冒危途以徼福兮，寄性命于一苇。阳侯悯予而奔属兮，济中流之汤汤。登句吴之崇壤兮，聊弭节而彷徨。魂伦囊而稍宁兮，卜予适其何方。著龟告予以坤维兮，盍避世以违害。惟厥土之侧陋兮，藜藿蔓其不采。厌梦乱而愿游兮，问夫途之所在。岁作噩之杪冬兮，霜雪凛其潍澄。绝楚泽之泱漭兮，天无风而扬波。陟三峡之峻阪兮，陆纤舻而嵯峨。囊予邑于浚都兮，安平原之曼衍。绝垠忽其迫隘兮，感失径而悲惋。念世遗予清白兮，特缱绻于宾戚。逮茕独而于役兮，适旷野其焉观。踵尼父之厄陈兮，七日惨其不食。搴木兰以继粻兮，

第三章
洪枯水题刻与历史认识

腹虽洁而愈瘠。颜有田以给饘兮，陶环堵而潜伏。夫吾块处无所兮，糊予口其不足。下乡困而哀歌兮，微漂母吾其殆。曾千金之获偿兮，兰委霜而先败。岁月怳其遄逝兮，视金瑷已胜愤。岂不怀夫遗烈兮，莫盛于畴昔。三岁进而宾兴兮，非吾宗其谁克。岂来者之弗励兮，降及予而若绝。夜慷慨以雪涕兮，恨放迹乎穷发。俗务相之是习兮，巫觋以为师圣。闾莽其榛塞兮，意惝恍其何之。粤予世有旧闻兮，退绅绎而覃思。尝俾予充赋兮，求虽获而忸怩。女采薇而惊悸兮，终即鹿而有喜。念坠绪之仅续兮，抚初志其犹未。义捧檄以娱亲兮，善干禄之及时。三千锺而不洎兮，在子舆其益悲。矧下秩之代耕兮，蚤颠沛于百罹。昊苍何其不仁兮，而畀予以弱质。衷坎毒而岂忘兮，惧鞭冢其难必。监伍尚之引决兮，曰无愧乎今之。人顾毁伤其发肤兮，岂圣言之是程。百年倏其几何兮，徒悒郁而终身。①

晁公遡（1116—约1176）②，一作晁公溯，字子西。号箕山先生，又号嵩山先生，为晁冲之子，晁公休、晁公武之弟，绍兴八年（1138）进士。《宋史》无传，是宋代晁氏家族的名流，一位诗文兼善的文学家。

晁公遡着有《嵩山集》，《四库全书总目》载："晁氏自迥以来，家传文学，几于人人有集。南渡后，则公武兄弟最为知名。公武《郡斋读书志》，世称该博，而所著《昭德文集》已不可见，惟公溯此集仅存。王士禛《居易录》谓其诗在无咎、叔用之下，盖其体格稍卑，无复前人笔力，固由一时风会使然。而挥洒自如，亦尚能不受羁束。至其文章，劲气直达，颇有崟崎历落之致，以视《景迂》《鸡肋》诸集，犹为不失典型焉。"③

晁公遡与李焘同年进士及第，与陆游、叶梦得都有亲属关系。陆游《跋诸晁书帖》载："某之外大母（即外祖母）清丰君，实巨茨（具

---

① （宋）晁公溯：《嵩山集》卷一，景印文渊阁四库全书，第1139册，台湾商务印书馆1986年版，第7—9页。
② 张剑：《晁公遡诗文简论》，《河南教育学院学报》2005年第4期。
③ （清）纪昀总纂：《四库全书总目提要》，河北人民出版社2005年版，第1363页。

· 141 ·

茨）先生女兄（即姐姐）。"① 可见晁公遡为陆游的表舅。叶梦得《石林诗话》载："外祖晁君诚善诗。"② 晁君诚，即晁端友，字君诚，与晁公遡祖父晁端方为从兄弟，可见晁公遡为叶梦得（1077—1148）的表弟。叶梦得，字少蕴，苏州吴县（今江苏苏州）人，宋代著名词人。绍圣四年（1097）登进士第，调丹徒尉。南渡后于高宗建炎二年（1128）授户部尚书，迁尚书左丞。绍兴元年（1131）起为江东安抚大使，兼知建康府。八年授江东安抚制置大使，兼知建康府、行宫留守，总管四路漕计。晚年隐居湖州卞山石林谷，自号石林居士，以读书吟咏自乐。死后追赠检校少保。

晁公武，字子止，号昭德先生，晁冲之之子，其兄弟可考者还有五人：兄公休，弟公遡、公荣、公退、公适。

晁公武大约出生于崇宁年间（1102—1106），靖康乱后，入蜀寓居嘉州（今四川乐山），后来在姑父、涪州知州孙仁宅的教导教育下，晁氏兄弟长大成人。高宗绍兴二年（1132）进士，初为四川转运副使井度的属官。十五年（1145），赵不弃为四川宣抚司总领钱粮官，辟晁公武为其钱粮所主管文字。十七年（1147），以左朝奉郎通判潼川府，寻改知恭州，开始成为一州的主官。二十年（1150），知荣州。二十五年（1155）、二十六年（1156），知合州。二十七年（1157），为潼川府路转运判官。该年十二月，为言官论罢。三十二年（1162），知泸州任。入朝为吏部郎中，继除监察御史。

隆兴二年（1164），以吏部员外郎兼国史院编修官，旋以枢密院检详诸房文字兼。又入台省，为右正言。迁殿中侍御史兼侍讲，擢侍御史，徙户部侍郎。

乾道元年（1165），除集英殿修撰，再知泸州。三年（1167），在都大提举成都府、利州等路茶事任，除敷文阁待制，知兴元府，充利州东路安抚使。四年（1168），为四川安抚制置使。时米价腾贵，人民告

---

① （宋）陆游：《跋诸晁书帖》，曾枣庄、刘琳主编《全宋文》第223册，上海辞书出版社、安徽教育出版社2006年版，第38页。
② （宋）叶梦得：《石林诗话》卷上，何文焕辑《历代诗话》上册，中华书局1981年版，第409页。

第三章 洪枯水题刻与历史认识

饥，公武以钱三万余贯，粜米六万石，专充赈粜，以备久远，民得无患。五年（1169），除敷文阁直学士。六年（1170），改淮南东路安抚使，兼知扬州。

乾道七年（1171），知扬州，移知潭州，擢吏部侍郎，除临安少尹，七月初三罢。晚居嘉州符文乡，约于孝宗淳熙年间（当在14年前）卒于嘉州。①

晁公退，字子愈。晁冲之子，兄弟六人，他排行第五。《遵义府志·金石》有绍兴十七年（1147）"李延昌等题名"，载：

> 少城许自得深之政暇，邀樊南李延昌绍隆、东里冯怀逊顺夫、左绵张询彦周、眉山蒲琛质夫、昭德晁公退子愈、乌延王埙伯和、潼川李定民、唐乡郑圌、宋廷嗣永叔、夷门吴椿大年、济南崔旭光远，西河李俭全道，以绍兴十七年七月十有四日泛舟同游。绍隆题。②

《宋史全文》载：淳熙元年（1174）六月己卯，"诏知汉州王沂、主管崇道观晁公退各降一官"③。

宋代潼川府路富顺监，有西湖洞，晁公退曾作《西湖园亭记》，《舆地纪胜》载："西湖洞，西湖之东有洞黝邃，晁公退《西湖园亭记》云：洞有窦，人往见二女，栉发窦间，遗以石镜，而其人遂富百倍。"④晁公退或曾在富顺监任职。

2. 春明宋氏

白鹤梁题刻有绍兴二十七年（1157）"黄仲武等题记"，载：

---

① （宋）晁公武著，孙猛校：《郡斋读书志校证》附录一《晁公武传略》，上海古籍出版社1990年版，第1241页。
② （清）郑珍、莫友芝纂：《遵义府志》卷一一《金石》，遵义市志编纂委员会办公室整理出版，1986年，第335页。
③ （元）佚名撰，李之亮点校：《宋史全文》卷二六上，黑龙江人民出版社2005年版，第473页。
④ （宋）王象之：《舆地纪胜》卷一六七《富顺监》，江苏广陵古籍刻印社1991年版，第1185页。

濮国黄仲武、梁公寿，春明宋子应小艇同来。是日积雨初晴，江天一碧，徘徊终日而归，时绍兴丁丑元宵后五日。①

这则题记中有"春明"宋子应，说明宋子应是宋绶、宋敏求一族，属"春明宋氏"。王应麟《困学纪闻》卷二十云：

宋次道《春明退朝录》、晁子止昭德《读书志》考之：东京记，朱雀门外天街东第六春明坊，宋宣献公宅，本王延德宅。宣德门前天街东第四昭德坊，晁文元公宅，致政后辟小园，号养素园，多阅佛书，起密严堂。②

宋敏求《春明退朝录》明确说道：

熙宁三年，予以谏议大夫奉朝请，每退食，观唐人洎本朝名辈撰著以补史遗者，因纂所闻见记之。先庐在春明里，题为《春明退朝录》云。③

"春明宋氏"是两宋时期比较著名的文化望族之一。自宋龟符起家，经宋皋，至宋绶及其两个儿子宋敏求、宋敏修，孙子宋庆曾时达到顶峰。此后不断延续，至南宋名人、进士宋驹，前后九代自唐末经五代、北宋，到南宋时期，各代子孙在文学、史学等方面有较多成就，充分彰显出一个文化大族的特征。

宋绶，字公垂，本赵州平棘人，大中祥符元年（1008）赐同进士出身，仁宗时为兵部尚书，参知政事。康定元年（1040）去世，谥宣献。④ 因仁宗给宋绶赐宅第于春明坊，子孙繁衍于此。故宋氏不仅有

---

① 王晓晖：《白鹤梁题刻文献汇集校注》，天津古籍出版社2015年版，第83页。
② （宋）王应麟撰，（清）阎若璩、何焯评注：《困学纪闻》卷二〇《杂录》，景印文渊阁四库全书，第854册，台湾商务印书馆1986年版，第500页。
③ （宋）宋敏求撰，尚成校点：《春明退朝录》卷上，上海古籍出版社2012年版，第1页。
④ 《宋史》卷二九一《宋绶传》，中华书局1985年版，第9733页。

第三章
洪枯水题刻与历史认识

"赵州宋氏"之称,① 还有"常山宋氏"之称,② 至此又有了"春明宋氏"之称谓。

宋敏求,宋绶之子,字次道。范镇的《宋谏议敏求墓志铭》详细地记载了宋敏求的仕宦经历:

> 其践杨,若进奏院、登闻鼓院、群牧判官、开封府推官、三司度支判官、纠察在京刑狱,判秘阁、秘书省、尚书都省、吏部流内铨、礼部、刑部、工部,知通进银台司、审官东院,勾当三班院、管勾编修院、编集历代君臣事迹所,宗正寺修玉牒官,太皇太后宝册官,开封府发解官,锡庆院试官,南郊礼仪使,永厚陵礼仪使,契丹生辰国信使,馆伴使,使河北祭塞河口,编修阁门仪制、蕃国朝贡条例,详定元正朝贺仪注,定夺郊赦命官使臣罪犯,而太常礼院、太常寺、官告院编修录用勋臣子孙,皆再领焉。③

北宋灭亡后,宋氏也随之南迁,嘉定间峡州知州宋绍恭的墓志中,有相关的记载可说明南宋宋氏家族的相关情况。墓志称其五世祖为宋绶,四世祖为宋敏求,但从其高祖、祖、父之名来看,又与宋敏求不符,或为旁系。墓志载"靖康之难,宋氏奔进,或在蜀,或在越,事定,解州家竟不知存亡。秘阁修撰名辉,公之从叔父也,请于奉议,以公后通奉而以修撰,遇郊之恩任之。然后解州始得祀于南方"④。由此可以推知,白鹤梁题刻的宋子应,应该是南宋初移居巴蜀的春明宋氏的后人了。

宋人多将"春明宋氏"与"昭德晁氏"相提并论,称:"宋兴五十载,至咸平、景德中,儒学文章之盛,不归之平棘宋氏,则归之澶渊晁

---

① 参阅尉艳芝《宋代赵州宋氏家族盛衰原因初探》,《中华文化论坛》2008年第3期。
② 宋敏求被时人尊称为"常山公"。盖其先祖为赵州常山人。(宋)晁公武著,孙猛校证:《郡斋读书志校证》附录,上海古籍出版社1990年版,第1146页。
③ (宋)杜大珪编:《名臣碑传琬琰集》中集卷一六,景印文渊阁四库全书,第450册,台湾商务印书馆1986年版,第330—331页。
④ (宋)蔡适撰,(明)黎谅编:《水心集》卷二二《故朝奉大夫知峡州宋公墓志铭》,景印文渊阁四库全书,第1164册,台湾商务印书馆1986年版,第398页。

氏。二氏者，天下甲门也。"①

3. 东莱蔡氏

白鹤梁题刻中，有绍兴二年（1132）"蔡惇题记"，云：

> 绍兴壬子开岁十有四日，涪陵郡守平阳王择仁智甫，招云台奉祠夷门李敏能成之、郡丞开封李寘元辅、太平散吏东莱蔡惇元道，过饮公堂，酒罢，再集江上，泛舟中流。登石梁观瑞鱼。古记：邦人以见鱼，为有年之兆头。惟侯善政，民已怀之，桑麦之歌，颂声载道，是以隐于数年而见于一日，故惇喜为之记。②

绍兴二年（1132）十二月，"贾公哲等题记"记载：

> 大宋绍兴二年十二月望，贾公哲、曲安祖、李去病、田孝孙、杜伯恭、蔡兴宗、张稷、张宗宪观石鱼。③

绍兴五年（1135）正月，白鹤梁石鱼出水，蔡兴宗等观石鱼，留下题记：

> 蔡兴宗、耿宗弼、张宗宪。绍兴乙卯正月十九日，同观石鱼。④

在这三则题记中，提到了东莱蔡惇元道和蔡兴宗父子二人。东莱，即东莱郡，在今山东东部。《宋史·地理一》载："莱州，中，东莱郡，防御。崇宁户九万七千四百二十七，口一十九万八千九百八。贡牛黄、海藻、牡蛎、石器。县四：掖、莱阳、胶水、即墨。"⑤

蔡惇，字元道，莱州胶水人（今山东平度），题刻称其为东莱蔡

---

① （宋）刘克庄：《晁叔用》，《全宋文》卷七五六七，第329册，上海辞书出版社2006年版，第111页。
② 王晓晖：《白鹤梁题刻文献汇集校注》，天津古籍出版社2015年版，第57页。
③ 同上书，第59页。
④ 同上书，第60页。
⑤ 《宋史》卷八五《地理一》，中华书局1985年版，第2109页。

第三章
洪枯水题刻与历史认识

惇。官至直龙图阁,绍兴年间卒于涪州。《蔡惇题记》自称为"太平散吏",即是指闲散的官吏,有官阶而无职事的官员。

蔡惇著有《祖宗官制旧典》和《夔州直笔》。后避宋光宗赵惇讳,多称蔡元道。如《直斋书录解题》《郡斋读书志》《玉海》《宋史》《文献通考》中均记作蔡元道。

蔡惇出身于仕宦之家,为北宋名臣蔡齐侄孙,翰林学士蔡延庆之子。蔡齐和蔡延庆,在《宋史》卷二百八十六《蔡齐传》有合传。据《宋史》记载可知:

蔡齐(988—1039),字子思,莱州胶水人。大中祥符八年(1015)举进士第一,景祐元年(1034)以礼部侍郎参知政事,后来因谗言而罢,出为颍州知州。1039年四月卒,年五十二,赠兵部尚书,谥文忠,又云忠肃。其人"在大位,临事不回,无所牵畏,而恭谨谦退,未尝自罚,天下推之为正人"[1]。

蔡延庆(1029—1090),字仲远,为蔡齐从子,其父蔡襄为蔡齐之弟。"始,齐无子,以从子延庆为后。既殁,有遗腹子曰延嗣。"[2] 蔡延庆举进士,历通判明州、提点陕西刑狱。修起居注、知河中府、秦凤路转运使、知成都府、知渭州、知戎州。元丰二年(1079)知开封府,拜翰林学士,出知滁州、瀛洲、洪州、定州等。元祐二年(1087)拜工部侍郎,五年(1090)三月卒,年六十二。

蔡惇所著《祖宗官制旧典》,是研究北宋中前期官制的重要史料,也是研究中国历代官制和政治制度源流变迁的重要辅助史料。北宋中前期,官制十分繁复,在中国古代历史上极为少见,至今所见的相关资料分散而且多有阙载,由此更能凸显《祖宗官制旧典》的重要价值,相关辑佚非常重要。[3]

《祖宗官制旧典》一书,宋元以来典籍中出现不同的名称,尤袤

---

[1] (宋)欧阳修:《欧阳文忠公集》卷三八,四部丛刊初编,第149册,上海书店出版社1989年版,第252页。
[2] 《宋史》卷二八六《蔡齐传》,中华书局1985年版,第9636页。
[3] 张志勇:《蔡惇〈祖宗官制旧典〉辑佚与研究》,硕士学位论文,河北大学,2013年。

《遂初堂书目》①中，着录题名为《官制旧典》。陈振孙《直斋书录解题》中称："《祖宗官制旧典》三卷，直龙图阁东莱蔡元道撰。"② 著名藏书家晁公武《郡斋读书志》则记载："《祖宗官制旧典》二卷，右东莱蔡元道所编也。"③ 王应麟《玉海》中，称"《绍兴祖宗官制旧典》，三卷，绍兴间，蔡元道撰"④。明确地指出该书的成书时间为绍兴年间。《宋史·艺文志》中载："蔡元道，《祖宗官制旧典》三卷。"⑤ 明代《文渊阁书目》⑥中，该书有两种题名，一为《宋官制旧典》，一为《宋祖宗官制》。《永乐大典》⑦中可见《宋官制旧典》《祖宗官制旧典》《祖宗官制》等不同题名。虽题名不同，但所涉内容和摘引文字行文风格都比较接近，应为同一书。

《夔州直笔》为蔡惇之作，今已无传。但其书中对宋太祖驾崩、太宗继位前后之事，多有记载，李焘引用颇多。今按时间顺序整理如下：

> 太祖以晋王尹京，对罢，宣谕曰：久不见汝所乘何马，牵来一观。遂传呼至殿陛下御马台，敕令晋王对御上马，太宗惶遽辞逊，乃密谕曰：他日汝自合常在此上下马，何辞焉？太宗骇汗趋出。命近侍挽留，送上马。遂再拜，乘马驰走，回旋于殿廷而出。太祖示继及之意也。（按太祖继及之意，盖先定于昭宪榻前矣，今不取）⑧
>
> 太祖召陈抟入朝，宣问寿数，对以丙子岁（开宝九年，976）十月二十日夜或见雪，当办行计，若晴霁须展一纪。至期前夕，上

---

① （宋）尤袤撰：《遂初堂书目》，中华书局 1985 年版，第 11 页。
② （宋）陈振孙著，徐小蛮、顾美华点校：《直斋书录解题》卷六《职官类》，上海古籍出版社 1987 年版，第 178 页。
③ （宋）晁公武撰，孙猛校正：《郡斋读书志校正》，上海古籍出版社 1990 年版，第 1119 页。
④ （宋）王应麟：《玉海》卷一一九，广陵书社 2003 年版，第 2205 页。
⑤ 《宋史》卷二零三《艺文志二》，中华书局 1985 年版，第 5110 页。
⑥ （明）杨士奇等：《文渊阁书目》，中华书局 1985 年版，第 173 页。
⑦ 《永乐大典》（残卷）（卷二九七二，卷二零四七九），中华书局 1986 年版，第 1613 页，第 7727 页。
⑧ （宋）李焘：《续资治通鉴长编》卷一七，中华书局 1979 年版，第 373 页。

不寝。初，夜遣宫人出视，回奏星象明灿。交更，再令出视，乃奏天阴，继言雪下，遂出禁钥，遣中使召太宗入对，命置酒，付宸翰属以继位，夜分乃退。上就寝，侍寝者闻鼻息声异，急视之，已崩。太宗于是入继。①

上疾大渐，大臣叩榻问候，乃以指点胸，又展五指，再出三指，以示丁谓等。时皇八弟燕王独存，仁宗先以建储，方年十三，观上意，盖有所属。章献隔帷见之，候大臣退，令近侍追之，传谕适来官家展五指，又出三指，只说三五日来疾势稍退，别无他意，谓等诺之。（此事或政当此日，然疑不敢著。邵氏闻见录云：真宗大渐之夕，李文定与宰执以祈禳宿内殿，时仁宗幼龀，八大王元俨者有威名，以问疾留禁中，累日不肯出，宰执患之，无以为计。偶翰林司以金盂贮熟水，曰：王所须也。文定取案上墨笔搅水中，水尽黑，令持去，王见之大惊，意其有毒，即上马去。文定临事大抵类此。按当此时，文定贬斥久矣，或指他相，则不可知。又按仁宗实录：真宗崩，元俨以疾在告，特遣中使告谕，王扶疾至内庭，号泣见太后。既奉慰，遂庐于宫门之侧。如此，则真宗未崩已前，元俨固不留宿禁中也，恐邵氏误耳，今不取焉。）②

据晁公武《郡斋读书记》：蔡元道"渡江卒于涪陵，尹和靖焞尝题其墓"③。尹和靖焞，即指和靖先生尹焞。

蔡兴宗，字伯世，为蔡惇之子，南宋重要的诗词评论家，杜甫诗集编辑、校正、注释的奠基者。撰有《重编少陵先生集》二十卷，集中附有《重编少陵年谱》一卷、《正异》一卷、《考异》一卷。历代著名的杜诗注本，如宋人赵次公《新定杜工部古近体诗先后并解》、郭知达《九家集注杜诗》、黄鹤父子《补注杜诗》及清人仇兆鳌的《杜诗详注》

---

① 对这段记录，李焘随即表示不真实："按悙所载，与文莹略同，但即以道士者为陈抟耳。抟本传及《谈苑》并称抟终太祖朝未尝入见，恐悙亦误矣，当是张守真也。"（宋）李焘：《续资治通鉴长编》卷一七，中华书局1979年版，第379页。
② （宋）李焘：《续资治通鉴长编》卷九八，中华书局1979年版，第383页。
③ （宋）晁公武撰，孙猛校正：《郡斋读书志校正》，上海古籍出版社1990年版，第1119页。

等，皆受蔡氏影响良深。①

晁公武《郡斋读书志》中，曾转引蔡惇之子蔡兴宗为《祖宗官制旧典》所撰的后叙："《祖宗官制旧典》二卷，右东莱蔡元道所编也。其子兴宗叙于后，云追记祖宗旧典，凡设官任职治民理财之要，与夫分别流品，谨惜名器之道，合七十七门云。"② 这一记载明确指出蔡惇与蔡兴宗的父子关系。

蔡氏与同出东莱的吕氏家族关系密切。《江西诗社宗派图》作者、江西诗派著名诗人吕本中，先世为东莱人，后家京师，故学者称之为"东莱先生"。据吕本中《师友杂志》载："仲姑清源君嫁蔡氏，长子兴宗，字伯世。清源每使之从贤士大夫游，且令尊予，虽云太过，然使其子为善，可以为世法也。"③ 又，南宋时期最著名的理学大家、"婺学"的创立者吕祖谦，与朱熹、张栻齐名，同被尊为"东南三贤"，其曾祖为吕好问、伯祖为吕本中，其在《东莱公家传》中也有记载："（吕好问）女一人，适右朝奉郎蔡兴宗。"④ 可见，吕好问妹嫁给蔡惇，蔡兴宗又为吕好问之婿；吕本中为吕好问长子，故蔡兴宗又为吕本中妹夫。

吕氏官位显赫，学业上也颇有建树，登宋元学案者近20人，蔡氏与其联姻，亦见蔡氏之学业亦有成就。

宣和元年（1119），蔡兴宗为唐州郡从事，《中州金石记》载桐柏县淮源庙有"蔡兴宗题名"："宣和元年十二月庚子岁立春日，郡从事蔡兴宗奉御名祝词，致祭于淮渎长源王庙下，其文右行。"⑤

蔡兴宗晚年游宦西蜀，主要在夔州、眉山一带。被尊为"巴渝第一状元"的壁山人冯时行，在绍兴中知眉州丹棱县时曾与蔡兴宗唱和

---

① 杨经华：《蔡兴宗籍贯、行履小考》，《中国典籍与文化》2009年第4期。
② （宋）晁公武著，孙猛校证：《郡斋读书志校证》，上海古籍出版社1990年版，第1119页。
③ （宋）吕本中：《东莱紫微师友杂志》，光绪二年陆氏十万卷楼刻本。
④ （宋）吕祖谦：《东莱集》卷一四，景印文渊阁四库全书，第1150册，台湾商务印书馆1986年版，第130页。
⑤ （清）毕沅：《中州金石记》卷四，王云五主编《丛书集成初编》，商务印书馆1936年版，第100页。

第三章 洪枯水题刻与历史认识

而作《和蔡伯世韵二首》，从中已经可以看到蔡兴宗寄情山水，渐离俗世之意：

钜璞希音未易知，芒鞋竹杖只相宜。还收北伐六奇计，归作东游五胜诗。千里云山通梦想，十年笑语隔心期，拟凭浩荡长江水，日落烟寒寄所思。

中郎风调世间无，敢谓明时德不孤。扫地焚香诗得计，曲肱饮水道如愚。寄书只说游山好，临老都缘学佛癯。白帝一来真漫浪，时人无用便题舆。①

到了晚年，蔡兴宗已经将兴趣爱好转向佛教，早年的怀抱栋梁之器、意气风发已然不见。韩驹《赠蔡伯世》云：

君家夫人林下风，长斋绣佛鸣金钟。侍儿百指亦清净，凌晨梵呗声摩空。潭潭大第依乔木，日午卷帘按丝竹。古调犹歌于于□，丽词不唱新翻曲。有美一子天麒麟，孟嘉外孙见渊明。扫地焚香坐弦诵，不闻梵呗连歌声。俗子何由共杯酒，容我叩门呼小友。欲求百万钱买邻，倒囊只有诗千首。安得一把茆盖头，榆林从君父子游。敢期丝竹娱下客，但喜白业同精修。秃襟短帽纷纷是，眼明见此褒衣士。和诗论道有余闲，为语故家遗俗事。②

此诗描述蔡兴宗及夫人、侍女、儿子等人物的行为，金钟、梵呗、焚香等佛事，明确表现出蔡兴宗晚年学佛的精神世界。

蔡兴宗和赵次公都是在杜甫诗校勘中做出较大贡献的人，但是，晁公武对他们两人都有批评，认为"两人颇以意改定其误字，人不

---

① （宋）冯时行：《缙云文集》卷三，景印文渊阁四库全书，第1138册，台湾商务印书馆1986年版，第869页。
② （宋）韩驹：《陵阳集》卷一，景印文渊阁四库全书，第1150册，台湾商务印书馆1986年版，第770页。

善之"①。蔡兴宗著《杜诗正异》，更是受到南宋汪应辰的严厉批评："此书诠次先后，考索同异，亦已勤矣。世传杜诗，往往不同，前辈多兼存之。今皆定从某字，其自任盖不轻矣？诗以气格高妙、意义精远为主，属对之间，小有不谐，不足以累正气今悉迁就偶对……若他本不同，定从其一，犹不为无据，此直以己意所见，径行窜定，甚矣。其自任不轻也？"②仿佛蔡兴宗校勘杜诗是比较轻率的。其实，蔡兴宗《杜诗正异》虽已亡佚，但是从他书引用的部分参与内容来看，其校勘杜诗并不是随意乱改原文，往往还是有依据的。③

《全蜀艺文志》载有蔡惇之弟蔡悴所作《香积院行记》，载蔡氏诸人较多：

> 东莱蔡悴乐道出帅泸南，子兴雅侍行。兄郡守惇元道、弟安度子宪、□松年、侄兴宗伯世、兴诗仲志、兴礼仲圭、兴邦嘉言、颍川赵昌弼子俊作别于此。建炎戊申四月九日。④

此为建炎二年（1128）所作，此年蔡惇为郡守，弟蔡悴帅泸南。题刻记载了蔡惇、蔡悴、蔡安度兄弟，记载了蔡悴之子蔡兴雅，蔡惇之子蔡兴宗。另外从名字来分析，蔡兴邦应该也是蔡惇之子。而蔡兴诗、蔡兴礼或为蔡安度之子。关于蔡悴，史书记载不多，其在广西任职时，在桂林题记中可见其名。

一是在宣和元年（1119）伏波岩的题记：

> 清源刘镃逢时，胶州蔡悴乐道，晋江吕汴子会，祥符冯元震亨

---

① （宋）晁公武：《郡斋读书志》卷四"杜甫集二十卷、集外诗一卷、注杜甫诗二十卷；蔡兴宗编杜甫诗二十卷、赵次公注杜诗五十九卷"条。晁公武撰，孙猛校证：《郡斋读书志校证》卷一七，上海古籍出版社1990年版，第857页。
② （宋）汪应辰：《文定集》卷十《书少陵诗集正异》，景印文渊阁四库全书，第1138册，台湾商务印书馆1986年版，第679页。
③ 莫砺锋：《论宋人校勘杜诗的成就及影响》，《杜甫研究学刊》2005年第3期。
④ （明）杨慎编，刘琳、王晓波点校：《全蜀艺文志》卷六四，线装书局2003年版，第1791页。

第三章 洪枯水题刻与历史认识

之,襄陵侯材晋卿,苍溪王蕃子宜,自湘南楼泛舟过伏波岩避暑,抵暮而归。宣和己亥六月十六日。①

二是在宣和六年（1124）于七星山：

经略安抚蔡怿乐道,提防刑狱尚用之仲明,廉访使者张洵仁仲,宣和甲辰八月初八日同游。②

4. 贾氏
在白鹤梁题记中,有绍兴二年（1132）"贾公哲等题记",载：

大宋绍兴二年十二月望,贾公哲、曲安祖、李去病、田孝孙、杜伯恭、蔡兴宗、张稷、张宗宪观石鱼。③

有绍兴七年（1137）左朝散郎、知涪州军州事贾思诚所留题记：

贾思诚彦孚、贾公杰千之、赵子仪景温、张仲通彦中、张振孙厚之、潘无隅大方、段洵直邦彦,绍兴丁巳季冬十有二日同观石鱼。④

及至开禧年间（1205—1207）,又有"贾复题记"：

澶渊贾复仝侄衍之,徽之,男翼之、侄婿郭知、□□等来观石鱼。□人所判留题述迹,虽未目睹,□□□到可竞窥以江痕,尚□

---

① （明）张明凤著,杜海军、阎春点校：《桂胜》第五卷《伏波山》,中华书局2016年版。此年,蔡怿知桂州。九月二十七日,朝散大夫、广南西路转运判官蔡怿直秘阁,升副使。见《宋会要辑稿》卷三三《选举》。
② （明）张明凤著,杜海军、阎春点校：《桂胜》第六卷《七星山》,中华书局2016年版。
③ 王晓晖：《白鹤梁题刻文献汇集校注》,天津古籍出版社2015年版,第59页。
④ 同上书,第62页。

故七时戊辰，开禧元宵前。①

在这几则题记中，记载了澶渊贾氏的贾思诚、贾复、贾翼之、贾衍之、贾徽之等人。而贾公杰、贾公哲为真定获鹿贾氏。

澶渊，《宋史》载："开德府，上，澶渊郡，镇宁军节度。本澶州。崇宁四年，建为北辅。五年，升为府。宣和二年，罢辅郡，仍隶河北东路。崇宁户三万一千八百七十八，口八万二千八百二十六。贡莨莠席、南粉。县七：濮阳、观城、临河、清丰、卫南、朝城、南乐。"②

贾思诚，字彦孚，澶渊人。绍兴七年至九年（1137—1139）为左朝散郎、知涪州军州事。绍兴九年（1139）后，贾思诚已不在涪州任上。

绍兴九年（1139）十一月，"左朝请郎荆湖北路提举茶盐公事"③。十二年（1142）四月，"左朝大夫州路转运判官贾思诚都大主管川陕茶马监牧公事"④。十四年（1144）七月，为"左朝请大夫"⑤。

《夷坚志》有故事一则，"贾思诚，字彦孚，绍兴十七年（1147）为夔州帅。梦受命责官，厩卒挟马来迎，临欲揽辔，细视马有十三足，叹异而觉。明日，背疽发，十三日死。贾生于庚午，近马祸云"⑥。

《夷坚志》为志怪小说，其记载贾思诚如何死亡之事或不可信，但如果其中时间记载无误的话，则可知贾思诚生于元祐五年庚午（1090），卒于绍兴十七年（1147），年57岁。

贾复、贾翼之、贾衍之、贾徽之等人，据笔者所及，尚不能对其基本情况有所了解，但其澶渊贾氏身份题刻有记载。

贾公杰、贾公哲为真定获鹿贾氏，在宋代，真定获鹿贾氏的兴盛，是从贾昌朝开始的。据《宋史》记载："贾昌朝，字子明，真定获鹿人。晋史官纬（贾纬）之曾孙也。天禧初，真宗尝祈谷南郊，昌朝献

---

① 王晓晖：《白鹤梁题刻文献汇集校注》，天津古籍出版社2015年版，第98页。
② 《宋史》卷八六《地理二》，中华书局1956年版，第2122页。
③ （宋）李心传：《建炎以来系年要录》卷一三三，中华书局1956年版，第2135页。
④ （宋）李心传：《建炎以来系年要录》卷一四五，中华书局1956年版，第2329页。
⑤ （宋）李心传：《建炎以来系年要录》卷一四八，中华书局1956年版，第2329页。
⑥ （宋）洪迈撰，何卓点校：《夷坚志》甲志卷一五，中华书局1981年版，第128页。

第三章
洪枯水题刻与历史认识

颂道左,召试,赐同进士出身,主晋陵簿。"①贾昌朝以这样一种方式开始他的仕宦经历,最终功成名就。

> 嘉祐元年,进封许国公,又兼侍中,寻以同中书门下平章事为枢密使……遂以镇安军节度使、右仆射、检校太师、侍中兼充景灵宫使,出判许州。又以保平军节度、陕州大都督府长史移大名府兼安抚使。英宗即位,徙凤翔节度使,加左仆射、凤翔尹,进封魏国公。治平元年,以侍中守许州,力辞弗许。明年,以疾留京师,乃以左仆射、观文殿大学士判尚书都省,卒,年六十八,谥曰文元。御书墓碑曰"大儒元老之碑"。所著《群经音辨》、《通纪》、《时令》、《奏议》、《文集》百二十二卷。②

贾昌朝的弟弟贾昌衡,字子平,举进士,曾任梓州路转运判官、淮南刑狱、广东转运史、两浙路转运使、户部副使、右谏议大夫,加集贤殿修撰、知河南府,历陈、郓、应天府、邓州,以正议大夫致仕,元祐四年(1089)卒。③

贾炎,字长卿,贾昌朝从子,真定获鹿人。以昌朝荫,更历筦库,积迁至工部侍郎。政和中,以显谟阁待制知应天府,徙郓州、永兴……徙知延安……改河阳,又改邓州。加直学士、知永兴。入对,留为工部侍郎……以疾卒,年五十八。赠银青光禄大夫。④

贾公哲与贾公杰同为贾炎之子,贾昌朝之孙。⑤ 贾公杰,字千里,一作千之,真定获鹿(今河北获鹿)人,绍兴七年(1137)为涪州别乘,即通判。善山水,又作佛像极精细,衣缕皆描金不俗。

《关中金石记》有"贾炎饶益寺题名",其中较为明确地记录了贾公杰为贾炎之子,且毕沅还做了进一步分析,今转述如下:

---

① 《宋史》卷二八五《贾昌朝传》,中华书局1985年版,第9613页。
② 同上书,第9620页。
③ 《宋史》卷二八五《贾昌衡传》,中华书局1985年版,第9621页。
④ 《宋史》卷二八五《贾炎传》,中华书局1985年版,第9621页。
⑤ (清)陆心源撰,郑晓霞辑校:《仪顾堂集辑校》卷三,江苏广陵书社2015年版,第64页。

· 155 ·

贾炎饶益寺题名二

一政和三年五月，一政和五年六月，并行书，炎子公杰于宣和六年刻在朝邑。

先题云：显谟阁待制、提举南京鸿庆宫贾炎，政和三年五月蒙恩罢延帅，奉母归居颍昌。

后题云：炎自鄜延帅移守南阳，侍亲道饶益寺，显谟阁待制、新知邓州兼京南路安抚使贾炎题。①

邓椿《画继》也记载："文元公孙贾通判公杰家，黄筌《鼯捕鼠图》、崔白《雕狐图》、徐崇嗣《荷蓼鹭鸶图》、易元吉《猿鹿扇图》。"② 文元公即名臣贾昌朝，昌朝死，从子贾炎以其荫而仕，贾公杰即为贾炎之子。

绍兴七年（1137）"贾思诚题记"载贾公杰为别乘，即通判。而在此前绍兴六年（1136），涪陵绘尹焞像于伊川先生祠。冯忠恕云：

粤明年……九月，将行，郡太守程敦书、通守贾公杰议绘和靖先生之像于伊川先生祠宇。③

这里也明确记载，贾公杰为通守，也就是通判。

5. 种氏

种氏在相关题记中表现得并不是很抢眼，这是因为往往没有官职的罗列，但是，题刻中对种氏人物的记录，又使我们不得不对种氏进行简单的考察，以此来丰富对川江地区枯水题刻的认识。

绍兴二年（1132）正月初六，白鹤梁上留下的"种慎思题记"是

---

① （清）毕沅：《关中金石记》卷六，《续修四库全书》第九〇八册，上海古籍出版社2002年版，第261页。

② （宋）邓椿：《画继》卷八《铭心绝品》，景印文渊阁四库全书，第813册，台湾商务印书馆1986年版，第541页。

③ （宋）尹焞：《和靖先生文集》卷一〇《和靖处士洛阳尹公生祠记》，舒大刚主编，四川大学古籍整理研究所编《宋集珍本丛刊》第32册，线装书局2004年版，第73页。

第三章
洪枯水题刻与历史认识

豹林种氏首次出现：

> □□刘意彦至、豹林种佚慎思，皆以职事趋郡，遇故江西李尚义宜仲还自固陵，种法平叔来自南宾。相率挈舟，载酒游北岩及观石鱼，竟日忘归，客怀顿释，殊不知薄官飘零、江山之牢落也。绍兴壬子年春初六日，慎思题记。①

绍兴三年（1133）二月，在云阳龙脊石"卢能父等题名"中记载：

> 箕颍卢能父，豹林种民望，弟志远，以绍兴癸丑二月朔来游。②

绍兴十年（1140），白鹤梁"张宗忞等题记"载有"长安种彦琦"③，前后只相隔几日的另一则"黄觉先题记"也记载：

> 周诩，种彦琦、彦瑞，姚邦荣、邦孚，李春，杜时发，李恬，绍兴庚申岁弍月丙午来，黄觉先书。④

绍兴十八年（1148），种平叔再游白鹤梁。绍兴十九年（1149）云阳龙脊石"朱醇父等题名"中记载有京兆种允济。

从以上数则题记的记载看到，涉及种氏的郡望有二说：豹林，长安。涉及的人物有种佚（慎思）、种法（平叔）、种民望、种志远、种彦琦、种彦瑞、种允济。这些人物的出现也主要在南宋初期的绍兴二年至十九年（1132—1149）。

豹林，山谷名，其地在今陕西省西安市南终南山麓，可见豹林或长安之说都指长安一带。种氏原为洛阳人，种仁翊仕宋，为吏部令史，后

---

① 王晓晖：《白鹤梁题刻文献汇集校注》，天津古籍出版社2015年版，第55页。
② 箕颍，指箕山和颍水。相传尧时，贤者许由曾隐居箕山之下，颍水之阳。后因以"箕颍"指隐居者或隐居之地。
③ 王晓晖：《白鹤梁题刻文献汇集校注》，天津古籍出版社2015年版，第69页。
④ 同上书，第68页。

调补长安主簿。① 有三子：种昭衍、种放、种汶。②

种放，字明逸，河南洛阳人也。"沉默好学，七岁能属文，不与群儿戏。父尝令举进士，放辞以业未成，不可妄动。每往来嵩、华间，慨然有山林意。未几父卒，数兄皆干进，独放与母俱隐终南豹林谷之东明峰，结草为庐，仅庇风雨。以请习为业，从学者众，得束脩以养母，母亦乐道，薄滋味。"③ 因种放曾隐居豹林谷，所以有了"豹林种氏"一说。种放终身未娶，大中祥符八年（1015）十一月卒，录其侄世庸同学究出身。

种世衡，字仲平，种放之兄种昭衍子。少尚气节，昆弟有欲析其赀者，悉推与之，惟取图书而已。以放荫补将作监主簿，累迁太子中舍。④ 有子八人，古、试、咏、诂、谔、诉、记、谊，皆有将才。⑤

种世衡孙有种朴、种师道、种师中。曾孙种浩、种溪、种洌、种泫。玄孙种彦崇、种彦崧。⑥

根据对以上种氏家族世系的梳理，我们可以推测，种佚（慎思）、种法（平叔）应该是种师道子侄辈的种氏子弟。种民望、种志远、种彦琦、种彦瑞、种允济则为孙辈的种氏子弟。北宋灭亡后，在西北防务中曾立下赫赫功绩的种氏家族，也逐渐沉寂下去。南宋偏安后，种氏后人在川江所留下的题记，可以一窥他们的活动与仕宦。

6. 溧水濮氏

光绪七年（1881）春，涪州知州濮文昇与同僚、亲属同游白鹤梁，留下题记，其中记载了溧水濮氏的诸多成员：

---

① 《宋史》卷四五七《种放传》，中华书局1985年版，第13423页。
② （宋）范仲淹：《范文正集》卷一三《东染院使种君墓志铭》，景印文渊阁四库全书，第1089册，台湾商务印书馆1986年版，第315页。
③ 《宋史》卷四五七《种放传》，中华书局1985年版，第13423页。
④ 《宋史》卷三三五《种世衡传》，中华书局1985年版，第10741页。
⑤ （宋）范仲淹：《范文正集》卷一三《东染院使种君墓志铭》，景印文渊阁四库全书，第1089册，台湾商务印书馆1986年版，第315页。
⑥ 种浩官建功郎，种溪为阁门祗候，皆死于师道之前。孙彦崇、彦崧，彦崇死于兵，而彦崧则早夭。见《宋史》卷三三五《种世衡传》。另，绍兴三十年十一月辛丑，从义郎合门祗候种泫知永康军，泫自陈师道之子，别无人食禄，故除之。见李心传《建炎以来系年要录》卷一八七，中华书局1956年版。

咸丰癸丑，先大夫琅圃公来治涪州，文昇与兄文暹、弟文昶、文曦侍，三载于兹，颇穷搜访，独以未睹石鱼为憾。同治辛未，文昇复承之是州，自时厥后，凡三至焉。江山云物，皆若有情，然终莫见斯石也。今年春，水涸鱼出，因偕诸友浏览其上，让酒之暇，余兴未已，爰叙颠末，以志不忘。同游者沾益娄檩，婺源胡寿春，芜湖沈福曾、中江蒋蘅、岳尚先，眉州何晋铣，归安吴瑜，乌程沈锌庚，昭文范观治，营山张元圭及余弟文曦，子贤懋、贤忱、贤恭、贤仪、贤泌，犹子贤愈，妹夫顺德张思源，甥宝应朱学曾、顺德张元钰。清光绪七年辛巳春正月甲子朔二十正癸未溧水濮文昇。①

光绪八年（1882），涪州吏员蒋蘅与人再游白鹤梁，留题两则：

石梁犹是，白鹤不归。江水滔滔，令我长悲。蒋蘅偕朱学曾、濮贤泌到此题。
光绪壬午年正月。

彼尔朱之仙，尚不可〔考〕〔者〕，表水速于斯者又仍可考求。吏蒋蘅题。同游者朱学曾、濮贤泌、张元珏。②

先大夫琅圃公，即濮瑗，字世濂，一字琅圃，又一字又蘧，江苏溧水县人。曾任涪州知州，有子文暹、文昇、文昶、文曦。③
同治年间《续纂江宁府志》载有濮瑗生平：

濮瑗，字又蘧，溧水人。祖兰芬，父绍辖，世有隐德。瑗性孝友，尝刲骨愈亲疾，而以为非儒者事，不使人知。
道光元年举于乡，六年成进士。初试四川安岳知县，尝易布衣履，携一僮周历四境，察民疾苦。县有大猾林元端，多数盗，历任

---

① 王晓晖：《白鹤梁题刻文献汇集校注》，天津古籍出版社2015年版，第1165页。
② 同上书，第167页。
③ 《濮氏宗谱》，江苏溧水档案馆藏。

不敢诘,会岁暮,瑗侦其家,所养死士皆散归无备,乃阴率健役掩之。初出,从者不知所往,及近贼,始告之,元端以火枪伤瑗腕,然后就执。县人初闻瑗伤,咸惶惶然,而瑗已缚元端入城矣,立置之法。上官嘉其才,调华阳知县,以其亲丧去官。服阕,擢简州知州,寻迁涪州。时粤寇陷两湖,川以东防事方亟,瑗乃偏度险阻,筹水陆守御具。议者欲仿军兴各省例,增立厘局,瑗虑扰民,执不可,而以粜常平仓之余谷价应所需,不足,则出俸钱佐之。民感其德,不劝而输者日至。瑗于暇时,复进诸生而课之,曰:吾以消其兵革之气也。既而警报纷来,或劝徙家口出城,曰:吾以此城为生死,吾家人以吾为生死,有出避者,诸君其戮之!人心由是益固。而瑗以积劳致病,遂卒,年甫六十。

瑗于学无所不窥,而不分别时代门户。诸子尝侍立大树下,辩论汉、宋宗旨,瑗因指示之曰:人必高于树也,始俯悉其全体。今有东仰者识树之阳曰:吾尽之矣。复有西仰者识树之阴,亦曰:吾尽之矣。所见固亲切,然各得树之一面耳。群儒之窥圣人,何以异是?

居官凡三十年。书千余卷,外无他蓄,宗族亲党恃以举火者数十家。没后,涪民私立社于小河之浒,岁时祀之。[1]

结合相关记载,基本可以梳理出濮瑗的基本仕宦经历:

道光元年(1821),濮瑗中举人。六年(1826)中进士。初仕为四川安岳县知县,历署犍为、峨边、成都、彭县、江津等县知县,十八年(1838)调补华阳县知县。告病,旋以亲丧去官回籍。[2] 二十三年(1843)服阕,坐补原缺,署江津县知县。[3] 二十六年(1846)委署温

---

[1] (清)蒋启勋、赵佑宸修,汪士铎等纂:《续纂江宁府志(同治)》卷一四《人物之四》,《中国地方志集成·江苏府县志辑2》,江苏古籍出版社1991年版,第232—233页。

[2] (清)濮瑗修,陈治安、黄朴等纂:《简州志》卷五《人物》,咸丰三年凤山书院版藏本,第30页。

[3] (清)王梦庚修,寇宗纂:《重庆府志》修辑职名,《中国地方志集成·四川府县志辑5》,巴蜀书社1992年版。

江，数月后补简州知州，二十七年（1847）履任。① 二十八年（1848），濮瑗在简州有《重修普照寺序》。②

咸丰初，濮瑗撰有《咸丰简州志》十四卷，职名为"进士出身，授奉直大夫、知四川成都府简州事"③。白鹤梁题刻记载，咸丰三年至五年（1853—1855），濮瑗为涪州知州，后卒于涪州任上。

濮文昇，字蓬生，为濮世濂子。知营山县，因修缮营山县古城垣，曾经激起民怨，濮文昇引为己责，并敬告来者要因时制宜，有所取鉴。为使此后不因修城而累派民间，县设裕公局，置田产，收租专作修城之用。濮文昇在主持修建城垣的同时，鉴于骆市桥垮塌，又以修城余力重建骆市桥，还捐钱百串修北门桥。④

同治十年（1871）任涪州知州，当年因病离任，后于同治十二至十三年（1873—1874）、光绪三年至八年（1877—1882）两次回任涪州知州。⑤

涪陵江边有白塔（文峰塔），在塔内，有知州濮文昇所写"大雅广扶持一柱擎天开泰运，斯文真主宰三台立地庆升华""贵相腾辉"题联。这副对联里，濮文昇忧国忧民，希望国运昌盛的美好情怀一览无遗。在白塔底层塔门左边内北壁上嵌有濮文昇撰、夏寿昌书的《涪邑文峰塔记》刻碑一块，介绍了重建此塔经过，今碑文依稀可见。

同治十二年（1873）七月，黔江县百余群众，聚集在传教士住所，当其外出，即将司铎余克林、教士戴明卿抓住，扭至城外河边殴毙，史称"黔江教案"。事件发生后，川东道署即刻委派涪州知府濮文昇、彭水县同知张超前往黔江查办，将殴毙教士的陈宗发、谢裁缝等6人逮捕处死，以"服教士之心"，并将未加防范的黔江知县桂馪

---

① （清）濮瑗修，陈治安、黄朴等纂：《简州志》卷五《人物》，咸丰三年凤山书院版藏本，第30页。
② 林志茂等修，汪金相等纂：《简阳县志》卷三《舆地篇》，《中国地方志集成·四川府县志辑27》，巴蜀书社1992年版，第74页。
③ （清）丁丙藏，丁仁编：《八千卷楼书目》卷七《史部》，《续修四库全书》第921册，上海古籍出版社2002年版，第225页。
④ （清）温道均修，熊毓藩等纂：《营山县志》卷四，《中国地方志集成·四川府县志辑58》，巴蜀书社1992年版，第123页。
⑤ 《溧水濮氏宗谱》，江苏省溧水县档案馆藏。

亨撤职。①

濮文昇有六子，长子贤懋、次子贤恺、三子贤忱、四子贤恭、五子贤怡、六子贤泌。其中次子贤恺，字星桥，咸丰乙卯年（1855）生，补县学附生，后随伯父北上京师。濮贤恺工诗文，好书法，并嗜读《红楼梦》。有子三人：良培、良圻、良堪。②

濮文遐，濮文昇兄，原名濮守照，字青士，晚号梅瘦子。补县学附生，随父任选至四川。因太平军占领金陵，省试中辍，乃改名文遐，北上京师应顺天乡试，与三弟濮文昶同科考中咸丰九年己未（1859）举人，后又同考中同治四年乙丑（1865）进士。先任京官，后外任地方，其任职情况，综合《清代官员履历档案全编》记载及《溧水濮氏宗谱》内容梳理如下：③

咸丰九年（1859）由监生应试，己未恩科顺天乡试举人，同治四年（1865）乙丑科会试进士。奉旨以部属用，签分刑部。是年（1865）闰五月到部，七月告假。同治八年（1869）十一月销假。十一年（1872）七月学习期满，奏留。十三年（1874）六月随同前刑部尚书崇实前往山海关查办事件。七月，差竣回署。

光绪元年（1875）二月，随同前刑部尚书崇实、内阁学士歧元前往奉天、吉林两省查办事件，差竣回署。十一月，补授提牢厅主事。二年（1876）派秋审处行走。十月，提牢期满，议叙以本部主事即补。十二月，补陕西司主事。五年（1879）九月，升陕西司员外郎。六年（1880），充总办，减等秋审处坐办。七月，升四川司郎中。七年（1881），充律例馆提调。八年（1882），京察一等，奉旨记名，以道府用。俸满截取。奉旨记名，以繁缺知府用。

光绪九年（1883）三月初一日，奉旨补授河南开封府遗缺知府。九月，经调任河南巡抚鹿传霖奏补南阳府知府。十二年（1886），大

---

① 参见《清实录》第51册《穆宗毅皇帝实录》卷三五五，中华书局1987年版，第685页。
② 《溧水濮氏宗谱》，江苏省溧水县档案馆藏。
③ 秦国经主编：《清代官员履历档案全编》第4册，华东师范大学出版社1997年版，第186页；第6册，第36—37页。

计,保荐卓异。十四年(1888),经原任河南巡抚倪文蔚奏保才守政绩均有可观。奉旨嘉勉。十五年(1889),大计,保荐卓异。二月,因捐赈,奖戴花翎。十六年(1890),因办理郑工赈务出力,保加三品衔。均奉旨允准。

十七年(1891)三月,调署开封府知府,七月,调署彰德府知府。十八年(1892)二月,复调署开封府知府。是年,大计,保荐卓异。十九年(1893),因黄河防汛,安澜出力,奏保以道员在任候升。二十年(1894),因拿获首要会匪,加二品衔。

濮文暹在继母死后,忧归不再出仕,担任了府学堂总教习。光绪三十一年(1905),去山东长子濮贤恪任所就养。宣统元年(1909)十二月初九于其处去世,时年80岁。

在刑部供职10余年期间,濮文暹"居心平恕,察事精详",著有《提牢琐记》,当时被奉为成法。他参与审理很多朝廷要案,平反了不少冤狱,显示了他秉直断案的品质和才能。

光绪九年(1883),改授南阳府知府。濮文暹在河南南阳、开封、彰德知府任上,励精图治,地方政通人和,百废俱举。南阳府旧有童子参加府试的制度,参试者必须捐钱以作为进身的阶梯,各县将这部分收入用于修城墙、办团练。濮文暹到任后,革除此旧制,"由是寒士得自奋而无幸者矣!"

南阳府东境的淮河源流,由于长久得不到疏浚治理,经常泛滥成灾。濮文暹到任后,修筑堤防,保障沿河两岸群众的生命安全,此举受到上司重视,晓谕各府县效仿。由于濮文暹在南阳府主政有方,"政声洋溢于中州,盛德之称满于人口",朝廷加封濮文暹三品官衔,赏戴花翎,升用道员。

濮文暹熟谙诗、书、经、史。凡天文、算学、地理、任遁诸术无不精通,且好鼓琴,擅声曲,工诗文以及刀槊诸术,并嗜读《红楼梦》,为我国研究《红楼梦》的著名人物。清同治四年(1865),濮文暹与其弟濮文昶为《脂砚斋重评石头记》作题跋。题记如下:

《红楼梦》虽小说,然曲而达,微而显,颇得史家法。余向读世所刊本，辄逆以己意，恨不得起作者一谭。睹此册，私幸予言之不谬也。子重其宝之。青士、椿馀同观于半亩园，并识。乙丑孟秋。

濮文暹著作有《见在龛集》二十二卷，收录其诗文。徐世昌《晚晴簃诗汇》云："青士尝官提牢，恤囚有善政，出典大郡，有泽于民。诗早年多闵兵事，似张船山，晚岁旁涉禅理，又似汪大绅。"[1]

《晚晴簃诗汇》收录有濮文暹代表作十六首，今据《见在龛集》及《晚晴簃诗汇》转录数首如下，以见其忧国爱民之志：

书　　事[2]

我生误文字，平贼无奇术。远闻三里城，受功四十日。报国固不才，亦莫救家室。有弟杀贼归，犹报老母膝。膝前妹娇痴，向之索枣栗。忽惊刀矛撞，投怀涕潜溢。是时屋瓦费，雷从地底出。烟中互长梯，与贼相甲乙。三登而三堕，催以万礮箠。全家争督战，不解避斧锧。致身臣应尔，寸土守敢失。贼富民愈贫，雀罗鼠更掘。雀鼠幸未空，全军仍以律。朝向大吏述，暮向大吏述。大吏无援师，忍怒日受叱。昨日兵力分，十已遭六七。近郊贼方横，山城遑与恤。驰书慰众心，此情不忍笔。但言大军来，重围破可必。讹语纷刺耳，入梦亦不吉。仰天问消息，鸿雁杳无一。不来肝肠裂，来亦肝肠裂。上言民可怜，下与骨月缺。我思化黄鹄，飞入罗网缺。贼营三十里，去恐羽翼折。将心且随月，黯照战场血。旎溃血花紫，月下惨成列。登陴见予季，此时心骨热。书生弱有年，一旦横磨铁。老母素怜儿，今不闻呜咽。昨驰告急封，家书竟断绝。公义不及私，此举太豪杰。独不计汝兄，请师喉屡噎。家人只解啼，首蓬面不洁。巍巍雨花冢，深深大峨穴。德薄者祀斩，或免天所罚。服官三十载，吾父多清节。生儿诚太愚，处世又不哲。恃此臣

---

[1]　徐世昌编：《晚晴簃诗汇》卷一六三《濮文暹》，中华书局1990年版，第7092页。
[2]　（清）濮文暹撰：《见在龛集》卷一《诗》，国家清史编纂委员会编《清代诗文集汇编》第717册，上海古籍出版社2011年版，第39—40页。

子心，安危总一辙。圣诏渴求贤，所恨学尽拙。男儿好身手，甘兹尘土灭。煌煌君父恩，及时好施设。

癸亥自下徂秋偶有所得汇而录之既无次序亦不标题①（二首）

微笑忽破睡，情梦媚幽独。春烟定后痕，荡漾在心目。欲说境已忘，鸟语碎空绿。

老蝉断续吟，夕阳乱明灭。雨气集空林，揽之有余热。悠悠一寸心，事事郁相结。复此多炎凉，何处生分别。腥风吹断虹，云腰又中截。

喜　雨②

丹凤城头风渐清，黑龙潭畔日将倾。才闻祈泽传天诏，便起挑镫听雨声。清晓农歌应旖旎，东南军令可分明。关心衣带黄河水，好为淮流洗甲兵。

今战场篇③

古战场，沙与虫。今战场，罴与熊。天戈西挥日不东，昨日将军今上公。美人载归千朦艟，岂无夫家皆鬼雄。乌鸢狐狸饱不尽，骷髅磨苔生青铜。呜呼今战场，犹照古时月。呜呼古战场，不染今人血。古人战场重边功，今人战场中原中。

入　蜀④

云踪留印古苍苔，猿鸟惊疑客子哀。云雨有灵谁梦见，河山无恙我归来。一夔守险成孤注，八阵窥图失将才。闻道玉关犹遣戍，莫将滟滪比龙堆。

---

① （清）濮文暹撰：《见在龛集》卷一《诗》，国家清史编纂委员会编《清代诗文集汇编》第717册，上海古籍出版社2011年版，第43页。
② （清）濮文暹撰：《见在龛集》卷二《诗》，国家清史编纂委员会编《清代诗文集汇编》第717册，上海古籍出版社2011年版，第50页。
③ 同上书，第51页。
④ 同上书，第53页。

濮文昶，濮文昇弟，字椿铨，一作春渔。咸丰九年（1859）与兄文暹同时中举人。同治四年（1865）又同时考中进士，一时传为佳话。濮文昶授湖北汉阳知县，濮文暹留京任刑部主事。

同治十年（1871），任湖北麻城知县。①

光绪十年（1884），濮文昶修、张行简编纂《汉阳县识》，景贤书塾刻本。知县濮文昶称其为："以邑人谈邑事，易于传信。括以《三略》，附以《七录》，若网若纲，要而不繁，简而不漏。"并在序中写道："汉阳为冲要邑，官斯土者一岁辄迁去。昶以菲材，独先后任四年。古称知县者，知一县之事也。昶既且久，宜可以无所不知，而采风问俗，茫茫然无以应者，何哉？盖汉阳治本附郭，又与会垣仅一江隔，衙参之期，月居强半，簿书奔走，日不暇给，加以汉皋一镇，聚九州岛之民，而通商行贾，近且梯航海外，交涉各国，讼事烦兴，朝夕疲惫，任其事者虽欲考山川、察人物，周四境而访兴废，往往不可得。"②

光绪二十年（1894），与鹤峰州知州丁国桢对调。③

濮文昶为清代金陵词坛著名词人，著有《味雪龛词钞》。在他看来，词是抒情的工具。其《满庭芳·书宋人词话》写道：

> 铁板铜琶，晓风残月，尊前赌唱旗亭。英雄儿女，各诉短长情。私语呢呢尔汝，轩昂舞、歌哭同声。从君听，柔肠许断，肝胆也须倾。新腔翻旧谱，词人阅遍，眼为谁青。让苏辛秦柳，分擅才名。管甚移宫换羽，清商怨、变徵还惊。鸣天籁，清音老凤，娇舌啭雏鹦。④

濮文昶在咸丰同治时期，亲身经历了内乱与外族入侵，在他的词作中，一些重大的历史事件都反映出来。如《浪淘沙》小序云："辛酉冬

---

① 余晋芳纂：《麻城县志前编》卷六《职官》，《中国地方志集成·湖北府县志辑5》，江苏古籍出版社2001年版，第115页。
② （清）濮文昶修，张行简纂：《汉阳县识》序，《中国地方志集成·湖北府县志辑5》，江苏古籍出版社2001年版，第372页。
③ （清）陈宝箴：《陈宝箴集》（中），中华书局2005年版，第1000页。
④ （清）濮文昶：《味雪龛词钞》，《清词珍本丛刊》第15册，凤凰出版社2007年版，第718页。

第三章
洪枯水题刻与历史认识

暮,捻贼来犯营山,余随蒉生兄共筹战守计,阅四十五日,城围甫解,风雪出巡,醉后得一阕。"写与捻军的斗争。《沁园春·天津杂感》"言订约互市之失"①。

咸丰六年（1856）,英、法两国发动了第二次鸦片战争,在美俄的调停之下,清政府签订了丧权辱国的《天津条约》。然而列强并没有满足,步步紧逼,而清政府则节节退让,在这种情势下,尚未参加乡试的年轻的濮文昶就曾经悲愤地写道：

倾国倾城,是耶非耶,尽唤奈何。奈工愁工病,自家体弱。说盟说誓,彼美情多。订了新欢,换来密约,试问相思了得么。荒唐甚,不管人憔悴,苦苦调和。

道行不得也哥哥。便沧海、而今波又波。记飞轮百转,疑他仙驭；聘钱十万,偿过星娥。浪费黄金,铸成错铁。赁与鸳鸯自在窝。秋风起,叹御贫无计,补屋牵萝。②

"便沧海、而今波又波",可见列强再次发动战争,清政府的退让求和不能挡住列强入侵的步伐,因此词人大声疾呼"道行不得也哥哥",充分显示了词人政治家的敏锐和胆识。然而有识之士的呼声,挽救不了投降派的懦弱,一次次退让换来的是一次次条约的签订,词人痛心疾首："浪费黄金,铸成错铁。"割地赔款使国势更加虚弱,列强的侵略更加深入,劳动人民的生活愈加艰苦。③

濮文曦,濮文昇弟。光绪二年（1876）中举,光绪十三年（1887）,五月"癸亥。候选知县濮文曦、四川机器局委员巡检高启文、前四川越嶲厅同知邓林、著吏部及四川总督、江西巡抚,饬令该员等迅赴云南,交唐炯差遣委用"④。光绪十七年（1891）任浙江绍兴府新昌

---

① 郭则澐著,屈兴国点校：《清词玉屑》卷五,浙江古籍出版社2014年版,第198页。
② 同上书,第199页。
③ 参见袁美丽《清代金陵词坛研究》,博士学位论文,南京师范大学,2012年。
④ 《清实录》第55册《德宗景皇帝实录》（四）卷二十三,中华书局1987年版,第268页。

县知县。

濮贤懋，濮文昇长子，字瓜农，同治癸酉科副榜贡生，光绪乙卯科举人，放江西候补。曾任江西新昌县县令。① 又任德化县（今九江县）县令，史载："光绪三十二年（1906）八月，据该县（德化县，今九江县）县令濮贤懋表称，今有本县黄寿国等人，在该县新霸一地开设（德化）火柴公司，拟制火柴出售。"②

濮贤忱，濮文昇三子，字丹吾，咸丰乙卯年（1855）生，行五，曾任四川知县。有子四人，女三人。③

濮贤恭，濮文昇四子，字寿铭，咸丰戊午年（1858）生，曾任江西省通判。有子三人。女一人。④

濮贤仪，濮文昇五子，即贤怡，字云谌，咸丰庚申年（1860）生，曾任四川省通判。有子二人，女一人。⑤

濮贤泌，濮文昇六子，字芋禅，同治丙寅年（1866）生，曾任安徽省民政厅科长。⑥

濮贤愈，濮文昇侄子。

二　州府长官记录

洪水、枯水题刻的出现与地方官吏密切相关，在题刻密集出现的涪陵等地，题刻中出现的历代当地各级官吏的人名，远远超过了地方志等其他资料。由于史书记载较为零散，多年来我们无法对两宋时期涪州知州的情况详细考察，在李之亮先生的《宋川陕大郡守臣易替考》中，有夔州路，但也未见涪州。因此，题刻内容为我们进行相关研究提供了极其重要的史料。表3-3列明了白鹤梁题刻所见涪州知州，林林总总，蔚为可观。

---

① 《溧水濮氏宗谱》，江苏省溧水县档案馆藏。
② （清）傅春官辑：《江西农工商矿纪略》（德化县·工务），光绪三十四年石印本。
③ 《溧水濮氏宗谱》，江苏省溧水县档案馆藏。
④ 同上。
⑤ 同上。
⑥ 同上。

表 3-3　　　　　　　　白鹤梁题刻所见涪州知州列表

朝代	人名	时间	出处
北宋	王□	端拱元年（988）	《朱昂题记》
	邹霖	皇祐元年（1049）	《刘忠顺等唱和诗》
	武陶	嘉祐二年（1057）	《武陶等游石鱼题记》
	姜齐颜	熙宁七年（1074）	《韩震等题记》
	郑顗	元丰八年（1085）	《郑顗题记》
	杨嘉言	元祐六年（1091）	《杨嘉言题记》
	姚珏	元祐八年（1093）	《姚珏等题记》
	杨元永	崇宁元年（1102）	《太守杨公留题》《贺致中题记》
	庞恭孙	崇宁间至大观二年（约1106—1108）	《庞恭孙题记》
	司马机	政和二年（1112）	《王蕃诗并序》
	吴革	宣和四年（1122）	《吴革题记》
南宋	王拱	建炎三年（1129）	《陈似题记》
	王择仁	绍兴二年至四年（1132—1134）	《王择仁题记》
	贾思诚	绍兴七年至九年（1137—1139）	《贾思诚题记》《贾思诚等题记》
	孙仁宅	绍兴十年至十二年（1140—1142）	《孙仁宅题记》
	何宪	绍兴十八年（1148）	《何宪、盛辛唱和诗并序》
	赵彦球	乾道三年（1167）	《赵彦球等题记》
	卢棠	乾道七年（1171）	《卢棠题记》
	冯和叔	淳熙五年至六年（1178—1179）	《冯和叔等题记》
	朱永裔	淳熙七年（1180）	《朱永裔题记》
	夏敏	淳熙十一年（1184）	《夏敏等题记》
	谢兴甫	嘉定二年至三年（1209—1210）	《谢兴甫题记》
	李瑀	宝庆二年（1226）	《李公玉题记》
	谢兴甫	绍定三年（1230）	《谢兴甫题记》
	张霁	淳祐三年至四年（1243—1244）	《张霁题记》
	邓刚	淳祐八年至九年（1248—1249）	《邓刚题记》
	赵汝禀	淳祐十年至十二年（1250—1252）	《赵汝禀观石鱼诗》
	刘叔子	宝祐二年（1254）	《刘叔子诗并序》《塞材望和刘叔子诗并序》

续表

朝代	人名	时间	出处
元	张八歹	至顺四年（元统元年，1333）	《张八歹题记》
明	刘冲霄	洪武十七年（1384）	《刘冲霄诗并序》
	雷懿	永乐三年（1405）	《雷懿题记》
	晏英	天顺三年（1459）	《晏英诗并序》
	龙公	成化七年（1471）	《张本仁等题名》
	袁宗夔	正德元年（1506）	《李宽观石鱼记》
	黄寿	正德五年（1510）	《黄寿题诗记》《联句和黄寿诗》
清	萧兴拱	康熙二十三年（1684）	《萧兴拱观石鱼记》
	董维祺	康熙四十五年（1706）	《董维祺题记》
	罗克昌	乾隆十六年（1751）	《罗克昌题诗》
	张师范	嘉庆十八年（1813）	《张师范题诗》
	濮瑷	咸丰三年（1853）	《濮文昇题记》
	濮文昇	光绪七年1881	《濮文昇题记》

此外，在白鹤梁题刻中还可以看到，元代至大四年（1311）万州知州安固、康熙二十三年（1684）忠州知州朱之琏等其他个别州郡长官。

小　结

洪水、枯水题刻，不仅是重要的水事记录，且因其较为丰富的内容和强烈的时代性，又是进行政治、经济、文化乃至人物研究的重要史料。朝天门灵石题刻有强烈的政治意味，白鹤梁题刻中有对官称的详细记录。历史时期洪枯水的情况与王朝统治、政权更迭存在密切关系。洪枯水记录还可以用来指导农业生产的进行，所以水事问题历来颇受地方官员重视。历代题刻还真实地保留下名家的书法艺术，篆隶楷行齐备。题刻中对历史人物的记录，丰富了对人物的家族、仕宦、游历、交往等方面的认识。

第四章　洪枯水题刻与社会意识

人类社会的发展变迁与自然息息相关，自古以来，人们就不断地对大自然进行观察、记录，对自然的变化进行分析、综合、总结。《九州山水考》云：

> 粤稽天地间形势之大，莫过于山水，而其理亦莫过于山水。故中庸言天地之为物不贰而指山水以实之，孟子言性而举禹之治水以为证，盖山水有原有委、有脉有络、有分有合、有性有情，而其理无尽也。古今山经水志，搜奇者失之荒唐，纪游者但狎其耳目，无足取也。《禹贡》一篇，不独纪载成功，造化之功用，神圣之弥纶，俱在焉。[1]

中华民族的文明史，从一定意义上说就是一部兴水利、除水害的历史。"山水有原有委、有脉有络、有分有合、有性有情，而其理无尽也。"因此，我国人民在对江河湖泊的不懈治理与开发保护的过程中，在水事活动中为中华民族创造了巨大的物质财富和宝贵的精神财富。

水事活动是人与水打交道的行为过程，包括用水、治水、管水、护水、观水、记水、乐水等实践行为，也包括人们对水的认识、反映、表现等精神活动。洪水枯水题刻是人们通过观水、记水，进而很好地用水

---

[1] （清）孙承泽：《九州山水考》上，石光明、董光和、杨光辉主编《中华山水志丛刊·河川湖泽志》第一册，线装书局2004年版，第1页。

的重要活动。在这种活动中，人们积累了经验，汇聚了智慧，形成了具有一定特点的思维方式和工作方式，影响着人们的思想观念和情感，蕴含着对水事活动的理性思考所形成的社会意识，形成巨大的精神财富。

洪水枯水题刻的形成并非一个简单的活动，是人们对江河洪水枯水理性思考的结晶，是对江河洪水枯水频度等认识的历史积淀和现实活动，是运用概念、判断、推理等思维方式，探求事物内在的、本质的联系的活动，反映着一种社会意识。对洪水枯水题刻与社会意识、社会变迁的探讨，将进一步提高对社会史、文化史及三峡地区史的认识，而相关问题的探讨也会为今天提供有益的借鉴。

近年来，随着中国社会史研究的深入，以分水、治水、管水、护水为主要表现的"水利社会"研究在学者们的大力推动下，取得了丰硕成果。[①] 而以观水、记水来指导用水、进行洪水枯水题刻活动，进而与社会意识演变和社会变迁结合的研究还稍显不足。

因此，通过认识题刻记录，把握古代社会的民本意识、忧患意识、群体意识、和谐意识，认识士人思想与民间意识的互动，观察社会习俗的演变，等等，是将题刻文献内涵进行进一步挖掘的重要任务。

第一节　传统时代的民本意识

就目前的研究，对洪水枯水题刻的出现所蕴含的古人深刻的社会观念和社会意识，在"白鹤梁题刻"的研究中与涪陵易理文化的发展有一定结合，其他较少能看到创新性成果。

以题刻与社会观念凸显为例，从题刻的形成可以看水文记录与天人合一、人与自然和谐共处的希求；了解古代对水文记录的经验总结和规

[①] 在水利社会研究中，国内学者的研究比较集中地表现在几个地域，主要是山西、陕南、河西走廊。代表性的论著有：行龙《以水为中心的晋水流域》，山西人民出版社2007年版；行龙、杨念群《区域社会史比较研究》，社会科学出版社2006年版；张俊峰《水利社会的类型：明清以来洪洞水利与乡村社会变迁》，北京大学出版社2012年版；张亚辉《水德配天：一个晋中水利社会的历史与道德》，民族出版社2008年版；石峰《非宗族乡村：关中"水利社会"的人类学考察》，中国社会科学出版社2009年版；李艳《近代河西走廊水事资料搜集整理与研究》，天津古籍出版社2016年版。

第四章
洪枯水题刻与社会意识

律性的认识等。

长江中上游地区的居民将江水枯而石现或者石鱼出现视为丰年之兆，这种朴素观察水文与气候、农事关系的习俗代代相传。晋义熙三年（407）二月八日《灵石社日记》就记载："年丰气和，物宁其极。"①到了唐代，灵石题刻上都有兆丰年的记载，而白鹤梁所记郑令珪题记亦以"见鱼为丰年之兆"。自宋代往后，几大枯水题刻中，大量的内容都反映出每年正月前后，长江水位达到最低点，石鱼或现出水面，地方士人或三五成群，或郡守率幕僚同游江上，吟咏抒情，乘兴赋诗，镌刻纪事，为一时之风气。惯例或习俗都是建立在特定的社会关系网络上的，其有效运作离不开时人观念的支持。②这种景象，充分反映出当地自官员到普通民众对这种活动的认识和重视，他们希望在那一年的正月石鱼出水，让他们的美好希求与自然变化达到同步，实现天人合一、人与自然和谐共处。同样，长期持续不断的观水活动，使人们对水位的变化有了较为准确的认识，白鹤梁石鱼的位置所标示的高程就是明证。而大量洪水题刻对于洪水水位的标示，成为人们进行城镇、道路、码头等基础设施建设活动中重要的规律性认识。

从洪水枯水题刻的内容可以看到，题刻所提及的人物来自全国不同地区，这些官员及其亲属、幕僚等等，将不同地域的文化特色、生活习惯等带到了当地，因此不同地域文化的交融和汇合也在此表现出来。而更重要的是，作为传统时代深受儒家思想影响的读书人，他们读书、出仕、为官以及留题等一系列活动，与追求天人和谐、物阜民殷等息息相关。

一 政在养民

《尚书》中提出"德惟善政，政在养民"③，明确了统治者的"养

---

① （宋）陈思：《宝刻丛编》，《历代碑志丛书》，江苏古籍出版社1998年版。
② 包伟民、傅俊：《宋代"乡原体例"与官府运作》，《浙江大学学报》（人文社会科学版）2008年第3期。
③ 《尚书正义》卷四《大禹谟》，（清）阮元校刻：《十三经注疏》，中华书局1980年版，第135页。

民"责任。统治者要以政惠农，以民生为念，发展生产，实行为民谋利的"保民""安民""富民""利民""恤民"等措施，调动农民生产积极性，解决好老百姓的日常生产、生活、生存问题，维持、促进社会秩序的稳定和发展。

古代中国是一个农业大国，"水是农业的命脉"，设置水事管理机构对天下河渠水道进行观测、修治、管理，对水旱灾害进行应对、预防，都是统治者维护政权稳定的基本活动，也是民本意识的一种基本体现。

历代水利机构与水官的名称、职权等变化复杂，类目繁多。大致来说主要是中央和地方两个方面。

在中央，有工部、水部系统的行政管理机构，有都水监系统的工程修建机构，中央官吏直属工部或都水监。中央派给地方的水利官吏，起初为临时差遣，后逐渐成常职，如明清的总理河道、河道总督皆是。有的时候，中央非水利部门的官吏也可派往地方监管水利，但往往为临时差遣。除兵部、刑部、运输部门常常派遣外，如明代的监察御史、给事中，往往以监察职能过问水利；明代锦衣卫则以内务警察身份过问河事等；更有长江、黄河等大规模工程需军队维持秩序或参与劳役，则有武职系统的官吏。明清漕运及管河则有专业军队及武官系统，且清代的总督河道多由兵部尚书任职。

重庆市潼南县大佛寺有明代正德十四（1519）、十五年（1520）涪江洪水题刻，留题者为"给事中席豪"[①]，席豪虽然是路过时遇到涪江洪水，但从其"给事中"的官职来说，留心并过问水政，也是其职能之一。

白鹤梁有元至大四年（1311）《聂文焕题记》，记载：

> 奉训大夫、夔路万州知州、监管本州诸军奥鲁、劝农事安固，奉省檄整治各路水站、赋役事毕，偕忠翊校尉、同知涪州事咬寻进义，副尉涪州判官杨辉敬，谒伊川先生祠，因观石鱼，中旬三日聂

---

① 《四川两千年洪灾史料汇编》，文物出版社1993年版，第528页。

第四章
洪枯水题刻与社会意识

文焕谨书。①

万州知州安固，作为地方官员，不仅要负责"劝农事"这样的基本职责，还会按照上级的要求，整治水站、赋役事。这些事务，都直接或间接地关系到水利事务、社会稳定、经济发展，中央对地方的控制是否顺畅和有效，等等。也正如绍兴十八年（1148）《何宪盛辛唱和诗》中写到的那样："职课农桑表勤惰，信传三十六鳞中"②，石鱼出水就是地方官员劝课农桑勤惰的直接信息表征。

唐宋时期的中央机构中，工部是进行河政管理的主要职能部门，工部"掌天下城郭、宫室、舟车、器械、符印、钱币、山泽、河渠之政"③。工部尚书"掌百工水土之政令，稽其功绪以诏赏罚"④。工部又下设三个主要的职能分部：屯田、虞部和水部。其中，水部常设水部郎中和员外郎，其主要职责是：

> 掌沟洫、津梁、舟楫、漕运之事。凡堤防决溢，疏导壅底，以时约束而计度其岁用之物。修治不如法者，罚之；规画措置为民利者，赏之。分案六，置吏十有三。绍兴累减吏额，四司通置三十三人。⑤

工部中的水部就是中央河政管理中的总管部门，其职责重在宏观上的监控管理，掌握着全国政令的下达、治河物资的调配、河工工程的计度、河政官吏的考核，以及执掌朝廷对各级河政官吏赏罚的权力。

都水监则是负责水利修建的工程管理机构，全面执掌治河工程的策划、运作及其全面开展。

宋初沿袭五代之旧制，在有关河渠方面诸多事宜的处理中，处在从

---

① 王晓晖：《白鹤梁题刻文献汇集校注》，天津古籍出版社2015年版，第123页。
② 同上书，第77页。
③ 《宋史》卷一六三《职官三》，中华书局1985年版，第3862页。
④ 同上。
⑤ 同上书，第3863—3864页。

属于军事战争机制的后勤需要而进行连带性的管理,并没有设立专门机构进行独立的管理。① 随着河患形势的日益紧迫,景祐三年(1036),"始专置监以领之。判监事一人,以员外郎以上充;同判监事一人,以朝官以上充;丞二人,主簿一人,并以京朝官充"②。元丰年间,中央的监依据旧唐制正式正名为都水监,并设置使者一人,丞二人,主簿一人。都水监使者及丞的职责比过去更为专职化,总体上"掌中外川泽、河渠、津梁、堤堰疏凿浚治之事,丞参领之"③。

在地方,有地方水官系统,如汉代都水令丞,明清地方之水利通判、水利同知等。而地方水官则属地方长吏。不同时期,中央职能部门也会向地方派驻水利官吏,如宋代外都水监丞,明代派往运河的工部郎中、主事等。地方官员中,有的并非水官而职责却是专司水利的,如清代各省的道员,河南之开、归、陈、许道本为地方官而专司本省黄河修防;有地方官兼本地水利官职,如宋、金治黄官吏均带管河头衔,亦负实际责任。

地方长官对水事的关注、处理也是其重要执掌,因为水事往往并非单纯的事宜,它牵涉到地方政治、经济、军事、社会稳定等方面。所以地方长官在洪水枯水题刻中出现的频率应该是最高的。

在川江枯水题刻中,地方长官从府州军监各官员到县衙各官吏,比比皆是,不胜枚举。在洪水题刻中,本身有署名的就比较少,但还是能看到一些。如第一章所提到的广东肇庆七星岩摩崖石刻中的《杨霈题刻》和《景日昣题刻》这两则题刻,一是道光年间肇庆知府杨霈的洪水题刻,称"书以志痛",想必洪水造成的灾害不算小,作为肇庆府的最高长官,一个有责任心的士人,杨霈面对此情此景内心的痛苦是显而

---

① 宋初"置使以总国计,应四方贡赋之入,朝廷不预,一归三司"。三司使即盐铁使、度支使和户部使。其中,盐铁使"掌天下山泽之货,关市、河渠、军器之事,以资邦国之用"。其分掌七案:"一曰兵案,二曰胄案,三曰商税案,四曰都盐案,五曰茶案,六曰铁案,七曰设案。"这里的第二案——胄案"掌修护河渠、给造军器之名物,及军器作坊、弓弩院诸务诸季料籍"。很明显,关于河渠水利的各种事务,还未有专门机构处理。见《宋史》卷一六二《职官二》,中华书局1985年版,第3807—3809页。
② 《宋史》卷一六五《职官五》,中华书局1985年版,第3921页。
③ 同上书,第3921—3922页。

第四章
洪枯水题刻与社会意识

易见的。另一则是广东高要知县景日昣所题，记述了康熙辛巳年（1701）西江决堤，次年，即壬午年（1702）造观音像安放在石室岩洞以镇西江洪水，希冀观音菩萨能够"拯民涂炭"。

对地方河政官吏治河的政绩，由吏部进行考核。宋代，吏部"以七事考监司"和"以四善、三最考守令"①。

> 以七事考监司：一曰举官当否，二曰劝课农桑、增垦田畴，三曰户口增损，四曰兴利除害，五曰事失案察，六曰较正刑狱，七曰盗贼多寡。以四善、三最考守令：德义有闻、清谨明著、公平可称、恪勤匪懈为四善；狱讼无冤、催科不扰为治事之最，农桑垦殖、水利兴修为劝课之最，屏除奸盗、人获安处、振恤困穷、不致流移为抚养之最。通善、最分三等：五事为上，二事为中，余为下。若能否尤著，则别为优劣，以诏黜陟。②

康熙二十三年甲子（1684）春正月二十九日，涪州知州萧星拱与知忠州事三韩商玉朱之琏、浙江慈溪寅凡周御奇同游白鹤梁并留题：

> 见石鱼复出，则是年之稔可知，因举觞相庆曰：国之重在民，民之重在食；而食之足，又在乐岁之有余。则吾侪之此一游也，非但以游观为乐，直乐民之乐也云尔，于是乎记。③

在传统时代，国家的长治久安在于人民的安居乐业，人民的安居乐业在于风调雨顺、食衣富足。因此，历代统治阶级不断强调"国—民—食"之间的关系。《史记》载："王者以民人为天，而民人以食为天。"④《三国志》载："先帝叹曰：'国以民为本，民以食为天，衣其

---

① 《宋史》卷一六三《职官三》，中华书局1985年版，第3839页。
② 同上。
③ 王晓晖：《白鹤梁题刻文献汇集校注》，天津古籍出版社2015年版，第151页。
④ 《史记》卷九七《郦食其传》，中华书局1959年版，第2694页。

次也。三者，孤存之于心。'"①《宋书》也记载："元嘉二十年二月壬午诏曰：'国以民为本，民以食为天。故一夫辍稼，饥者必及，仓廪既实，礼节以兴。'"②就连元代的统治者也认识到："国以民为本，民以食为本，衣食以农桑为本。"③

正是基于这种传统认识，萧星拱在题刻中进一步说："吾侪之此一游也，非但以游观为乐，直乐民之乐也云尔。"以民之乐为乐，大有范仲淹"先天下之忧而忧，后天下之乐而乐"的情怀了。中国自古以来就是一个农业大国，农业是国家根本，无论洪水题刻的警示，还是枯水题刻的祈愿，其实都是为了农业发展，国家安定。所以，乾隆皇帝也曾说："养民之本，莫要于务农。"④

二 民本为上

年岁的丰歉，是多种因素构成的，气候、环境、人事、灾害以及统治政策等等，盲目地相信"鱼出兆丰年"，非但无益，反而有害。因此，在枯水题刻中有不少清醒之士明确提出可贵的语句，告诫民众不要因石鱼出现而过于乐观，提醒地方官员即使石鱼出现也依然要注意防灾防患，这些真知灼见反映出，在传统时代儒家知识分子中的一些有识之士民本为上、一切为民的真正言行。"宋之为治，一本于仁厚，凡赈贫恤患之意，视前代尤为切至。"⑤

正德五年（1510）题于白鹤梁上的一组题记，充分反映出地方官员和社会贤达以民本为上、提倡节用的理性思考。

涪州知州黄寿在白鹤梁题诗：

> 时乎鸾凤见，石没亦是丰。时乎鸱鸮见，石出亦是凶。丰凶良有自，奚关水石踪。节用爱人心，胡为有不同。

---

① 《三国志》卷六一《吴书·陆凯传》，中华书局1959年版，第1406页。
② 《宋书》卷五《文帝纪》，中华书局1974年版，第92页。
③ 《元史》卷九三《食货志一》，中华书局1976年版，第2354页。
④ 《清实录高宗纯皇帝实录》，中华书局2008年版，第10691页。
⑤ 《宋史》卷一七八《食货上六》，中华书局1985年版，4335页。

第四章
洪枯水题刻与社会意识

大明正德庚午，涪守江西南城黄寿书。①

当时有不少涪州地方贤达随黄寿出行，于是留下《联句和黄寿诗》并作序：

鱼出不节用〔张瓛〕，年丰难为丰〔刘用良〕。鱼没知节用〔文行〕，年凶未必凶〔文羽夏〕。造化存乎人〔蒋建辰〕，丰凶岂无踪〔刘是〕。神官俭且廉〔吴崇夒〕，小子心当同〔张濡臣〕。

黄公学博六经，尤精术书。登京榜，筮仕判黄州，以异政擢为涪守，尚俭革弊，暮年而六事孔修。庚午元日，渡江拜伊川先生祠，舟还次江心，观石鱼留题。盖以岁之丰歉不关于石鱼之出没，惟系于国用之俭奢。其辅相天道、收束人心美意，不其茂哉。时瓛等侍行，庸是续貂，相誓晋周尔，由崇黄公之俭德而不敢倡丰亨豫大之说也。

公名寿，字纯仁，号松崖，江右南城人。朝暮焚香危坐，凡百念虑，动处应事，□符应世，因号为神官云。②

涪州人张楫留下的两首诗：

石鱼随出没，民安即是丰。一州蒙作福，百姓免遭凶。张弛谁能测，奸横自敛踪。口□夺造化，屈指几人同。③

江石有双鳞，沉浮验年岁。隐微宜自规，凶乐正相系。古人形此镌，览者发长喟。勿谓仰无闻，顺理终有泻。④

这一组题刻，主要围绕正德五年（1510）涪州知州黄寿在白鹤梁

---

① 王晓晖：《白鹤梁题刻文献汇集校注》，天津古籍出版社2015年版，第140页。
② 同上书，第142页。
③ 同上书，第141页。
④ 同上。

的题记而形成，相关题记者或为官员，或为涪州社会贤达。只有对这一组题记的内容进行细致的分析，才能对其所表现的理性思考真正了解。

在黄寿题诗中，以鸾凤、鸱鸮的出现与白鹤梁出水与否做了论述，指出年景丰凶自有其规律，与石鱼出水无关，人所能做的，应该是节俭。

鸾凤，从自然的角度来说，一般指鸾鸟与凤凰。刘向《九叹·怨思》中有："驾鸾凤以上游兮，从玄鹤与鹪明。孔鸟飞而送迎兮，腾群鹤于瑶光。"[1]《西京杂记》载："武帝匣上，皆镂为蛟、龙、鸾、凤、龟、麟之象，世谓之蛟龙玉匣。"[2] 从动物角度来看，鸾鸟和凤凰都是比较美好的鸟类。

鸾凤因其意象而常常用来比喻贤俊之士。《楚辞》载："独不见夫鸾凤之高翔兮，乃集大皇之壄。循四极而回周兮，见盛德而后下。注：鸾凤高飞于大荒之野，循于四极，回旋而戏，见仁盛之主，乃下来集，归于有德也。以言贤者亦宜处山泽之中，周流观望，见高明之君，乃当仕也。"[3] 韩愈也在《重云李观疾赠之》诗中赞颂鸾凤，云：

> 天行失其度，阴气来干阳。重云闭白日，炎燠成寒凉。小人但咨怨，君子惟忧伤。饮食为减少，身体岂宁康。此志诚足贵，惧非职所当。藜羹尚如此，肉食安可尝。穷冬百草死，幽桂乃芬芳。且况天地间，大运自有常。劝君善饮食，鸾凤本高翔。[4]

诗中，韩愈劝说太子校书郎李观安心养病，作为一个位低人微的小官，不要过于操心朝廷之事。只要身体康复，像鸾凤一样的人才，必会高翔于天地之间。

鸱鸮，亦作"鸱枭"，鸟名，俗称猫头鹰，历来被认为是一种恶

---

[1] （汉）刘向：《九叹·怨思》，（汉）王逸《楚辞章句》卷一六，景印文渊阁四库全书，第1062册，台湾商务印书馆1986年版，第101页。
[2] （晋）葛洪撰，周天游校注：《西京杂记》卷一，三秦出版社2006年版，第40页。
[3] （宋）朱熹集注：《楚辞集注》卷八，上海古籍出版社1979年版，第156页。
[4] （唐）韩愈：《重云李观疾赠之》，《全唐诗》卷三三六，中华书局1960年版，第3769页。

第四章
洪枯水题刻与社会意识

鸟。常用以比喻贪恶之人。《诗·豳风·鸱鸮》:"鸱鸮鸱鸮,既取我子,无毁我室。"① 曹植也有诗云:"鸱枭鸣衡扼,豺狼当路衢。苍蝇间白黑,谗巧令亲疏。注:鸱枭、豺狼,以喻小人也。"②

在这里,黄寿以鸾凤、鸱鸮及其隐喻的俊贤和小人告诉人们,石鱼出水与否仅仅是一种自然现象,为官一任,真正做到爱民如子,以民为贵,才是作为地方官员应该最在乎的。只要地方官员能够做到以天下苍生为念,劝课农桑、整顿吏治、平讼解冤、轻徭薄赋、身体力行,即便是石鱼不出水,百姓也能够安居乐业,这就是所谓的"时乎鸾凤见,石没亦是丰"。白鹤梁的石鱼并非年年露出水面,作为地方官也并非人人得以见之,而在任时期未曾得见白鹤梁石鱼的官员,依然在其励精图治之下,涪州大有丰稔。同样的道理,如果官员德才不佳,甚至贪污纳贿、苛税扰民、地方冤狱时兴、盗贼四起,那就是"时乎鸱鸮见,石出亦是凶"。

黄寿的理性思考和作为地方主政者的态度,迅速引起地方士人的关注、共鸣,这其中一部分是与黄寿一起出行并同游白鹤梁的人,有张瓛、刘用良、文行、文羽夏、蒋建辰、刘是、吴崇夔、张濡臣等,他们以联句的形式共同完成一首诗,以应和黄寿诗作。

在这里,他们进一步明确了年景的丰凶,与石鱼的出没没有关系,而关系到的只是是否"节用",所谓天地造化,其实都是人事。

黄寿以"异政擢为涪守,尚俭革弊,朞年而六事孔修"。所谓"六事孔修",就是对地方治理得很好,这对一个地方主政者来说是很高的评价了。相传商朝建立之初天下大旱,汤于桑林祝祷,以六事自责。《荀子·大略》载:

> 汤旱而祷曰:"政不节与?使民疾与?何以不雨至斯极也!宫室荣与?妇谒盛与?何以不雨至斯极也!苞苴行与?谗夫兴与?何

---

① 《毛诗正义》卷八之二《豳风·鸱鸮》,(清)阮元校刻《十三经注疏》,中华书局1980年版,第394页。
② (梁)萧统辑,(唐)李善注:《文选》卷二四《曹植〈赠白马王彪〉诗》,《宋尤袤刻本文选》,第六册,国家图书馆出版社2017年版,第182页。

以不雨至斯极也！"①

在《金史·百官志》中也记载了以六事为考察地方官吏政绩的六项内容：

> 宣宗兴定元年，行辟举县令法，以六事考之，一曰田野辟，二曰户口增，三曰赋役平，四曰盗贼息，五曰军民和，六曰词讼简。②

因此，从题记来看，黄寿作为涪州知州，能使治下州县政治稳定、经济社会发展，是难能可贵的，所以被随行的涪州社会贤达誉为"其辅相天道、收束人心美意，不其茂哉"。

丰亨豫大之说，源于《易》，"丰亨，王假之"③。又《豫》载："圣人以顺动，则刑罚清而民服，豫之时义大矣哉。"④ 本谓富饶安乐的太平景象，后多指好大喜功，奢侈挥霍。宋元以来，对"丰亨豫大之说"多所描摹。魏了翁《代南叔兄上费参政》云："自丰亨豫大之名立也，而财用日耗。"⑤ 及至明代，李善长、宋濂等在《进〈元史〉表》中对元代历史及灭亡的教训进行总结时也指出：

> 自兹以降，亦号隆平。丰亨豫大之言，壹倡于天历之世；离析涣奔之祸，驯致于至正之朝。徒玩细娱，浸忘远虑。权奸蒙蔽于外，嬖幸蛊惑于中。周纲遽致于陵迟，汉网实因于疏阔。由是群雄

---

① （周）荀况撰，（唐）杨倞注：《荀子》卷一九《大略》，景印文渊阁四库全书，第695册，台湾商务印书馆1986年版，第288页。
② 《金史》卷五五《百官志一》，中华书局1975年版，第1243页。
③ 《周易正义》卷六《丰》，（清）阮元校刻《十三经注疏》，中华书局1980年版，第67页。
④ 《周易正义》卷二《豫》，（清）阮元校刻《十三经注疏》，中华书局1980年版，第31页。
⑤ （宋）魏了翁：《鹤山集》卷三三《代南叔兄上费参政》，景印文渊阁四库全书，第1172册，台湾商务印书馆1986年版，第382页。

第四章
洪枯水题刻与社会意识

角逐，九域瓜分。风波徒沸于重溟，海岳竟归于真主。①

张楫在正德五年（1510）留下两首诗作，一首为自题，另一首也是和知州黄寿题诗而作，也强调"民安即是丰"。张楫，为涪州名士，出身名门。由岁贡入仕，曾任辽府、楚府教授。张氏与明代涪州望族夏氏（夏邦谟、夏国孝）还有姻亲。

《新中国出土墓志·重庆》有《明故奉直大夫云南晋宁州刺史张公墓志铭》，墓主为张楫同父异母兄弟张模。《墓志铭》载：

> 公先世本楚应山人，始祖讳寿一，元季徙蜀，遂籍于涪之黑石里家焉。曾大父讳德昱。生大父云庵君，讳玄，正统辛酉科亚元，任济南教授，配唐氏。生牧庵君，讳善吉，丙戌进士，兵科都给事中，娶冯氏、武氏。冯氏生子三：曰柱，壬戌进士，南京户部主事。曰格，未仕。曰楫，楚府教授。武氏生三子：曰模，即公。曰檀，为都事。曰榜，郡庠生。②

另外，还有《明故显考妣张公石氏墓志铭》，墓主为张楫之兄张格夫妇，其中记载："次讳楫，由岁贡官辽府教授。"③

《联句和黄寿诗记》中写下末句的张儒臣，从《新中国出土墓志·重庆》所收录的《明故显考妣张公石氏墓志铭》可考得，张儒臣为张楫侄子，张楫之兄张格之子。墓志记载张儒臣有兄弟三人："儒臣，陕西平凉府泾州儒学训导；舜臣，湖广长沙府攸县儒学训导；武臣，郡学生。"墓志铭亦载张儒臣之父母张格和石氏夫妇事父母、叔伯至诚至孝，"郡守黄公寿大书孝友表其门。而修郡志者更采取以垂范立教"④，可见张氏与郡守黄寿之间的关系。因而，张儒臣之名出现于此《联句和黄寿

---

① （明）李善长、宋濂等：《进〈元史〉表》，《元史》附录，中华书局1976年版，第4673页。
② 中国文物研究所、重庆市博物馆编：《新中国出土墓志·重庆》，文物出版社2002年版，第259页。
③ 同上书，第254页。
④ 同上。

诗记》中，诗句为"小子心当同"，且作为末句。

同样，《重庆府志》有道光二十二年至二十三年（1842—1843）在任的知府王梦庚关于朝天门灵石的《丰年碑》。诗作中写道：

> 碑碣潜江心，留传纪汉晋。石现兆丰年，民获仓箱庆。或号雍熙碑，灵石名斯命。可考晁公武，绍兴题字剩。其次明弘治，石出字堪认。丰凶验或殊，治民关实政。风俗率俭勤，天心眷民性。卷石讵有灵，机械在方寸。①

"丰凶验或殊，治民关实政。风俗率俭勤，天心眷民性"，这是作为地方主官最应该思考的，也是最正确的。也是举人出身而仕至重庆知府的王梦庚所追求的为国为民理想，以及实现这种理想的途径。

古代士人总是以天下为己任，张载有名言："为天地立心，为生民立道，为往圣继绝学，为万世开太平。"②范仲淹的"先天下之忧而忧，后天下之乐而乐"，应该是对孟子所说的"乐民之乐者，民亦乐其乐；忧民之忧者，民亦忧其忧。乐以天下，忧以天下，然后不王者，未之有也"③在宋代最好的发展和诠释了。

第二节　古代社会士人思想与民间意识的互动

枯水题刻往往是在长江水极枯之时，江中石梁露出水面，才有达官显贵、社会名流云集其上，观水留题。这种水文记录的题刻中，警示作用十分薄弱，主要表现的是对丰年的祈求和祷祝，实际上往往是士人及民众的社会观念和社会意识，是古代社会士人思想与民间意识的互动。

士人在中国传统文化中有着特殊的地位。古代士人或知识分子，主

---

① （清）王梦庚修，寇宗等纂：《重庆府志》卷九《艺文》，《中国地方志集成·四川府县志辑5》，巴蜀书社1992年版，第429页。
② （清）黄宗羲原著、全祖望补修，陈金生、梁运华点校：《宋元学案》卷一七《横渠学案》，中华书局1986年版，第727页。
③ 《孟子注疏》卷二上《梁惠王下》，（清）阮元校刻《十三经注疏》，中华书局1980年版，第2675页。

第四章 洪枯水题刻与社会意识

要指具备社会知识的传统知识分子群体。"士大夫主要包含如下两方面内容：其一，指居官与有职位的人。从一些材料看，大抵为中上层官僚。其二，指有一定社会地位的文人。"士大夫可以指在位的官僚，也可以指不在位的知识分子，也可以兼指。士大夫从此（先秦）时期在中国历史上形成一个特殊的集团。他们是知识分子与官僚相结合的产物，是两者的胶着体。①

在传统社会中，士人思想是社会各阶层思想的主体，无论是上层社会贵族阶层的思想，还是下层民众的生活观念，都可以在士人思想中寻觅出踪迹。因而，把握一个时代的士人思想是认识一个时代的重要途径。一般来说，士人思想可以表现为官方思想的体现，即秉承传统的官方意识形态，积极宣扬儒家治国理念和政治神秘主义，主张天下一统，也主张皇权至上，还思考国家与个人之间的关系问题。可以表现为以儒家思想为主体，杂糅其他各家如道家、法家、阴阳家等思想在内的混合型体系，既关注公共秩序，也思考个人生活和终极命运。还可以表现为以治家为特色的思想，既不排斥官方的意识形态，但更关注家族、家庭、个人、人格以及性情的陶冶。

大量洪水枯水题刻的留存，拨开其水文记录的外表，进行深入细致的分析，则可以看到士人思想与民间意识在三方面的互动。

一 自下而上：民间意识向士人阶层的输入

民间的许多社会观念、政治诉求和文化资源，往往会通过各种途径向统治思想输入。民众期望自然的风调雨顺、官吏的贤德爱民、生活的丰收保障，而官吏及士人则喜于观水留题、歌贤颂德，进而发出"石鱼出而年丰稔"的音声。民众感受水文记录与天人合一，希求人与自然和谐共处。通常，大众文化、民间学说在前，统治方略、官方学说在后，统治思想就是在不断采择和吸收、加工与整合各种大众文化、民间意识的基础上形成与演变的，士人的忧患意识、安全意识因此趋于不断完善。

---

① 刘泽华：《先秦士人与社会》，天津人民出版社2002年版，第98页。

水文记录与社会意识：
中国古代洪水枯水题刻研究

纵览历代的洪水题刻可以发现，长江流域的绝大多数题刻都由普通民众题刻于江河岸边。这些出自普通人之手的题刻，往往内容简单、文字粗糙，甚至还有"安"等这样的方言在其上，① 有"加靖"这样的不规范写法，更无法去探究其是否有"颜筋柳骨"，还是属于"苏黄米蔡"。但是，正是由于这种民间的、自发的对洪水的观测、记录，甚至逐渐成为一种习惯，在长江流域，洪水题刻的出现已经不再是一种偶然，几乎遍及长江干流和大小支流。

从长江流域洪水题刻的基本情况可以看到，这种主要由小民百姓所做的题刻活动，频率极高，依据同一次洪水在上下游的题刻，可以看到民间对洪水极其关注。宝庆三年（1227）长江流域洪水，从六月初七邻水县的题刻，按时间水流而下，六月初十，忠州出现最高水位，就像今天所说的洪峰过境。而清代乾隆五十三年（1788）的洪水题刻，六月十八从巴县出现，一直沿江而下，先后由今重庆江北、长寿、涪陵、丰都、忠县、万州，直到湖北宜昌、秭归境内，都有题刻，本书中所列出的就有20余则题刻。而不在本文探讨之列的清代同治九年（1870）大洪水题刻，在整个长江流域竟有百余段。

从目前整理的长江流域、黄河流域及其他地区的洪水题刻来看，绝大多数是没有题刻者姓名的。一些出现姓名的人，也不以官吏为主，如重庆忠县绍兴二十三年（1153）洪水题刻者为"史二道士"，宝庆三年（1227）在同一地点留有洪水题刻的是其"嗣孙道士史袭明"②。

重庆渝北区麻柳嘴乾隆五十九年（1794）洪水题刻，是由"会首刘文奉、李仕鼎"③ 所刻，乃是帮会首领。而各地出现的一些人名，如杨殿选、袁天海等，多是历史上默默无闻的小民百姓。

春日出游，自古以来就是民间风俗。龙脊石题刻有："夫云安风俗：春之胜游，惟龙脊为□。""龙脊滩，郡人以岁首出游其上。"在江水下降，云阳龙脊滩露出水面后，当地人纷纷登上龙脊滩游玩，成为云阳的

---

① 四川重庆方言中，"淹"的发音为"安"，所以在题刻中有"大水安此"等记录，不在少数。
② 《长江三峡工程水库水文题刻文物图集》，第7、9页。
③ 同上书，第20页。

第四章
洪枯水题刻与社会意识

风俗之一。甚至，在黄藻题记中这样写道：

> 郡侯人日游龙脊滩，与民同乐，以鸡子卜年庆。邦人未尝有可免者。首春天气，融和诸庆，会间遂举其故事而来观此景，睹纤罗锦水，浮龙势于天边；峭壁巫云，拥凤翥于日外。①

关注并且能够以题刻的形式保留下来，供后人进行参考，也给后人提供一种防灾的经验是十分必要的。如乾隆二十六年（1761）黄河流域的伊河、洛河大涨，洪水百年不遇，"斯时也，妇女呼诸天，闻之酸鼻；婴儿掷于水，见者惨目。或乘木为筏，或架树为巢"。惨烈的景象震惊了邑庠生曲奏凯和道人任来瑞：

> 水出非常，人所罕见，何不刻诸石，俾后之游子骚客，登临于斯者，咸知之曰：某年某月伊洛之所大涨也，几丈几尺，伊洛所涨之究竟也。余奉教于任君，遂搦管而书之。②

最终，在乾隆三十年（1764）七月，由邑庠生曲奏凯撰文并书写、道人任来瑞立石、怀庆孟县马有成镌字的《伊洛大涨碑记》被镶嵌在今偃师市顾县镇曲家寨村老君洞内一所房子的南墙上。

民间普通百姓的所为，会不断浸染民风，宋代以来，随着儒家思想的深入，士人对社会发展的关注更加超过前代。关注洪水、枯水等自然现象，不再是民间百姓的自觉行为，在各种原因的共同作用下，士人给予了水事更多的关注。

潼南大佛寺有一条明代正德十四年（1519）洪水题刻，这条洪水题刻表明，给事中席豪被贬夷陵，从其家乡遂宁赴夷陵的路途中，经潼南时，遇洪水，遂留题刻于大佛寺石壁。士人对洪水留题已经给予足够的关注。

---

① （清）钱保塘：《龙脊石题刻》，《石刻史料新编》第三辑一五，新文丰出版公司1986年版。

② 范天平：《豫西水碑钩沉》，陕西人民出版社2001年版，第190页。

有一些关于水事的记载，更是把民间意识和士人紧密地结合在一起，这样的行为本来就是有意为之。

  渠县治南三里，有铜鱼洲，其下有石碛黄色，状如游鱼，旧传凡遇开科之年，水声潺湲异常，其年必多中试者。谚云：铜鱼滩声吼，士子占魁首是也。①

川江各地的枯水题刻，则是士人对水文变化这一自然现象所做出的全新应对，在这里，水文记录被自觉或不自觉地大量留下来。灵石、白鹤梁、龙脊石题刻中，最主要的内容都是士人对水事的关注，对水事与丰收关系的关切，对水事与民生的关怀。原本普通百姓日常的一种对水文变化的观测记录，成为士人政治态度的一种表现，成为士人对百姓生活关注的一种意象，也成为自宋代以后地方各级官员忧患意识、安全意识、发展意识的一种反映。

另外，在北方黄河流域的洪水题刻，相比较于长江流域的题刻来说，字数要多一点，记载要稍微详细一些，从内容判断大多出自于读书人之手，应该是民间意识驱使下的士子文人对水文的记录。

二　自上而下：士人思想对民众社会的影响

士人思想往往是官方思想的体现，是传统官方意识形态的承续和宣扬，是政权统治思想外化的主要表现形式。一旦某种统治秩序及其统治思想形成，统治者就会借助各种手段向社会大众灌输统治思想。

朝天门灵石就是极有特点的题刻，大部分都与政治、社会密切关联，使其不仅仅只是"兆丰年"的工具，更是一种地方官员向百姓进行政治教化的舞台，向朝廷表明政治态度的媒介，通过这种方式用士人思想影响民众社会。

义熙三年（407）《灵石社日记》中写道："今大篡既正，皇晋中

---

①　（清）汪日暲：《京省水道考》卷四《四川水道考》，石光明、董光和、杨光辉主编《中华山水志丛刊·河川湖泽志》第一册，线装书局2004年版，第207页。

第四章 洪枯水题刻与社会意识

兴,西寇有独尽之势,关洛有可乘之兆。"题刻者借此向民众表达一种政治关切,东晋安帝司马德宗时期的权臣叛乱终于被平定,北方黄河流域的混乱局面安定,晋室北归或许有了希望。

天宝十五载(756)的张萱《灵石碑》、乾元三年(760)的王昇《灵石碑》、广德二年(764)的郭英干《灵石铭(并序)》三则题记,都可以看到他们作为渝州刺史,在"安史之乱"从爆发到平定过程中想要表现的态度;叛乱爆发之初表明坚决与朝廷站在一起,并表示叛乱不会太久;唐肃宗即位后,对其表现出的恭敬和愿意勤王的态度;直到叛乱被平定后,高声歌颂"万国欢兮仰太平,五谷丰兮贺圣明"。刺史在"安史之乱"过程中的态度,完全会影响民众社会的认识,加之唐玄宗入成都避乱,整个巴蜀地区在平定"安史之乱"中起到重要作用。

朝天门灵石题刻,还涉及唐后期、前蜀、后蜀、宋、明等时代的史事,也多与政治相关联,题刻的政治宣示、社会教化功能一览无余。

在江中石梁作文留题几乎成为专属于士人的一种制度,能否见到石梁或石鱼出水几乎成为评价地方官员等士人是否贤德、是否为地方楷模的一个标准,士人以天下安泰为己任、以物阜民殷为视角,积极将儒家理念与社会实践相结合。这些手段对民间社会意识的影响极其广泛而深刻,在一定程度上甚至可以实现统治思想的民俗化。

晚唐五代以来,由于藩镇混战,武人擅权,对传统伦理道德和价值观念产生了极大的冲击,大量的士人在这种文化失序的历史场景中迷失其人生价值和社会价值的追求。北宋建立后,统治者以重铸儒家纲常伦理为核心,崇文抑武,使人的价值取向和伦理自觉逐渐重建。到宋仁宗以后,士人人格理想不断升华,士人思想伴随着经济社会发展而趋于完善。

在川江地区属于两宋时期的百余段枯水题刻中,涉及的留题人物几乎全部都是士人。从他们的官职爵禄等角度来看,包括银青光禄大夫、检校太子宾客、检校工部尚书、司徒、监察御史、水路计度转运使、观察使、尚书库部员外郎、尚书屯田员外郎、尚书虞曹员外郎、驾部员外郎、都官郎中、知州、知军、通判、巡检、录事参军、民掾、宪掾、理掾、户掾、知县、簿、尉、左都押衙、教授、朝请大夫、朝散大夫、朝奉大夫、奉议郎、宣德郎、朝奉郎、迪功郎、通仕郎、修武郎等，以及进士。士人在其成长、求学、出仕、为官乃至致仕或乡居期间，都以关心国家、关注民生为念。

在宋代，士人思想在很大程度上影响民间大众的思想倾向，这种影响不仅仅局限在政治思想，往往渗透在社会各个方面。如士人往往将江石出水、石鱼出水视为祥瑞和吉兆，这是深受古代社会祥瑞观念影响的，而这又会不断向下渗透，对民间大众的思想倾向产生一定的影响。

在白鹤梁题刻中，士人不停地将石鱼出水与"祥"紧密联系在一起。《朱昂题诗记》写道："去水非居辙，为祥胜跃舟。"[1]《吴革题记》载："今岁鱼石呈祥，得以见丰年。"[2]《何宪、盛辛唱和诗并序》记载："昔人刊石留山趾，今日呈祥表岁丰。"[3]《夏敏等题记》载："人日□民因观石鱼，庆丰年之祥。"[4]《李瑀题记》记载："石鱼阅八年不出，今方了然，大为丰年之祥，此不可不书"[5]。《戴良臣题诗》写道："祥鱼出水羡丰年，踪迹规模万载传。"[6]《罗克昌题诗》有："作善降祥鱼效灵，江石千年兆人足。"[7]《张拱题诗》写道："石鲤呈祥出水中，老天有意报时丰。"[8]

据《舆地碑记目》记载，在今重庆市合川区盐井镇的嘉陵江岸，有位于照镜石上的《涪内水石镜题名》，载："大唐大历十年三月三日此石出，时兵甲息，黎庶归，六气调，五种熟，刺史兼侍御史王铤记。"[9]由此可清楚地了解，石出可以呈祥，就是因为"兵甲息，黎庶归，六气调，五种熟"。

对祥瑞的关注和赞颂，归根到底还是与传统时代的统治有关系，祥

---

[1] 王晓晖：《白鹤梁题刻文献汇集校注》，天津古籍出版社2015年版，第17页。
[2] 同上书，第44页。
[3] 同上书，第77页。
[4] 同上书，第94页。
[5] 同上书，第101页。
[6] 同上书，第135页。
[7] 同上书，第155页。
[8] 同上书，第192页。
[9] （宋）王象之撰：《舆地碑记目》卷四《合州碑记》，景印文渊阁四库全书，第682册，台湾商务印书馆1986年版，第568页。

第四章
洪枯水题刻与社会意识

瑞的出现,无非是要象征国泰民安、上下有序、社会稳定、经济繁荣、战事停歇,而结论也都会在"四灵效瑞非臣力,一水安行属帝功"[①]的对皇帝的颂扬上。

研究者就指出:中古时期,统治者往往把其统治合法性建立在当时处于主流的知识之上,让治下的子民相信,之所以要接受被其统治,不仅在于其手握刀枪,而在于他们是上天所指派、鬼神所护佑、历史趋势所保证的"神圣"力量。其构建起来的一整套说辞、话语、概念,让被统治者沉浸其中而不自知。[②] 宋代以来,士人将白鹤梁、龙脊石等出水视为祥瑞,并将其与政治清明、官吏贤能、百姓富足紧密联系起来,实际上就是在构建一种另类的说辞、话语和概念。

巴蜀一带,民间信仰庞杂、流行。从《山海经》可见战国时期蜀人的先民鳖灵开明氏已经演变成民间信仰的"开明兽",至于蚕丛、柏灌、鱼凫也都成了神仙。[③] 汉晋以后,开发较早的四川盆地一带从早期笃信传说中鬼神的巫术,转变为以祭祀历史上前贤为主的淫祀;而落后的周边山区,尤其是少数民族地区则仍以笃信传说鬼神和自然神为主,以祭祀前贤为辅。秦汉时期,通过朝廷的册封,江水、岷山等成为第一批官方册封的民间偶像之一。

自魏晋南北朝以来,巴蜀地区少数民族迁入较多,民族成分日益复杂,政权更迭和政区变化频繁,吏治扰攘甚于前代。在这种情况下,民间思慕前贤风尚日甚一日,民间宗教信仰的偶像一日多于一日。杜宇、周公、王褒、李业、关羽、诸葛亮、庞统纷纷成为偶像而被加以崇祀。咸宁三年(277),西晋益州刺史王濬严禁淫祀,"惟不毁禹王祠及汉武帝祠。又禁民作巫祀,于是蜀无淫祀之俗,教化大行"[④]。《太平广记》

[①] 王晓晖:《白鹤梁题刻文献汇集校注》,天津古籍出版社2015年版,第77页。
[②] 孙英刚:《神文时代:谶纬、术数与中古政治研究》,上海古籍出版社2015年版,第14页。
[③] 袁珂:《山海经校注》第十一《海内西经》,上海古籍出版社1980年版,第298—304页。
[④] (晋)常璩撰,刘琳校注:《华阳国志》卷八《大同志》,巴蜀书社1984年版,第609页。

记载:"巴蜀间于高山顶或洁地建天公坛,祈水旱。"①

宋代"凡守之贤者,蜀人必为建祠,或绘其像,天下名镇未是有也"②。对前贤的崇拜、敬仰乃至建祠祭祀是蜀地民间信仰的重要特色,故有"蜀民尚淫祀"之说。③ 足见巴蜀民间信仰的影响。

另外,唐宋时期,尤其在夔州路一带,巴人有病,往往不去求医而崇信鬼道,听信巫师的话。《宋史》记载,侯可知巴州化城县时,见"巴俗尚鬼而废医,唯巫言是用"④。在涪陵,人民崇尚鬼神、巫觋、淫祀,而不信医药:"涪陵之民尤尚鬼俗,有父母疾病,多不省视医药,及亲在多别籍异财。汉中、巴东,俗尚颇同,沦于偏方,殆将百年。"⑤《方舆胜览》中记载:"南平军……尚鬼信巫。风俗与恭、涪类。"⑥ 曹颖叔徙夔州路转运判官,"夔、峡尚淫祠,人有疾,不事医而专事神,颖叔悉禁绝之,乃教以医药"⑦。李惟清以三史解褐涪陵尉,"蜀民尚淫祀,病不疗治,听于巫觋"。李惟清先擒大巫笞之,"民以为及祸,他日又加棰焉,民知不神"⑧。然后教以医药。

在淫祀、巫觋、鬼神盛行的巴蜀地区,朝廷和地方祀典也不能有效进行。如位列涪州祀典的城隍庙也一度成为这样一种景象:"涂之人过之,初莫知其有祠也……其宇日亦摧圮,上雨旁风,草生于墉,而牛羊人之,若朽壤然。"面对这种情况,晁公遡批评说:"今夫硤中之民尚禨鬼,而在祀典者反漫不之省,殆非朝廷所以崇建之意。"⑨

因此,在这样一种大的背景之下,我们从另外一个角度来审视川江流域的枯水题刻,那就是通过以士人为主体的群体来营造一种新的气

---

① (宋)李昉等:《太平广记》卷三九五,中华书局1961年版,第3328页。
② (宋)张演:《南康郡王庙记》,《成都文类》卷三三《记》,第649页。
③ 《宋史》卷二六七《李惟清传》,中华书局1985年版,第9218页。
④ 《宋史》卷四五六《孝义传》,中华书局1985年版,第13406页。
⑤ 《宋史》卷八九《地理志》,中华书局1985年版,第2230页。
⑥ (宋)祝穆撰,施和金点校:《方舆胜览》卷六〇,中华书局2003年版,第1061—1062页。
⑦ 《宋史》卷三〇四《曹颖叔传》,中华书局1985年版,第10070页。
⑧ 《宋史》卷二六七《李惟清传》,中华书局1985年版,第9216页。
⑨ (宋)晁公遡:《嵩山集》卷四九,景印文渊阁四库全书,第1139册,台湾商务印书馆1986年版,第272页。

第四章
洪枯水题刻与社会意识

氛,创造一种在禁止淫祀、打破鬼神崇信之后的新的思想和信仰的代用品。

同样是禁绝淫祀巫祝等民间陋习,唐代地方官的举措大多主要集中在禁绝方面,而宋代地方官则开始关注禁绝之后百姓的心理,即关注风俗移易的效果。① 这种民众心理空虚倾向上的填补,包括了朝廷封赐神祠、关注医药救民、礼仪教化推行。同样,积极将长江石梁、石鱼出水与丰年预兆、官员贤明结合起来并引导和推动成为一种士民共同关注的景象,无形中满足了以上各种需求。

三 上下共享:一种社会主流文化的形成

在士人思想与民间意识长期的互动过程中,产生了若干稳定的、共享的社会价值、文化资源,进而形成社会主流文化,许多思想文化现象既是官方的,又是民间的。宋代国家、官府、民众围绕水文观测记录形成千丝万缕的联系,宋代枯水题刻内容中一个突出的表现就是,士人思想和民间意识在特定场合产生共鸣,在观水留题的表面之下,敬畏天地自然、效法祖宗成例、希冀地方安泰、凸显士民相娱,构成宋代士人与民间共同肯定的社会主流文化。

人日习俗是宋代士人与民间共同肯定的社会主流文化活动中非常重要的一种,下文有详细研究,这里不需赘言。这里主要对以观水留题为基本表现形式的宋代士民游乐文化做一探讨。

假日游乐,在古代是士人重要的活动方式之一,也正是因为地方官员与缙绅等社会贤达往往是地方民众关注的焦点,他们的假日游乐也备受普通民众的关注,进而成为地方游乐活动的潜在影响者。

在川江流域枯水题刻中,除了"人日"这样特殊的日子外,地方官员的游乐活动多集中在"上浣""中浣""下浣""休沐日""元日"等这些日子。这与唐宋以来官员的节假日是有关系的。

"上浣""中浣""下浣",就是"休沐日"。《永乐大典》载:

---

① 王美华:《礼制下移与唐宋社会变迁》,中国社会科学出版社2015年版,第216页。

水文记录与社会意识：
中国古代洪水枯水题刻研究

《史记》：李园事春申君，谒归故失斯，则假告已见于战国。汉律吏得五日一休沐，言休息以洗沐也。邓通洗沐不出，张安世休沐未尝出门是也，《唐会要》：永徽三年二月十日，以天下无虞，百司务简，每至旬假许不视事，以宽百僚休沐。然则休沐始自汉，其以旬休，则始自唐也。①

休沐之制汉代即已有之，为五日一休沐。此后基本延续这一制度。到了唐代，延续了数百年的每五日休一天变成了每十日休一天，即在每月的上旬、中旬、下旬的最后一天休息。永徽三年（652），国事频扰，朝廷改"五日休沐"为"十日休沐"，此即所谓的"旬休"。也就是从这个时候开始，官员工作十天才能休息一天，也就是上旬、中旬、下旬各一天。这三天休息时间被称为"浣"，从此假日又有了"浣"的称谓。郭良翰《问奇类林》载："俗以上浣、中浣、下浣，为上旬、中旬及下旬，盖本唐制，十日一休沐。"② 唐代的国家官吏每年有80天左右的法定休假日，远远超过了明、清时期的法定假日。③ 另外，据杨联陞的统计，唐代一年中有53个节庆假日④，加上10天一休的旬假，近90天。

宋、元两代，旬休制度沿袭。在两宋时期，除去一些特殊日子外，官员的节假日是比较多的。《宋史·职官志》记载，官员"元日、冬至、寒食假各七日。天庆、先天、降圣各五日。诞圣节、正七月望、夏至、腊各三日。天祺、天贶节、人日、中和、二社、上巳、端午、重九、私立、春秋分及每旬各假一日。"⑤ 但这个记载显然不全面。宋代官员的休假，首先是全年三十六天的休沐日，此外，据宋人庞元英的《文昌杂录》记载，一年有七十六天的节假日，其中元日、寒食、冬至

---

① 《永乐大典残卷》卷一九六三六，中华书局1986年版，第7301页。
② （明）郭良翰：《问奇类林》卷四，《四库未收书辑刊》子七辑一五册，北京出版社1997年版，第124页。
③ 郑显文：《法律视野下的唐代假宁制度研究》，张仁善主编：《南京大学法律评论（2008年春秋合卷）》，法律出版社2008年版，第314—335页。
④ ［美］杨联陞：《中国制度史研究》，江苏人民出版社2007年版，第18页。
⑤ 《宋史》卷一六三《职官志》，中华书局1985年版，第3853页。

第四章 洪枯水题刻与社会意识

各七天,这是传统的三大节;天庆节、上元节也是各七天;天圣节、夏至、先天节、中元节、下元节、降圣节、腊日各三天;立春、人日、中和、春分、春社、清明、上巳、天祺节、立夏、端午、天贶节、初伏、中伏、立秋、七夕、末伏、秋社、授衣、重阳、立冬各一天。这是北宋神宗元丰五年(1082)祠部对休假制度的厘定。[①] 上述这些节假日,共为112天,可见宋代大致的公休假日,几乎为全年的三分之一。

到了南宋,据《假宁格》规定的节假日也要近一百天,除了全年三十六天的休沐日,还有元日、寒食、冬至五天,圣节、天庆节、开基节、先天节、降圣节、上元、中元、下元、夏至、腊日三天,天祺节、天贶节、春社、秋社、上巳、重午、初伏、中伏、末伏、中秋、重阳、人日、中和、七夕、授衣、立春、春分、立秋、秋分、立夏、立冬、大忌一天,共计六十七天。[②] 这些假日,都属于"应给而非乞假者"的公共休假。

元代的节庆假日比唐宋明显减少,但据《大元通制条格》《元典章》以及在韩国发现的《至正条格》的记载,还是沿袭了每月放三天旬假的传统。[③]

由此我们就可以理解,为什么在那些枯水题刻中,宋代及以后的官员会频频出游,乐于在山水之间观水、抚石、留题了。

在官员休假期内,他们可以任意休闲游玩。苏轼就说:

> 春时每遇休假,必约客湖上,早食于山水佳处,饭毕,每客一舟,令队长一人,各领数妓,任其所适。晡后,鸣锣以集之,复会望湖楼或竹阁之类,极欢而罢。至一二鼓,夜市尤未罢,列烛以归。城内士女云集,夹道以观千骑之还,实一时盛事也。[④]

[①] (宋)庞元英:《文昌杂录》卷一,中华书局1958年版,第4页。

[②] (宋)谢深甫等纂修,戴建国点校:《庆元条法事类》卷一一,黑龙江人民出版社2002年版,第626页。

[③] 郑显文:《法律视野下的唐代假宁制度研究》,张仁善主编:《南京大学法律评论(2008年春秋合卷)》,法律出版社2008年版,第314—335页。

[④] (宋)王明清:《挥尘后录》卷六,中华书局1961年版,第161页。

· 195 ·

如此宽松的社会政治环境，使得宋代士大夫的游乐休闲之风一直长盛不衰，"一时人士，相率以成风尚者，章醮也，花鸟也，竹石也，钟鼎也，图画也，清歌妙舞，狭邪冶游，终日疲役而不知倦"①。到了南宋，更是"孱弱以偷一隅之安，幸存以享湖山之乐"②。

在福建福清瑞岩前岩观音洞旁，有南宋任子宁游岩题刻。载：

> 鄜延任子宁驻军瑞岩，拉王岩起、阮图南、叶嗣忠杖屦游石门，而汲泉煮茶，清赏终日，超然有物外之趣，回首尘劳，良可叹也。绍兴丙辰中秋题。③

这则题记中，游乐的官员还"汲泉煮茶，清赏终日"，这样的生活，当然"超然有物外之趣，"因此，"回首尘劳，良可叹也"。仿佛宋代官员寄情于山水之间，感怀人事之上的历史画面跃然而出。而这样的游乐题记，竟雕刻成长1.9米、宽1.1米的大长方形，留于湖山胜地，毫不隐晦地昭示于世人，足见休闲游乐、玩赏山水是宋代士人再平常不过的生活。

两宋时期，游乐休闲的士风，除了宽松的政治环境原因外，经济社会的发展也是重要原因。巴蜀一带，在宋代成为经济社会发展的重要地区，"交子"在巴蜀的出现就充分说明。柳永曾经填过的词《望海潮》《透碧宵》《瑞鹧鸪》《一寸金》等，大多描述了当时的社会生活场景。在《一寸金》这首词中，对宋代成都地区经济社会发达的情况进行了描述：

> 井络天开，剑岭云横控西夏。地胜异、锦里风流，蚕市繁华，簇簇歌台舞榭。雅俗多游赏，轻裘俊、靓妆艳冶。当春画，摸石江边，浣花溪畔景如画。

---

① （清）王夫之著，舒士彦点校：《宋论》卷八之五，中华书局1964年版，第154页。
② （清）王夫之著，舒士彦点校：《宋论》卷一〇之一六，中华书局1964年版，第200页。
③ 黄荣春主编：《福州十邑摩崖石刻》，福建美术出版社2008年版，第35页。

梦应三刀，桥名万里，中和政多暇。仗汉节、揽辔澄清，高掩武侯勋业，文翁风化。台鼎须贤久，方镇静、又思命驾。空遗爱，两蜀三川，异日成嘉话。①

显然，这样的描述使我们看到，在经济社会发达的情况下，士人的休闲生活，登山观水、闲话佛道成为一种常态。

还有士大夫的思考更深了一步。冯时行曾在蜀为官，离任前与朋友们在郊外宴饮，并分韵作诗。他在《梅岭分韵诗》的序言中说道："昔人谋于野则获，闲暇清旷，有爽于精神思虑，游不可废如此哉！又说所与游，皆西川各佟喜事都耶。"②冯时行认为，像他们这样的休闲活动有助于精神的恢复，不能简单地将闲暇全盘否定。何况，和有文化层次的朋友们一起游玩，更是人生的一件美事。

作为地方游乐活动的潜在影响者，官吏时常出现在节假日的出行游乐活动中，官员出现的游乐活动成为地方民众聚集、游乐、买卖等各种活动进行的重要时间段。这时，士人的游乐、祈福，民间的追随、效仿，形成一种地方主流的文化活动。

总之，两宋时期的枯水题刻既表现出以儒家思想为主体，杂糅其他各家如道家、法家、阴阳家等思想在内的混合型体系，既关注公共秩序，又思考民众生活和终极命运；既宣扬官方的意识形态，又关注家族、家庭、个人、人格以及性情的陶冶，是表现近世社会文化变迁的一个重要缩影。

第三节 自然与心态之间的游移

唐宋以来，传统的社会制度、文化观念发生了深刻的变化，人的迁移和交流空间也变得更为广阔。驻足于景观之中的士民，常常在碑石上

---

① （宋）柳永：《一寸金》，王诤等：《全编宋词》，延边人民出版社2004年版，第24页。
② （宋）冯时行：《梅岭分韵诗》，（明）杨慎编，刘琳、王晓波点校：《全蜀艺文志》，线装书局2003年版，第497页。

水文记录与社会意识：
中国古代洪水枯水题刻研究

记载他们对自然的观察，也记载他们对世事的思考。通过这些石刻记载，我们可以窥见唐宋以来士民生活中异常复杂的社会心态，人们不再单一地诉求于自然美景，在感受自然美景的同时，融入很多人世情怀的元素。研究者认为，宋代君主专制和中央集权的强化，束缚、压抑了文人士大夫的思想和精神，为了缓解这种压抑和束缚，在儒释道三教合一的文化背景下，文人士大夫将社会责任的承担和个性自由的追求重新整合，既注重外部事功，又注重内在修养，勇担道义和随缘自适并行不悖。[1] 那么，宋代文人士大夫抒发政治抱负和寄情于山水之间的人文情怀同时显现。

川江的枯水题刻，难得一见，一旦出现，都会引起轰动，文人墨客、达官显贵纷纷前往观看留题，此外还留下不少文字、咏颂的诗词。自唐代以来，经科举考试入仕的官员，都以"修身齐家治国平天下"为基本人生信条。因此，绝大多数人还是抱着让自己成为贤官能员的心愿，以天下苍生为念；或者以石鱼出水为吉兆，对丰年期盼；或者观江水浩浩，思世事、人生之多变。

一 贤官能吏书写

官员群体对洪枯水的关注，进而留下题刻的行为，表露出其期许自我身份的社会认同，也表现出通过社会教化来粉饰行游的目的，更体现了他们追求的"为官涪州—石鱼出水—大有丰稔—刺史贤明"的寓意。

乾道三年（1167），玉牒赵彦球摄涪州知州，本来，作为南宋宗室子弟的赵彦球摄涪州知州并不是一个好差事，毕竟宋代的涪州经济社会不发达、民族关系复杂，而且唐宋以来往往是官员被贬谪之地。但是，在其来涪州不久，就见到石鱼出水，而且更重要的是：

　　石鱼不出，十有八年矣。[2]

---

[1] 张玉璞：《宋代士人的生存环境及其处世心态——兼论其对文学创作的影响》，《山东社会科学》2000 年第 6 期。
[2] 王晓晖：《白鹤梁题刻文献汇集校注》，天津古籍出版社 2015 年版，第 86 页。

第四章
洪枯水题刻与社会意识

现在,其刚到涪州出任知州,整整 18 年没有出水的石鱼终于出水,岂不是大吉之兆,更是太守之贤的宣示。

> 赵彦球摄守是邦,鱼复出,是岁元日大晴,人日亦如之,率僚属游北岩。越三日,遂观石鱼,水痕尤瘦,古刻宛然。涪人曰:一旬而三美具,此大有年之兆,而贤太守德化之所感也。①

所谓"一旬而三美具",根据题记来看,只能是赵彦球摄守涪州、石鱼出水、元日及人日大晴,题记中借涪州民人之口,表达了对丰收的期盼,赞扬了这位刚刚到来的知州,也投射出赵彦球对成为贤太守的心愿。

同样的表述方式,还出现在宝庆二年(1226)李瑀"瑞鳞古迹"题记中,"石鱼阅八年不出,今方了然,大为丰年之祥,此不可不书"②。这种难得的景象,或许就是作为涪州地方官员所期盼的,以此,一群并不普通的士人,"郡守李瑀公玉,新潼川守秦季橡宏文,郡纠曹掾何昌宗季文,季橡之子九韶道古,瑀之子泽民志可同来游"③。

在宝祐二年(1254)蹇材望和刘叔子诗序中,则直接表露了这种观念:

> 涪以石鱼之出,占岁事之丰,以岁事之丰,彰太守之贤尚矣。长宁刘公叔子镇是邦又出,夫岂偶然。④

长宁刘叔子任涪州知州,石鱼两次出水,在别驾蹇材望的赞颂中,这不是历代个别官员在任时的偶然出水,完全是上天彰显知州刘叔子贤德的表现。

元至顺癸酉(1333),"张八歹题记"载:

---

① 王晓晖:《白鹤梁题刻文献汇集校注》,天津古籍出版社 2015 年版,第 86 页。
② 同上书,第 101 页。
③ 同上书,第 102 页。
④ 同上书,第 114 页。

涪陵志：江心石鱼出则岁稔。予守郡次年始获见，率僚友来观，方拂石间，适有木鱼依柳条中流浮至。众惊喜曰："石鱼自古为祥，木鱼尤为异瑞也，请刻之以示将来云。"至顺癸酉仲春十有三日，奉议大夫、涪守张乂歹谨识。①

石鱼出水自古就被视为祥瑞，无论是天然形成的石鱼还是人工雕琢的石鱼。道光《重庆府志》载，明代正统间，铜梁县于城西五十里江边建如意寺：

石鱼，在如意寺前，石形自成双鱼，长可二丈，宽约丈许，首尾悉具，鳞甲宛然，如下水状，盖山之灵气所钟，不假雕凿，天然有乘潮破浪之势，亦一奇也。②

天然形成的石鱼被赋予了灵气，因此白鹤梁的石鱼有"丰年之兆"的意象也就不足为奇了。

二　川江题刻与丰年希冀

川江枯水题刻频繁，与官员的丰年希冀有着极为密切的关系，在一定程度上，丰收的渴望往往就是从一年年初对江中石刻出现开始的。

1. 涪州知州萧星拱与白鹤梁康熙二十三年（1684）题记

康熙二十三年（1684），江西南城人萧星拱在任涪州知州，正月下旬，白鹤梁出水，萧星拱留下观石鱼记：

涪江之心有石鱼，春初鱼见，可卜丰稔。州之八景云石鱼兆丰稔者，即其所也。甲子春正月，忠州守朱世兄自巴渝返，舟过此。其尊人与余谊属师弟，而其叔朱羽公讳麟祯者，初官于涪，士民德之。亦尝来此，余因携觞偕往，以续旧游。

---

① 王晓晖：《白鹤梁题刻文献汇集校注》，天津古籍出版社 2015 年版，第 126 页。
② （清）王梦庚修，寇宗等纂：《重庆府志》卷一《舆地》，《中国地方志集成·四川府县志辑 5》，巴蜀书社 1992 年版，第 53 页。

第四章
洪枯水题刻与社会意识

见石鱼复出,则是年之稔可知,因举觞相庆曰:国之重在民,民之重在食;而食之足,又在乐岁之有余。则吾侪之此一游也,非但以游观为乐,直乐民之乐也云尔,于是乎记。

大清康熙二十三年甲子春正月二十九日,同游知忠州事三韩商玉朱之琏、浙江慈溪寅凡周御奇。郡守盱江萧星拱题。①

为官一方,能有几个丰收之年,地方政治稳定、经济发展,不仅是官员的心愿,也是他们升迁的重要依据。康熙二十三年(1684)正月,川江江水极枯,白鹤梁上的石鱼露出水面。这本来就是非常值得庆贺的事,加之"州守朱世兄自巴渝返,舟过此。其尊人与余谊属师弟,而其叔朱羽公讳麟祯者,初官于涪,士民德之。亦尝来此,余因携觞偕往,以续旧游"。这个朱世兄和其叔父朱麟祯亦非等闲之辈,因为他们不仅是现任的忠州知州和曾任的涪州知州,而且还是明太祖朱元璋裔孙,出自代简王支系,在清代是受到礼遇的家族。

老友相聚,"见石鱼复出,则是年之稔可知"。据白鹤梁上的题刻以及地方志书对相关内容的记载、民间的传闻等等,知州萧星拱看到石鱼出水,已对本年的大获丰收充满了期待。"因举觞相庆曰:国之重在民,民之重在食;而食之足,又在乐岁之有余。则吾侪之此一游也,非但以游观为乐,直乐民之乐也云尔,于是乎记。"

但是,石鱼出水与丰年之间是否一定有联系,尚难以确定。而康熙二十三年(1684)的石鱼出水也并没有带来丰年。

自康熙二十二年(1683)冬至二十三年(1684)春,不仅白鹤梁露出水面,朝天门灵石也露出水面,并且有人留下了题刻。但该年重庆大灾,5—8月基本无雨。史载:"康熙二十三年,彭水、璧山自五月至八月不雨。六月,蓬州、邻水、兴安、汉阳、安邑、洵阳、绥德州、秦州旱。秋,邢台、枣强、获鹿、井陉、丰都、遂宁、巫山旱,井涸。"② 今山西洪洞县水神庙有《水掌例李縠械功德碑》也记录

---

① 王晓晖:《白鹤梁题刻文献汇集校注》,天津古籍出版社2015年版,第149页。
② 《清史稿》卷四三《灾异四》,中华书局1977年版,第1598页。

康熙二十三年"自四月至七月，大旱不雨，人人虑种植之难，禾苗之槁"①。这是山西的情形，足见这年大旱的范围比较广。由于旱灾，不仅没有期待中的丰年出现，而且《巴县志》记载："康熙二十三年甲子，大饥。"②

康熙二十四年（1685），知州萧星拱重镌双鱼。并在白鹤梁留下重新镌刻双鱼的题记：

> 涪江石鱼，镌于波底，现则岁丰，数千百年来，传为盛事。康熙乙丑春王，水落而鱼复出。望前二日，偕同人往观之。仿佛双鱼，蕖莲隐跃，盖因岁久剥落，形质模糊，几不可问。遂命石工刻而新之，俾不至湮没无传，且以望丰亨之永兆云尔。时同游者旧黔令云间杜同春悔川，州佐四明王运亨元公、盱江吴天衡高伦、何谦文奇、西陵高应乾侣叔，郡人刘之益四仙，文珂奚仲。
>
> 涪州牧盱江萧星拱薇翰氏记略。③

题记中未提及上一年的事，只是对本年石鱼出水进行描述。也许是认为石鱼岁久剥落、形制模糊导致了上一年未见丰稔，萧星拱满怀虔诚的对石鱼进行镌刻，"俾不至湮没无传，且以望丰亨之永兆"，以祈求丰年的来临。

2. 巴县龙为霖与朝天门灵石

乾隆五年（1740）、乾隆十九年（1754），朝天门灵石从江底露了出来，巴县人龙为霖先后撰文记录、抒怀。

龙为霖，字雨苍，号鹤坪，康熙四十五年（1706）进士，历任云南太和知县、石屏知州，后任广东潮州知府。辞官后回乡奉母，家居20年。与同邑文人结成诗社，相互酬答酒宴，极诗酒酬唱之乐事。著

---

① 《水掌例李穀械功德碑》，黄竹三、冯俊杰等编：《洪洞介休水利碑刻辑录》，中华书局2003年版，第81页。
② （清）王尔鑑：《巴县志》卷一六《灾祥》，早稻田大学藏嘉庆二十五年刻本，第16册，第69页。
③ 王晓晖：《白鹤梁题刻文献汇集校注》，天津古籍出版社2015年版，第151页。

第四章
洪枯水题刻与社会意识

有《本韵一得》《荫松堂诗集》《兰谷草堂稿》《读诗管见》《橐驼集》等。①

在龙为霖乡居期间，乾隆五年（1740）朝天门灵石出水，龙为霖题《观李太守丰年碑记》，载：

> 碑在城东北江底，见则岁丰。汉晋唐皆有石刻，文字磨灭。宋绍兴碑犹存。独明碑有弘治间石出岁旱之语，与志载不符。乾隆五年二月，碑忽见，太守澹园李公深以为忧，后乃岁皆大稔，始信古刻不谬。作是记。（小字）
>
> 江浔碑迹兆年丰，自汉沿明说不同。证以新篇重纪实，始知旧志非谈空。蛟龙涸宅司天运，水石余痕管岁功。寄语采风贤太守，可堪屿嵝并称雄。②

乾隆六年（1741），朝天门灵石再次出水，《巴县志》还有龙为霖《雍熙碑记跋》一篇：

> 雍熙碑，古称丰年之兆。忆余童稚时曾一见，水潇潇没履齿，碑文仿佛，水混不可读。嗣或传言碑见类如此岁无大丰歉，亦不复省记矣。乾隆五年二月中瀚，水涸极下碑石尺余，字形毕露，观者以为古篆莫能识。越数日，余亲至其处，始知古刻仅存绍兴碑耳。命仆汲江水磨洗，录其全文以归。是夜，江陡涨，碑遂湮。余方欣诧。累日而郡守李公以明刻有弘治改元碑出而岁旱之语忧形于色，访之余。余曰：必屡丰。明年复以问，对如前。既而果验，公幸民物之阜成，又悼汉迹之磨灭。天时人事，拳拳三致意焉。兹记所由作也。夫天道远不可知，余敢为臆说，以幸其一中哉？忧民忧，乐

---

① 王松木：《坠入魔道的古音学家——论龙为霖〈本韵一得〉及其音学思想》，《清华中文学报》2012 年第 8 期。
② （清）龙为霖：《荫松堂诗稿》卷五，《清代诗文集汇编》二六六册，上海古籍出版社 2010 年版，第 229 页。

民乐,一事如此,即其他可知也。

呜呼,观宋碑所载晋唐石刻语,疑尔时尚有两朝碑在,今皆不复见矣,况汉碑哉?偶往观有数存焉。况年岁之丰凶乎哉?修其政以俟天,守土者之职。掇拾古迹垂示后人,好古者之所有事也,李公其两得之矣。①

合州知州宋锦也有《雍熙碑为重庆太守李公澹园作》诗说丰年碑,他写道:

渝江之侧江水中,相传碑见年屡丰。一碑肇于汉京东,年深字灭如磨砻。宋明先后继前雄,鸿文妙义从龤风。今我太守澹园公,两番碑见丰年同。苍生有庆逢郅隆,喜深白叟偕黄童。贞珉永勒嘉田功,乐民之乐心无穷。民曰太守诚感通,维公不有归太空。愿与同人修厥躬,毋害农事伤女红。宵旰忧劳在深宫,保民有始须有终。勉勉我公功德崇,熙帝载兮亮天工。②

澹园李公,即乾隆初重庆知府李厚望,"字澹园,乾隆三年任"③。"直隶蔚县进士,由宁远调守重庆,廉静正直,捐俸数百金建渝州书院,厚修脯延名师为山长,按月召试,优者奖励。暇则躬诣书院,面进诸生,巽语善诱,厚相勖勉,至今多士思之。"④李厚望在重庆知府任上,捐建书院、劝课农桑、关注民生,颇得地方赞誉。并且与赋闲在家的龙为霖关系颇为密切。

龙为霖在《丰年碑》中,曾说:"江水涸极始一见,百谷穰穰兆年丰。"这是当地人千百年来的共识和心愿,但是"谓弘治间尝毕露,西成靡庆翻苦凶"。弘治间灵石出水,但是并没有喜获丰收,而是大灾之

---

① (清)王尔鉴:《巴县志》卷一四《艺文碑铭》,早稻田大学藏嘉庆二十五年刻本,第14册,第82页。
② (清)王尔鉴:《巴县志》卷一五《艺文七古》,早稻田大学藏嘉庆二十五年刻本,第15册,第60页。
③ (清)王尔鉴:《巴县志》卷六《职官》,早稻田大学藏嘉庆二十五年刻本,第6册,第25页。
④ (清)王尔鉴:《巴县志》卷八《名宦》,早稻田大学藏嘉庆二十五年刻本,第8册,第33页。

第四章
洪枯水题刻与社会意识

年,这种状况,是在"戒人勿侈吏勿弛,此意良厚词匪工"。及至乾隆五年(1740)灵石出水,其后确实出现丰年,看来传言不假。从龙为霖所说的"明年复以问,对如前,果验"和宋锦所说的"今我太守澹园公,两番碑见丰年同"来看,乾隆六年(1741),朝天门灵石也出水了。李厚望在重庆知府任上五年,深得重庆士人赞扬,因此,在与丰年碑相关的人物与诗作中,极尽对其美誉。

乾隆十九年(1754),朝天门灵石又从江底露了出来,为此,龙为霖有《丰年碑》记载如下:

渝城西峙江水东,其北磐石卧水中。石纹龟拆各异相,如人如物纷濛濛。或如碑碣长且阔,一一布置胥天公。江水涸极始一见,百谷穰穰兆年丰。自汉以来代有纪,惟明所志小异同。谓弘治间尝毕露,西成靡庆翻苦凶。戒人勿侈吏勿弛,此意良厚词匪工。乾隆庚申岁二月,忽传碑见适感风。卧闻古篆不可辨,孤怀遥结时忡忡。小愈亟命肩舆往,由来八分半朦胧。汲水湔刷泥沙净,甫识绍兴铁画工。深镌更冒以铁汁,依稀剥落如蛀虫。唐碑晋刻浑不见,况觅汉篆久无从。世间何物能不朽?睹兹感叹悲填胸。其后三秋歌大有,丰年之说洵非空。太守李公为作记,欲佐郡志传无穷。余亦赋诗并赘跋,挥毫含笑追古风。

一物悲喜顿殊态,情随时变胡强同。独怪坤维多异事,顽石偏司造化功。岁甲戌春碑复见,传闻雀跃走儿童。比年水旱叠为患,私心久窃忧爞爞。得此为吾桑梓庆,坐见盈宁比户封。同侪把笔争题咏,太平有象吾其逢。挈伴试学晁冯辈,莫畏江风吹蓬蓬。

(小字)绍兴戊辰二月,晁公公武、冯公时行、张公存诚、李公尚书、冯公樽等,同往其地观晋唐石刻,因有绍兴碑。[1]

---

[1] (清)龙为霖:《荫松堂诗稿》卷七,《清代诗文集汇编》二六六册,上海古籍出版社2010年版,第241页。(清)王尔鑑:《巴县志》卷一五《艺文七古》,早稻田大学藏嘉庆二十五年刻本,第15册,第65—66页。

但是，乾隆十九年（1754）灵石再次出水，但"比年水旱叠为患"，并没有如李厚望在任时的连年丰收，复杂的心态表露无遗。

龙为霖的表亲、巴县乡贤周开丰也有诗作《丰年碑》，记载了乾隆五年（1740）、乾隆十九年（1754）灵石出水的状况。周开丰，字梅岩，巴县人，康熙庚子岁（五十九年，1720）举人，官龙岩州州同。撰有《诗影》《诗铄》。① 其《丰年碑》云：

嘉涪合流来渝东，爰有磐石水为宫。石上古碑非一处，旧传见则年必丰。江神悭妒不易出，沉沉幕幕泥沙重。在昔水落石尽出，倾城争赴童与翁。鹤坪好古急往视，洗之剔之发其蒙，市人如堵求辨识，复为手录成一通。北有碑形杳无字，明刻虽异存深衷。宋碣八分特完好，观者晁张李与冯。大有之说不我诳，豚蹄弗用卮酒供。晁言始事自建武，惜与晋唐皆冥濛。乾隆之初庚申岁，岁星垂照光熊熊。于时碑出符往载，作记徵诗太守公。（原诗中有注：太守蔚州李公厚望）

历今倏忽逾一纪，春波洗出卧水虹。虽存泥滓未加濯，规模芫尔开心胸。比来苦歉嗟妇子，赐以稔熟资天工。先后印证知不爽，当复有秋何异同。饱食暖衣忘帝力，量晴课雨康田功。噫嘻此碑宋贤题，瘗鹤铭沉江水中。将来深恐百余祀，碑亦变灭随江风。史官未卜记与否，徵诸吾咏非雕虫。②

清重庆府东川书院山长（院长）王清远也说：

城东门外水漻漻，城西水内石窿窿。形如盘盂平而阔，年年苦被沙泥封。神鬼于此勤呵护，历朝镌刻纷不同。考自绍兴迄弘治，谁欤姓氏晁与冯。八分一通独完好，胃以銕溜坚益工。惜哉

---

① （清）王梦庚修，寇宗等纂：《重庆府志》卷九《艺文》，《中国地方志集成·四川府县志辑5》，巴蜀书社1992年版，第422页。

② （清）王尔鑑：《巴县志》卷一五《艺文七古》，早稻田大学藏嘉庆二十五年刻本，第15册，第80—81页。

第四章
洪枯水题刻与社会意识

晋唐渺遗迹，建武之号先磨礲。世间何物堪不朽？恃有后人相始终。

闻道乾隆庚申冬，水涸碑见惊创逢。鹤坪先生急往视，亲为洗濯大发蒙。七字长歌犹未足，作记还留郡守公。当时瑞兆不虚耳，家家社鼓酬年丰。屈指今已十四载，天时人事慨何穷？

君不见金酋跳梁扰全蜀，前年军粮惟自供。又不见吴楚艰食旋督采，击年官运连艘艨。顷传碑见欢士女，及余探寻迷失踪。一望弥漫隐倏忽，岂亦有数存其中。春日春风吹古渡，物象熙熙天象融。守土勿重为民虑，但须携酒时劝农。到得秋成盈万室，持此可以答宸聪。①

乾隆十九年（1754）朝天门灵石再次出水，龙为霖、周开丰、王清远等人无不充满了对乾隆五年、六年灵石出水时的知府澹园公李厚望的回忆之情。回忆过去、比较现在，在三人的诗作中对现下知府的不满之意隐隐表露。龙为霖写道："比年水旱叠为患，私心久窃忧燺燺。"王清远则以"君不见金酋跳梁扰全蜀，前年军粮惟自供。又不见吴楚艰食旋督采，击年官运连艘艨"，表达了蜀地人民在清政府平定大小金川之乱时受到的沉重负担，提出"守土勿重为民虑，但须携酒时劝农"。只有地方官员贤明，加上风调雨顺，才能"到得秋成盈万室，持此可以答宸聪"。

乾隆十九年（1754）的这几段诗作，想来必定与新任重庆知府傅显有些关系，"傅显，镶红旗举人，乾隆十九年任"②。《晚晴簃诗汇》收录其诗作三首，并介绍说："傅显，字令宜，满洲镶红旗人，乾隆六年（1741）翻译举人。"③乾隆十三年（1748）由内阁中书入直，先后任同知、知府。乾隆三十四年（1769）七月，在平定大小金川之乱时

---

① （清）王尔鑑：《巴县志》卷一五《艺文七古》，早稻田大学藏嘉庆二十五年刻本，第15册，第85—86页。
② （清）王梦庚修，寇宗等纂：《重庆府志》卷六《职官》，《中国地方志集成·四川府县志辑5》，巴蜀书社1992年版，第161页。
③ 徐世昌编，闻石点校：《晚晴簃诗汇》卷九五，中华书局1990年版，第3972页。

· 207 ·

病故，为总理粮运事务大臣。① 这样一个满洲亲贵，在当年出任重庆府知府时，当地士民认为他并非一个像李厚望那样的贤官，对其的态度从几位士人的诗作中表露无遗。

3. 有识之士的警示

白鹤梁石鱼出水预兆丰年，自唐代以来就一直被人重视，尤其是地方官员，将其视为其政绩显著的佐证。宋代以来则更受地方官员追捧。将江水涨落、石鱼出没与年景丰凶紧密结合在一起，以自然的变化，求得心理的安稳，此种情态，反映出古代士民对天人之际的理解。当然，面对这种以自然变化来获取心理暗示，进而影响治国理政之事的行为，也不乏有识之士提出警示。

绍兴十五年（1145），晁公遡在白鹤梁的题刻就是典型事例之一。

宋代的晁氏家族是文化上的一个大家族，"四世继直于书林，五叶踵登于辞级。殆无虚榜，并继芳尘"②。宋代出现的晁姓著名人物几乎无一例外地属于昭德晁氏家族。这一家族支系庞杂，在北宋大观时期，就已经繁衍至五百余口，分居各地。③ 在第三章中已对昭德晁氏家族有详细的探讨。

晁公遡是宋代晁氏家族的名流，一位诗文兼善的文学家。晁公遡兄弟及其姑父孙仁宅父子在白鹤梁尚都有留题。在白鹤梁千余年的题刻史上，能够真正做到对石鱼出水进行准确认识，并且能够提出看法警示世人的委实不多，因为这些看法大多是与当时的风习和地方主政官员的认同有明显差异。晁公遡的认识，与其历经艰难的成长经历、忧国忧民的仕宦历程紧密相关。

因而，晁公遡在面对石鱼出水时，能够保持清醒的头脑。先是指出："前予之至，曾一出，已而岁不宜于稼。"接着又指出："及予至，又出。因与荆南张度伯受、古汴赵子澄处度、公矇景初、李景嗣绍祖、杨侃和甫、西蜀张瑶廷镇、任大受虚中往观，既归，未逾月而旱。"

---

① 《乾隆朝实录》卷八三九，中华书局1985年版，第665页。
② （宋）晁咏之：《谢及第启》，《永乐大典》卷一四一三一，中华书局1986年版，第4677页。
③ 何新所：《昭德晁氏家族研究》，上海古籍出版社2006年版，第16页。

第四章
洪枯水题刻与社会意识

晁公遡两次看到石鱼出水,但是接下来都因为气候异常而造成干旱,不利于农业生产。因此,晁公遡进一步提出疑问:"予窃怪其不与传者协,岂昔之所为刻者自为其水之候,而无与于斯耶?抑其出,适丁民之有年,而夸者附之而自神耶?"

随后,晁公遡给世人即为政者提出警示:"将天以丰凶警于下,而象鱼漏之则,惧其不必于政而必于象鱼,故为是不可测者耶?于是归,三十有六日,乃书此以告后之游者。"

在河南偃师市顾县镇曲家寨村老君洞内一所房子的南墙上镶嵌的《伊洛大涨碑记》,记载了康熙四十八年(1709)、雍正十二年(1734)的洪水灾害,尤其对乾隆二十六年(1761)七月的洪水灾害记录十分详细。碑文最后这样写道:"任君曰:'水出非常,人所罕见,何不刻诸石,俾后之游子骚客,登临于斯者,咸知之曰:某年某月伊洛之所大涨也,几丈几尺,伊洛所涨之究竟也。'余奉教于任君,遂搦管而书之。"[1] 撰文者曲奏凯明确表示了一种态度,就是把这样一次大洪水及百姓的经历记录下来,以为后世之鉴,希望后世官员能够关注民生,后世百姓能够吸取经验和教训。

第四节 "人日"故事

川江流域保留下唐宋以来不少洪水枯水题刻,其中在涪陵白鹤梁、云阳龙脊石等枯水题刻中都有多篇提到"人日",这一天,地方官员往往率领僚属亲友,登临江中石梁,观水留题,占卜年丰。

中国传统文化中,有以正月初七为"人日"的习俗。对此问题,史籍当中不乏记载,但由于记载笼统,因而在相关研究中多产生歧义。今人对其的主要看法有两种:一是认可古代典籍中的记载,认为人日是与占卜有关的习俗,是古代一种物候占卜方式;[2] 二是认为与创世有关,

---

[1] 范天平:《豫西水碑钩沉》,陕西人民出版社2001年版,第190页。
[2] 胡文辉:《"人日"考辨》,《中国文化》第九期,生活·读书·新知三联书店1992年版。傅光宇:《"人日创世神话"质疑》,《楚雄师专学报》1999年第4期。

是中国的远古创世神话。① 纵览古代典籍中关于人日的记载，主要观点还是与占卜相关。而宋代《太平御览》卷三十对《谈薮》作注解时有了"一说，天地初开，以一日作鸡，七日作人"的提法，② 于是有后人将其附会为中国创世神话。除了传世文献记载外，两宋时期涪陵白鹤梁、云阳龙脊石的水事题刻，作为一种重要的史料明确记载和反映出人日习俗的占卜之本意。因而，在古代，人日习俗的真实含义是占卜，将其认为与创世有关的提法只是一种误解。

一 题刻中的"人日"记载

1. 巴蜀地区"人日"记录

唐宋时期，经济社会发展，各种社会习俗异彩纷呈，"人日"习俗流行，在"人日"进行鸡卜、登高、赋诗、临清流、戴人胜，不一而足。尤其是在巴蜀地区白鹤梁题刻和龙脊石题刻中，频繁出现人日记载，反映出人日习俗在当地流行的状况，也使巴蜀地区的人日习俗成为中古时期这一习俗流传演变的典型代表。

表4-1　　　巴蜀地区历代水事题刻中关于人日内容简况

时间	内容（节选）	出处
绍兴乙亥 1155	宋绍兴乙亥人日，前涪陵令张维持国，挈家观石鱼	白鹤梁《张绾题记》
乾道三年 1167	石鱼不出，十有八年矣。乾道丁亥，玉牒赵彦球摄守是邦，鱼复出，是岁元日大晴，人日亦如之，率僚属游北岩。越三日，遂观石鱼，水痕尤瘦，古刻宛然。涪人曰：一旬而三美具，此大有年之兆，而贤太守德化之所感也	白鹤梁《赵彦球题记》

---

① 代表性的论著主要有：饶宗颐、曾宪通《云梦秦简日书研究》，香港中文大学出版社1982年版，第38—39页。叶舒宪《人日之谜：中国上古创世神话发掘》，《中国文化》创刊号，文化艺术出版社1989年；《中国神话哲学》，第7章第3、4、5节，中国社会科学出版社1997年版。袁珂《中国神话传说》，中国民间文艺出版社1984年版，第69页。董楚平《中国上古创世神话钩沉——楚帛书甲篇解读兼谈中国神话的若干问题》，《中国社会科学》2002年第5期。

② （宋）李昉编，夏剑钦、王巽斋等校点：《太平御览》卷三〇《时序部十五·人日》，河北教育出版社2000年版，第256页。

第四章
洪枯水题刻与社会意识

续表

时间	内容（节选）	出处
乾道三年 1167	乾道三年人日，贾振文率邓和叔、李从周、孙养正、庚端卿、张□卿来观，侄德像、甥向仲卿侍行	白鹤梁《贾振文题记》
淳熙戊戌 1178	淳熙戊戌人日，郡守剑蒲冯和叔季成、郡丞开封李拱德辅……郡幕东平刘甲师文来观石鱼，以庆有年之兆	白鹤梁《冯和叔题记》
淳熙己亥 1179	诗人以梦鱼为丰年之祥，非比非兴，盖物理有感通者。涪郡石鱼，出而有年，验若符契，比岁频见，年示娄（屡）丰。今春出水几四尺，乃以人日躬率同僚……来观，知今岁之复稔也	白鹤梁《朱永裔题记》
淳熙甲辰 1184	郡守眉山夏敏彦博，文学掾荆州董天常可久，人日□民因观石鱼，庆丰年之祥，淳熙甲辰	白鹤梁《夏敏等题记》
政和丁酉 1117	郡守每岁人日率同僚游龙脊滩，与同民乐，乃行春之故事，尽兴抵暮而返	龙脊石《宋王霭题记》
元祐三年 1088	夫云安风俗：春之胜游，惟龙脊为□。今自押录以下，偕得游赏于是。兴尽，邸暮而归……以记一时之乐云耳。时大宋元祐戊辰正月初七日	龙脊石《邓冲等题名》
元祐三年 1088	元祐三年戊辰岁孟月有七，同年而二亲游此龙脊。集古贤留传，以鸡子一枚卜一□，可为得喜庆团圆之卦。恐后再来题名	龙脊石《唐言题名》
元祐四年 1089	元祐四年己巳岁孟月有七日，同年二亲再游于前，以鸡子一枚卜□，德喜庆团圆之卦，又再游	龙脊石《唐言再题名》
宣和七年 1125	宣和岁次乙巳孟春人日。使吏周明叔因从典史任公美而下，遂于鳌脊滩，就东亭聚饮歌乐，逮晚比归。次日再缘公遣到此	龙脊石《使吏周叔明题名》
建炎二年 1128	建炎戊申正月上七日，判官李造道……县尉冯当可陪郡侯谒武烈公神祠，遂泛江而下，散步此碛。时天宇清明，江国熙然。尝试与诸公拂白石以危坐，漱清流而长歌，则兴味与簿书间若何？诸公咸一叹	龙脊石《判官李造道等题名》
绍兴十六年 1146	郡人周明叔同义友李应求……游于龙脊。聚饮，抵暮而还。时绍兴丙寅人日，谨题	龙脊石《郡人周明叔等题名》
淳熙十二年 1185	郡人袁彦选……以人日同游。从古鸡子卜，获吉兆，聚饮终日而退。时淳熙乙巳岁，谨记	龙脊石《郡人袁彦选等题名》

续表

时间	内容（节选）	出处
绍熙三年 1193	郡侯人日游龙脊滩，与民同乐，以鸡子卜年庆。邦人未尝有可免者。首春天气，融和诸庆间。遂举其故事而来观此景，睹纤罗锦水，浮龙势于天边；峭壁巫云，拥凤霭于日外。杯兴之次日，眺明媚不胜	龙脊石《摄郡职黄藻等题名》
开禧元年 1205	开禧改元乙丑人日，云安长史吏率僚佐游龙脊滩览石刻，□鸡卜，歌竹枝，皆欲事也。军吏兼知县忠南唐酉	龙脊石《知县忠南唐酉等题名》
宝祐二年 1254	粤明年人日重游	白鹤梁《蹇材望和刘叔子诗并序》

资料来源：涪陵白鹤梁题刻参校各本，主要有：（清）姚觐元《涪州石鱼文字所见录》，见《石刻史料新编》第三辑一五，新文丰出版公司 1986 年版；（清）陆增祥《八琼室金石补正》，文物出版社 1985 年版；王晓晖《白鹤梁题刻文献汇集校注》，天津古籍出版社 2015 年版。云阳龙脊石题刻参校：（清）钱保塘《龙脊石题刻》，见《石刻史料新编》第三辑一五，新文丰出版公司 1986 年版。

2. 其他地区

不仅在巴蜀地区，在其他地区的石刻中，也有关于"人日"出游的记载。在今福建福州市内的乌石山，与于山、越王山（屏山）相峙，是福州城内三山之一。在乌石山上有唐代以来摩崖石刻近 300 段，其中霹雳岩有《李上交题名》[1]：

> 本朝祀明堂之来年人日，假福唐守李上交游于此。男新监庐陵元规，孙试匠簿铣侍行。

明堂是帝王祭祀活动的重要场所。福唐即福州。李上交，赞皇人，皇祐二年（1050）以职方员外郎知福州。可见，皇祐元年（1049）改年号，祀明堂。次年"人日"，福州知州李上交携子李元规、孙李铣同

---

[1] 黄荣春主编：《福州十邑摩崖石刻》，福建美术出版社 2008 年版，第 5 页。

第四章 洪枯水题刻与社会意识

登乌石山,并留下题刻。霹雳岩还有《张伯阳等题名》①:

至元后庚辰人日,建安张伯阳偕大名路仲达重游释觉山志。

至元,为元世祖忽必烈年号,庚辰,为至元十七年(1280)。
福州于山上的摩崖石刻中,也有《李上交刻诗》②:

三峰数外小奇峰,滴翠凝烟倚半空。疑是巨灵分擘日,五丁偷得寄闽中。
赞皇李上交,辛卯岁人日游于是。

"五丁"是古代神话传说中古蜀国的五个力士。《水经注·沔水》引来敏《本蜀论》载:"秦惠王伐蜀而不知道,作五石牛,以金置尾下,言能屎金,蜀王负力,令五丁引之,成道。"

位于福州东郊的鼓山,其山顶有大石如鼓,相传每逢风雨大作便有鼓声发出,因而得名。山上有宋代以来至现代题刻500余段,其中有《郝彦泽诗刻》③:

至元戊寅岁人日,幽州郝彦泽、永嘉刘俨孙同登小顶,访灵源,挹天风海涛之胜。彦泽题诗:
趁晴驴背稳于船,直走东峰屶崱巅。风送海涛来异国,人从石磴上青天。
环闽胜概归胸次,带水平畴尽目前。何日英雄洗兵马,放余来此傲林泉。
捧砚陈建。

至元戊寅,即至元十五年(1278)。

---

① 黄荣春主编:《福州十邑摩崖石刻》,福建美术出版社2008年版,第17页。
② 同上书,第35页。
③ 同上书,第74页。

在福建闽侯旗山溪源宫东麓岩石上，有清代光绪年间《郭柏苍等题名》，还可见"人日"记载。题刻云：①

> 光绪庚辰人日，邑人郭柏苍重游旗山，宿溪源宫。长乐梁亿年书石。

光绪庚辰，即光绪六年（1880）。

3."人日"其他活动

唐宋时期的巴蜀地区，知州往往于人日率官署同僚观水题记，社会贤达及地方士人亦趋之如鹜，而民间百姓则以人日进行占卜、贸易。

（1）鸡卜之法

在民间，鸡卜之法是人日习俗中一项重要的内容。宋人周去非《岭外代答》就明确记录了南方地区的此种占卜方式："南人以鸡卜。其法以小雄鸡未孳尾者，执其两足，焚香祷所占而扑杀之，取腿骨洗净，以麻线束两骨之中，以竹梃插所束之处，俾两腿骨相背于竹梃之端。执梃再祷。左骨为侬，侬者，我也。右骨为人。人者，所占之事也。乃视两骨之侧所有细窍，以细竹梃长寸余者遍插之，或斜或直或正或偏，各随其斜直正偏而定吉凶。其法有一十八变。大抵直而正或附骨者多吉，曲而斜或远骨者多凶。亦有用鸡卵卜者：焚香祷祝，书墨于卵，记其四维而煮之。熟乃横截，视当墨之处，辨其白之厚薄，而定侬人吉凶焉。"②可见鸡卜之法有鸡骨卜、鸡子（卵）卜，统为鸡卜之法。作者未将其列入《蛮俗门》而列入《志异门》，想来也是因为鸡卜之法不仅仅流行于广西一地，西南一带甚至长江以南诸地方都会有此占卜方式。

《月令粹编》载："蜀中乡市，士女以人日击小鼓，唱竹枝，作鸡子卜。"③"鸡卜法，用鸡一狗一，生，祝愿讫，即杀鸡狗，煮熟又祭。

---

① 黄荣春主编：《福州十邑摩崖石刻》，福建美术出版社2008年版，第195页。
② （宋）周去非著，杨武泉校注：《岭外代答校注》卷一〇《志异门》，中华书局2006年版，第442页。
③ （清）秦嘉谟编：《月令粹编》引《玉烛宝典》），嘉庆壬申年（1812）琳琅仙馆刻本。

第四章
洪枯水题刻与社会意识

独取鸡两眼骨,上自有孔裂,似人物形则吉,不足则凶。"①

云阳龙脊石北宋元祐三年(1088)《唐言题记》载:"二月亲游此龙脊,集古贤流传,以鸡子一枚卜一兆,可为得喜庆团圆之卦。"②宣和七年(1126)人日《陈似题诗》中有"拂石四题鸡子卜,欹舟三听竹枝音"③;绍兴二年(1132)《黄藻题记》载:"郡侯人日游龙脊,与民同乐,以鸡子卜年庆,邦人未尝有可免者。"④可见宋代巴蜀地区鸡卜之法更流行用鸡子占卜,至于如何进行,巴蜀一带的资料没有记录,参照上述周去非《岭外代答》的记录,应该是焚香祷祝,然后于鸡子之上墨书,记其四维而煮之。将鸡子煮熟后横切之,视当墨之处,辨别蛋清之白色之厚薄,而定侬(指自己)、人(所占之事)之吉凶。巴渝之民以鸡子卜卦,既可卜年成丰歉,也可卜人事吉凶。

除了上列历代题刻中所见的人日占卜习俗外,及至明代,虽然在人日这一天进行观水留题的内容十分稀少,但从白鹤梁的部分题刻中还是可以看到其进行物候占卜的本意。如洪武十七年(1384)《刘冲霄诗并序》载:

> 大明洪武十有七年,岁在甲子正月人日,奉训大夫、涪州知州刘冲宵,承务郎、涪州同知李希尹,从仕郎、涪州判官范庄,吏目颜亮,学正黄思诚,训导张敬先,驿丞王青,因水落石鱼呈瑞,游观,遂书于石,以记一时之盛事云。诗曰:石鱼见处便丰年,自我居官亦有缘。愿得从今常献瑞,四民乐业永安然。⑤

因为江水落而石鱼出,在他们看来即是"呈瑞",因为这样的景象

---

① 《史记·武帝纪》张守节"正义",中华书局1959年版,第479页。
② (清)钱保塘:《龙脊石题刻》,见《石刻史料新编》第三辑一五,新文丰出版公司1986年版。
③ (清)姚觐元:《涪州石鱼文字所见录》,见《石刻史料新编》第三辑一五,新文丰出版公司1986年版;(清)陆增祥:《八琼室金石补正》,文物出版社1985年版。
④ (清)钱保塘:《龙脊石题刻》,见《石刻史料新编》第三辑一五,新文丰出版公司1986年版。
⑤ 王晓晖:《白鹤梁题刻汇集校注》,天津古籍出版社2015年版,第131页。

并非每年都出现,也并非每任地方官都能亲眼所见,因此欣然题诗"石鱼见处便丰年,自我居官亦有缘。愿得从今常献瑞,四民乐业永安然"。并留刻于白鹤梁。

(2) 歌竹枝

唐宋时期,巴蜀地区的人日习俗中还有"歌竹枝","竹枝"即"竹枝词"。在云阳龙脊石题刻中,淳熙三年(1176)人日《宋南等题诗》中有"曲米杯浓真旧味,竹枝歌好更新音"之句;《唐西等题记》写道:"开禧元年(1205)乙丑人日,云安长吏率僚佐游龙脊滩,览石刻、决鸡卜、歌竹枝,皆故事也。"①

《竹枝词》原名"竹枝、竹枝歌、竹枝曲",本是乐府曲名,最早为巴人口头传唱的民歌。人民边舞边唱,用鼓和短笛伴奏。巴人常常以此进行赛歌,谁唱得最多,谁就是优胜者。这种艺术表现形式,早在战国时期就有了,楚国荆湘一带就有《下里巴人》。"下里"即下曲,是楚歌;"巴人"即巴国人,是巴歌。巴蜀与荆楚文化的交流融合,使楚歌带有巴风,巴歌带有楚风,二者相互渗透,互相融合。《下里巴人》在巴楚一带流行较广,很受欢迎。《文选》载:

> 楚襄王问于宋玉曰:"先生其有遗行与?何士民众庶不誉之甚也?"宋玉对曰:"唯。然,有之。愿大王宽其罪,使得毕其辞。客有歌于郢中者,其始曰《下里巴人》,国中属而和者数千人;其为《阳阿》《薤露》,国中属而和者数百人;其为《阳春》《白雪》,国中属而和者不过数十人;引商刻羽,杂以流徵,国中属而和者,不过数人而已。是其曲弥高,其和弥寡。"②

人日歌竹枝,在唐宋时期诗人的创作中多有表现,刘禹锡所撰《竹枝词》最为有名。穆宗长庆二年(822),刘禹锡任夔州刺史,非常喜

---

① (清)钱保塘:《龙脊石题刻》,见《石刻史料新编》第三辑一五,新文丰出版公司1986年版。

② (梁)萧统编,(唐)李善注:《文选》卷四十五《宋玉〈对楚王问〉》,上海古籍出版社1986年版,第1999页。

第四章
洪枯水题刻与社会意识

爱这种民歌，不仅有《竹枝词二首》，他还学习屈原作《九歌》的精神，采用了当地民歌的曲谱，制成新的《竹枝词九首》，描写当地山水风俗和男女爱情，富于生活气息。如："山桃红花满山头，蜀江春水拍山流。花红易衰似郎意，水流无限似浓愁。""日出三竿春雾消，江头蜀客驻兰桡，凭寄狂夫书一纸，家住成都万里桥。"刘禹锡还写下了创作背景，"四方之歌，异音而同乐，岁正月，余来建平。里中儿联歌竹枝，吹短笛击鼓以赴节。歌者扬袂睢舞"①。很明显，歌竹枝就是当地人民在正月进行的歌舞活动。

（3）修禊

关于"人日故事"，即指修禊。修禊，是古代汉族的一种民间习俗，季春三月上旬巳日，官吏和百姓到水边嬉戏、游乐，是古已有之的一种消灾祈福仪式。历史上最著名的当属王羲之会稽山阴兰亭修禊。及至唐宋，这一活动逐渐发展演变成为文人或官吏进行雅集或者官民同乐的一种经典活动，时间也不仅只在三月上旬巳日，而在人日也比较普遍了。云阳龙脊石题刻有宋政和丁酉（1117）《王霭题记》载："郡守每岁人日率同僚游龙脊滩，与同民乐，乃行春之故事，尽兴抵暮而返。"开禧元年（1205）《幸樵题记》载："太守讲人日故事，访问叹息，抵晚而归。"② 在长江之畔的丰都县名山镇一带，长江江心原有蚕背梁，石梁外侧为长江险滩，滔滔江水、汹涌澎湃。而在石梁内侧却是另一番景象，每当初春时节，江岸桃李争艳，碧水荡漾、清澈见底，飞鸟栖息，鱼游浅底，观景者络绎不绝，为丰都胜景——渌水池。此处也是人们修禊的场所，池边明人王邦的一首诗刻也提到了"故事"："莺花二月天，箫鼓木兰船。鸿迹依云石，龙光映碧川。暮游乾道记，故事永和年。觞咏临流水，高风愧昔贤。"③

石刻文献具有与传世文献不同的独特功能和巨大价值，白鹤梁题刻

---

① （清）彭定求等编，中华书局编辑部点校：《全唐诗》卷三六五《刘禹锡十二》，中华书局1980年版，第4112页。

② （清）钱保塘：《龙脊石题刻》，见《石刻史料新编》第三辑一五，新文丰出版公司1986年版。

③ 李盛林：《丰都水下题刻渌水池》，《四川文物》1987年第1期。

及龙脊石题刻等虽然以水事内容为主体，但是相关的节俗、灾祥、制度、人物、宗教等无所不载；对于考察唐宋巴蜀地区节庆风俗、山川城池、嘉言懿行、典章制度、政教德化等有特殊意义。其所反映的唐宋及以后巴蜀地区社会习俗的流变，尤其是正月七日"人日"这一天进行鸡卜、观水留题、歌竹枝、修禊等活动，为我们明确"人日"的本意提供了极其有价值的特殊资料。

二 占卜为人日习俗的典型特征

在传世文献典籍中，不乏对人日习俗的记载，或详或略，但较为明确地表现出来的都是占卜为"人日"节俗的本意。

南北朝时期，梁朝宗懔撰《荆楚岁时记》，其中对于"人日"节俗的记载十分详细，也是历来史家引用最多的材料：

> 正月七日为人日，以七种菜为羹，剪彩为人，或镂金箔为人，以贴屏风，亦戴之头鬓。又造华胜以相遗。登高赋诗。按董勋《问礼俗》曰："正月一日为鸡，二日为狗，三日为羊，四日为猪，五日为牛，六日为马，七日为人，以阴晴占丰耗。正旦画鸡于门，七日帖人于帐。"今一日不杀鸡，二日不杀狗，三日不杀羊，四日不杀猪，五日不杀牛，六日不杀马，七日不行刑，亦此义也。古乃磔鸡令畏鬼，今则不杀，未知孰是。荆人于此日向辰，门前呼牛羊鸡畜，令来。乃置粟豆于灰，散之宅内，云以招牛马，未知所出。①

《魏书》的作者魏收在自序中写道："帝宴百僚，问：'何故名人日？'皆莫能知。收对曰：晋议郎董勋答问曰：俗云，正月一日为鸡，二日为狗，三日为羊，四日为猪，五日为牛，六日为马，七日为人。以阴晴占丰耗。正旦画鸡于门，七日贴人于帐。"②《魏书》中这条对董勋的记载可以看到，董勋曾仕曹魏，西晋建立后，为议郎。可见，人日习

---

① （梁）宗懔撰，宋金龙注：《荆楚岁时记》，山西人民出版社1987年版，第15页。
② 《北史·魏收传》也有相同的记载。

第四章
洪枯水题刻与社会意识

俗至少在西晋之前即有。

宋代高承《事物纪原》载：

> 东方朔《占书》曰：岁正月一日占鸡，二日占狗，三日占羊，四日占猪，五日占牛，六日占马，七日占人，八日占谷。其日晴阴温和，为蕃息安泰之候，阴寒惨烈，为疾病衰耗之征。故杜子美诗曰："元日到人日，未有不阴时。"盖伤时之言也。推此，当有汉世始有其意。①

东方朔为汉武帝时期的人，那么，人日占卜的习俗可以上溯到汉代，而且很明确地提出人日的活动是占卜而非创世。

同是宋代的祝穆，在其《新编古今事文类聚》中，引《西清诗话》称：

> 人日多阴。都人刘克穷该典籍，常与客论云：元日到人日，未有不阴时。人知其一，未知其二。四百年惟子美与克会耳。起就架取书示客曰：此东方朔占书也。岁后八日，一日为鸡，二日为犬，三日为豕，四日为羊，五日为牛，六日为马，七日为人，八日为谷。其日晴，主所生之物育，阴则灾。少陵意谓天宝乱离，四方云扰幅裂，人物岁岁俱灾，岂春秋书王正月意邪，深得古人用心。②

清代富察敦崇《燕京岁时记》载："初七日谓之人日。是日天气清明者则人生繁衍。"并且引用东方朔占书加以说明。③

由以上各种典型的记载可以看到，"鸡、狗、羊、猪、牛、马"——六畜，和传统农业社会主要劳动力——人、主要生活资料——

---

① （宋）高承撰，（明）李果订，金圆、许沛藻点校：《事物纪原·正朔历数部·人日》，中华书局1989年版，第10页。
② （宋）祝穆，（元）富大用：《新编古今事文类聚》，书目文献出版社1991年版，第116页。
③ （清）富察敦崇：《帝京岁时纪胜·燕京岁时记》，北京古籍出版社1981年版，第46页。

谷等八者，是传统中国农业社会里最重要的因素，以每年正月初一至初八的天气状况来占卜这八者，从而祈求风调雨顺、六畜兴旺、国泰民安，十分符合早期中国人的世界观和价值观。所以，汉代东方朔《占书》明确指出初一到初八："其日晴阴温和，为蕃息安泰之候，阴寒惨烈，为疾病衰耗之征。"及至南北朝时期，宗懔的《荆楚岁时记》中，又对与此相关的一些习俗进一步做了说明，并点明以"阴晴占丰耗"。此后经宋代高承、祝穆等人的记载，直到清代，关于人日，占卜习俗之说一直是主流。

在人日登高赋诗抒怀，一直是古代社会的一个传统习俗。唐中宗就曾于"景龙三年（709）人日，（于）清晖阁登高遇雪"[①]。在唐宋时期的诗词中，就有不少关于人日的，《全唐诗》《全宋词》中，有大量关于人日的诗词。[②]

不论是《全唐诗》还是《全宋词》中，我们无法看到与人日相关的一首诗词中有关于"创世"的痕迹。一般来说，民俗习惯具有普遍的、群体性的象征意义，往往带有大量的符号象征的意味，民俗习惯与文学、文化的联系极为紧密，历朝历代的诗人生活在受到道德的、伦理的等诸多习俗和范式浸润的社会族群和民俗文化圈中，诗人创作的心态、诗歌的表征、思考的定势、寓意的具象都与民俗习惯有紧密的联系，透过文学作品，往往能还原生活习俗的真实画卷。因此，若人日习俗与"创世"相关，为何在异彩纷呈的唐诗宋词中寻不到任何蛛丝马迹？

在唐宋时期与"人日"有关的诗词中，我们能看到的都是占卜、预测、颂圣、离愁等含义。此外，就是对镂金人胜的批判态度，对梅花妆、七菜羹等节俗比较深入的阐释，以及微观地解释其在文学作品中的具体含义。这些表现也都印证了宗懔《荆楚岁时记》中的相关记载。

---

① （宋）计有功：《唐诗记事》卷九，上海古籍出版社 2008 年版。
② （清）彭定求等编，中华书局编辑部点校：《全唐诗》，中华书局 1980 年版。唐圭璋编《全宋词》，中华书局 2011 年版。据笔者翻检，还有不少于题名未见"人日"，但诗文中却提及"人日"的，细读之，均无任何"创世"之含义存在。

第四章 洪枯水题刻与社会意识

三 被误解的创世之说

将"人日"解释为创世神话,并且进行相关论证,试图架构出一个中国"创世纪"之说的,以现代学者为主。他们对"人日"与"创世纪"关系的探讨,其实并不尽如人意,创世之说,完全是对人日习俗的误解。

叶舒宪在其《人日之谜:中国上古创世神话发掘》及《中国神话哲学》中则把"人日"习俗称为"鸡人创世神话",并做了研究。他运用"当代人类学的跨文化比较和原始模型构拟方法",复原出了"人日创世神话"的全貌,即"第一天造鸡,第二天造狗,第三天造羊,第四天造猪,第五天造牛,第六天造马,第七天造人"。并且进一步将正月七日与混沌开七窍、数字七、七方等联系起来做了阐释。[①] 旁征博引,论述良多。

袁珂《中国神话传说》指出"人日习俗与天地开辟的神话有关"[②],他的依据就是《太平御览》卷三十中对《谈薮》作注解时的"一说,天地初开,以一日作鸡,七日作人"[③] 而得出的。

饶宗颐据云梦秦简中《日书》的记载如"人良日、马良日、牛良日、羊良日、猪良日、市良日、犬良日"等,认为此即为文献所记载的"一日为鸡、二日为狗……七日为人"习俗的最早记载,认为人日之俗,先秦时期就已经有了。并且在其文中还引用清人洪亮吉《释岁》中的记载,认为"此则类似以色列上帝七日造人之说"[④]。那么,洪亮吉的记载是怎样的呢?在《卷施阁文甲集》卷二《释岁》中,洪亮吉引用《荆楚岁时记》《问礼俗》等记载后,又提到:"又一说云:天地

---

① 叶舒宪:《人日之谜:中国上古创世神话发掘》,《中国文化》创刊号,文化艺术出版社1989年版;《中国神话哲学》,第7章第3、4、5节,中国社会科学出版社1997年版。

② 袁珂:《中国神话传说》,中国民间文艺出版社1984年版,第69页。

③ (宋)李昉编,夏剑钦、王巽斋等校点:《太平御览》卷三〇《时序部十五·人日》,河北教育出版社2000年版,第256页。

④ 饶宗颐、曾宪通:《云梦秦简日书研究》,香港中文大学出版社1982年版,第38—39页。

初开，以一日作鸡，七日作人也。"① 可见，洪亮吉对这种所谓"创世"的提法也不是很肯定。想必这个"一说"也是来自于《太平御览》。

董楚平综合上述各家的观点，进一步重申："中国的'人日'礼俗是上古创世神话的民间遗存。"并从不少先秦著作中列举佐证。②

对于以上叶、袁、饶、董四家关于人日之说为创世的代表性观点，仔细加以分析，就可以看到其误解的地方其实很多。

第一，饶宗颐所引用的云梦秦简日书中的记载，其实是关于某物的宜忌之日，在文书中不仅有"×良日"，还有"×忌日"，基本上都是对应出现。如：

> 祠父母良日；祠行良日；人良日，人忌日；马良日，马忌日；牛良日，牛忌日；羊良日，羊忌日；猪良日，猪忌日。市良日：犬良日，犬忌日，鸡良日，鸡忌日。金钱良日，金钱忌日；蚕良日。
>
> 人良日：乙丑、乙酉、乙巳；己丑、己酉、己巳；辛丑、辛酉、辛巳；癸酉、癸巳。其忌：丁巳、丁未、戊戌、戊辰、戊子，不利出入人。③

从上述云梦秦简日书中的内容可以看出，还是与占卜有关而与创世毫无关系。除饶氏一书外，研究云梦睡虎地秦简日书的其他著作，如刘乐贤《睡虎地秦简日书研究》④、吴小强《秦简日书集释》⑤、王子今《睡虎地秦简〈日书〉甲种疏证》⑥ 等，基本上都阐明睡虎地日书的内容就是以选择时日吉凶的条文为主。可见，饶氏一书中将相关占卜、择日的文献与传统人日习俗相统一，并理解为创世的看法，都是对《太平御览》引用《谈薮》的内容时所写的"一说"以及清人洪亮吉再一说

---

① （清）洪亮吉撰，刘德权点校：《洪亮吉集》，中华书局2001年版，第33页。
② 董楚平：《中国上古创世神话钩沉——楚帛书甲篇解读兼谈中国神话的若干问题》，《中国社会科学》2002年第5期。
③ 《睡虎地秦墓竹简》，文物出版社1990年版。
④ 刘乐贤：《睡虎地秦简日书研究》，文津出版社1994年版。
⑤ 吴小强：《秦简日书集释》，岳麓书社2000年版。
⑥ 王子今：《睡虎地秦简〈日书〉甲种疏证》，湖北教育出版社2004年版。

第四章
洪枯水题刻与社会意识

产生的误解而形成的。

在《谈薮》一书中,没有"一日作鸡……七日作人"的记载。《太平御览》成书于太平兴国八年(983),其所引用的《谈薮》就是北齐阳松玠所撰的志人小说,今有程毅中、程有庆采于类书而成的辑校本。① 此书大约在南宋以后散佚不见。《太平御览》中的"一日作鸡……七日作人"的说法实际上是编纂者自己的猜测,与《谈薮》没有关系。那么,主张人日习俗为"创世说"的洪亮吉及今人饶宗颐、袁珂、叶舒宪诸位则是误解了《太平御览》的猜测而已。

第二,在董楚平的文章中,分别考察了鸡、狗、羊、猪、牛、马、人这样一个排列顺序。认为"人日"节俗中,之所以将初一至初四分别列为"鸡、狗、羊、猪"日,并排列于人之前,是因为其代表了东、南、西、北四个方位,并以《墨子》卷十五《迎敌祠》中记载的一种祭祀仪式为证:

> 敌以东方来,迎之东坛……主祭青旗。青神……将服必青,其牲以鸡。敌以南方来,迎之南坛……主祭赤旗。赤神……将服必赤,其牲以狗。敌以西方来,迎之西坛……主祭白旗。素神……将服必白,其牲以羊。敌以北方来,迎之北坛……主祭黑旗。黑神……将服必黑,其牲以猪。②

对牛、马排在人之前,则以《易·说卦》的记载来说明:"乾为天,为父,为良马,为老马;坤为地,为母、为子母牛。"

《易·说卦》为易传十翼之一,其解说乾、坤、艮、兑、坎、离、震、巽八经卦所象征的各类事物,并阐述六十四卦卦序排列原理和各卦的属性意义,以辅助占断吉凶,故名"说卦"。董氏所引用的材料并不完整,故而结论未必正确,为了较好地说明问题,此将《易·说卦》

---

① 关于《谈薮》,有阳松玠撰,程毅中、程有庆辑校本,中华书局1996年版。另有何旭著《〈谈薮〉研究》(东京不二出版社2010年版)认为《谈薮》撰者是阳□松,成书年代在隋开皇(581—600)年间,散佚年代应在南宋景定二年(1262)以后。
② 吴毓江撰,孙启治点校:《墨子校注》,中华书局1993年版,第894页。

· 223 ·

第十一章完整的材料列出：

乾为天、为圜、为君、为父、为玉、为金、为寒、为冰、为大赤、为良马、为瘠马、为驳马、为木果。

坤为地、为母、为布、为釜、为吝啬、为均、为子母牛、为大舆、为文、为众、为柄，其于地也为黑。

震为雷、为龙、为玄黄、为旉、为大涂、为长子、为决躁、为苍筤竹、为萑苇。其于马也，为善鸣、为馵足，为的颡。其于稼也，为反生。其究为健，为蕃鲜。

巽为木、为风、为长女、为绳直、为工、为白、为长、为高、为进退、为不果、为臭。其于人也，为寡发、为广颡、为多白眼、为近利市三倍。其究为躁卦。

坎为水、为沟渎、为隐伏、为矫輮、为弓轮。其于人也，为加忧、为心病、为耳痛、为血卦、为赤。其于马也，为美脊、为亟心、为下首、为薄蹄、为曳。其于舆也，为多眚。为通、为月、为盗。其于木也，为坚多心。

离为火、为日、为电、为中女、为甲胄、为戈兵。其于人也，为大腹，为乾卦、为鳖、为蟹、为蠃、为蚌、为龟。其于木也，为科上槁。

艮为山、为径路、为小石、为门阙、为果蓏、为阍寺、为指、为狗、为鼠、为黔喙之属。其于木也，为坚多节。

兑为泽、为少女、为巫、为口舌、为毁折、为附决。其于地也，刚卤。为妾、为羊。①

《易·说卦》是先秦时期和《周易》并行的，并且具有工具书性质的一本筮法书。唐代孔颖达在其《周易正义》中也说到"《说卦》者，

---

① 《周易正义》卷九《说卦》，（清）阮元校刻《十三经注疏》，中华书局1980年版，第205页。

第四章 洪枯水题刻与社会意识

陈说八卦之德业变化及法象所为也"①。此书既为卜筮之书，则以上内容的含义就十分明确了，如以文中多次提到的马来看，简单地说，如果得乾卦，可表示良马、瘠马（瘦马）、驳马（杂色的马）；得震卦，表示马为善鸣或者馵足（后左足为白色），或者的颡（白额）；得坎卦，表示马为美脊，或者亟心，或者下首，或者薄蹄，或者曳。当然还要配合其他卦象来进行具体分析判断。有学者认为这种琐碎的记载"无助于解经，似亦无助于占事"②。但是实际上这种用琐碎的形式来占卜人、物、事，在古代是常用的。《睡虎地秦简日书》就有用天干地支来推测盗贼的相貌性格特征，乃至姓名的方式，可谓同理。而纵览《易经》的各家解说，乾、坤、艮、兑、坎、离、震、巽八经卦所象征的各类事物中，涉及的动物包括了马、牛、羊、龙、豕、麋鹿、蛇、鱼、鸟、鹤、鸿、豹、狼、狐等等。因而，董氏以乾、坤来解释马、牛，并认为按照创世的顺序应列在人前的说法，十分牵强。

关于鸡、狗、羊、猪分别代表东、南、西、北四个方向。在中国古代，四方与四时（春、夏、秋、冬）、四色（青、赤、白、黑）是重叠相配的。可见，在先秦时期，就已经把鸡、狗、羊、猪四种与人类关系密切的家畜家禽运用到占卜之中，并非创世。

第三，东方朔《占书》中，初一到初八这八日，包括了六畜（鸡狗羊猪马牛）、人、谷，这是中国古代农业社会最主要的构成要素，以天气阴晴来占卜物候，也最符合中国古代哲学。

将"一日作鸡……七日作人"解释为中国"创世说"，以七天为序先后创造鸡、狗、羊、猪、马、牛、人的说法，从简单的类比来说也无法解释，既然是创世，天地、江河及其他万物为何不见？如果按照董、叶之说，以鸡、狗、羊、猪代指四方，以马、牛代指天地，认为前六天是创造四方天地，那么，这六种动物又从哪里来的？实在令人难以信服。而西方关于上帝创世，就是一个比较完整的体系。《新旧约全书》中，神用五天造了天地、空气、地海植物、星辰日月、动物，于第六日

---

① 《周易正义》卷九《说卦》，（清）阮元校刻《十三经注疏》，中华书局1980年版，第205页。

② 高亨：《周易大传今注》，齐鲁书社1997年版，第653页。

造人。①

从以上的梳理可以看出，宋代之前，人日没有关于创世的相关提法，宋代以来，在文献记载中出现了创世的成分，但这种说法依然是一种猜测或联想，看不到对相关典籍记载的具体分析，因此也就不能将其很肯定地来说明。可以说，唐代基督教入华，关于基督创世的内容传入中国，到了宋代，一些文人学者有意识地将中国文化中的一些创世内容进行创造性发挥，使人日习俗在内涵上出现了一些变化。因此，关于"人日"为创世之说，基本来自于《太平御览》中引用《谈薮》时所做的一条注解的"一说"，到清代洪亮吉进一步引用，而到现代部分学者误解。

至此，我们可以肯定的是，"人日"习俗在中国的出现与流传，其实是与占卜密切相关，并非中国古代关于创世的描述。宋代及其以后以白鹤梁为代表的石刻文献的记载，不论从时限还是内容，都远远超过《太平御览》的一条记载，从而充分说明了"人日"真实的占卜之意。

小　　结

对中国古代洪水枯水题刻进行整理分类和进一步研究，可以看到题刻蕴含着的深刻内涵。题刻的出现凸显了古人观水、记水、思水的社会观念，在古代农业社会中，国家、地方官府和民间社会群体及个体，因农业与水的关系而积极关注水事。在这种关注中，社会各阶级、阶层之间的联系和影响时刻表现出来，社会不同等级在水文观测、水资源利用中的地位和作用也有所显露。洪枯水题刻还彰显了水与古代社会发展变迁的密切关系，士人和民众在心态与自然之间的游移，思想和意识的互动。而以"人日"为代表的占卜习俗，几乎成为古代寻求人与自然和谐的意识在枯水题刻中最典型的反映。

---

① 《新旧约全书》，中国基督教协会1989年版。

参考文献

一 古籍

（清）陆增祥：《八琼室金石补正》，文物出版社1985年版。

（清）王尔鑑修：《巴县志》，嘉庆二十五年刻本。

（宋）陈思编：《宝刻丛编》，《历代碑志丛书》，江苏古籍出版社1998年版。

（清）陈宝箴撰：《陈宝箴集》，中华书局2005年版。

（宋）朱熹集注：《楚辞集注》，上海古籍出版社1979年版。

（宋）宋敏求撰，诚刚点校：《春明退朝录》，中华书局1980年版。

（清）富察敦崇撰：《帝京岁时纪胜·燕京岁时记》，北京古籍出版社1981年版。

（清）林有席修，严思浚等纂：《东湖县志》，《中国地方志集成·湖北府县志辑51》，江苏古籍出版社2001年版。

（宋）吕祖谦：《东莱集》，景印文渊阁四库全书，第1150册，台湾商务印书馆1986年版。

（宋）吕本中：《东莱紫微师友杂志》，光绪二年陆氏十万卷楼刻本。

（元）范梈撰：《范德机诗集》，四部丛刊初编（集部238），上海书店出版社1989年版。

（宋）范仲淹撰：《范文正集》，景印文渊阁四库全书，第1089册，台湾商务印书馆1986年版。

（宋）祝穆撰，施和金点校：《方舆胜览》，中华书局2003年版。

（清）钱保塘：《涪州石鱼题刻》，《石刻史料新编》第三辑一五，新文丰出版公司 1986 年版。

（清）钱保塘：《涪州石鱼题名记》，《丛书集成续编》本，史部第 75 册，上海书店出版社 1994 年版。

（清）姚觐元：《涪州石鱼文字所见录》，《石刻史料新编》第三辑一五，新文丰出版公司 1986 年版。

（清）毕沅：《关中金石记》，《续修四库全书》，上海古籍出版社 2002 年版。

（清）沈云俊修，刘玉森纂：《归州志》，《中国地方志集成·湖北府县志辑 53》，江苏古籍出版社 2001 年版。

（汉）班固撰：《汉书》，中华书局 1962 年版。

（清）濮文昶修，张行简纂：《汉阳县识》，《中国地方志集成·湖北府县志辑 5》，江苏古籍出版社 2001 年版。

（宋）魏了翁撰：《鹤山集》，景印文渊阁四库全书，第 1172—1173 册，台湾商务印书馆 1986 年版。

（清）洪亮吉撰，刘德权点校：《洪亮吉集》，中华书局 2001 年版。

（清）迈柱等修，夏力恕等纂：《湖广通志》，景印文渊阁四库全书，第 531 册，台湾商务印书馆 1986 年版。

（晋）常璩撰，刘琳校注：《华阳国志》，巴蜀书社 1984 年版。

（宋）王明清：《挥尘后录》，中华书局 1961 年版。

（清）濮文暹撰：《见在龛集》，国家清史编纂委员会编《清代诗文集汇编》，上海古籍出版社 2011 年版。

（宋）李心传撰：《建炎以来系年要录》，中华书局 1956 年版。

（清）富珠朗阿修，宋煊、黄云衢纂：《江北厅志》，《中国地方志集成·四川府县志辑 5》，巴蜀书社 1992 年版。

（清）曾受一纂修：《江津县志》，嘉庆九年重刊本。

（清）赵弘恩等监修，黄之隽等编纂：《江南通志》，景印文渊阁四库全书，第 507—512 册，台湾商务印书馆 1986 年版。

（清）傅春官辑：《江西农工商矿纪略》，光绪三十四年石印本。

《金史》，中华书局 1975 年版。

《晋书》，中华书局 1974 年版。

（宋）冯时行：《缙云文集》，景印文渊阁四库全书，第1138册，台湾商务印书馆1986年版。

（梁）宗懔撰，宋金龙注：《荆楚岁时记》，山西人民出版社1987年版。

（后晋）刘昫等撰：《旧唐书》，中华书局1975年版。

（宋）晁公武撰，孙猛校证：《郡斋读书志校证》，上海古籍出版社1990年版。

（明）吴潜修，傅汝舟纂：《夔州府志》，上海古籍书店1961年版。

（宋）王应麟撰，（清）阎若璩、何焯评注：《困学纪闻》，景印文渊阁四库全书，第854册，台湾商务印书馆1986年版。

（宋）韩驹撰：《陵阳集》，景印文渊阁四库全书，第1133册，台湾商务印书馆1986年版。

（宋）周去非著，杨武泉校注：《岭外代答校注》，中华书局1999年版。

（清）田秀栗等修，华国清等纂：《泸州直隶州志》，《中国地方志集成·四川府县志辑32》，巴蜀书社1992年版。

（宋）苏辙撰：《栾城集》，景印文渊阁四库全书，第1112册，台湾商务印书馆1986年版。

（清）李清馥、徐公喜编，管正平、周明华校：《闽中理学渊源考》，凤凰出版社2011年版。

（宋）杜大珪编：《名臣碑传琬琰集》，景印文渊阁四库全书，第450册，台湾商务印书馆1986年版。

（清）张廷玉等撰：《明史》，中华书局1974年版。

（清）赵炳然、陈廷钰等纂修：《纳溪县志》，《中国地方志集成·四川府县志辑32》，巴蜀书社1992年版。

（宋）欧阳修撰，李之亮笺注：《欧阳修集编年笺注》，巴蜀书社2007年版。

（宋）陆佃撰：《埤雅》，中华书局1985年版。

（清）张曾敏修，陈琦纂：《屏山县志》，《中国地方志集成·四川府县志辑36》，巴蜀书社1992年版。

（清）宋灏修，罗星等纂：《綦江县志》，《中国地方志集成·四川府县志辑7》，巴蜀书社1992年版。

（清）弘历撰：《钦定大清会典则例》，景印文渊阁四库全书，第620—625册，台湾商务印书馆1986年版。

（清）弘历撰：《钦定皇朝文献通考》，景印文渊阁四库全书，第632—638册，台湾商务印书馆1986年版。

（宋）吴处厚撰，李裕民批注：《青箱杂记》，中华书局1985年版。

《清实录》，中华书局1987年版。

（宋）谢深甫等纂修，戴建国点校：《庆元条法事类》，黑龙江人民出版社2002年版。

（清）明谊修：《琼州府志》，海南出版社2006年版。

（明）林应翔等修，叶秉敬等纂：《衢州府志》，成文出版社有限公司，1983年版。

（明）杨慎编，刘琳、王晓波点校：《全蜀艺文志》，线装书局2003年版。

（清）彭定求等编：《全唐诗》，中华书局1980年版。

（清）董浩等编：《全唐文》，中华书局1983年版。

（晋）陈寿撰：《三国志》，中华书局1959年版。

（清）岳濬等监修：《山东通志》，《中国地方志集成·省志辑·山东一》，凤凰出版社2011年版。

（宋）黄庭坚撰：《山谷别集》，景印文渊阁四库全书，第1113册，台湾商务印书馆1986年版。

（宋）黄庭坚撰，（宋）任渊注：《山谷内集诗注》，景印文渊阁四库全书，第1114册，台湾商务印书馆1986年版。

（清）胡聘之编：《山右石刻丛编》，山西人民出版社1988年版。

（清）吴任臣撰：《十国春秋》，中华书局1983年版。

（清）阮元校刻：《十三经注疏》，中华书局1980年版。

（汉）司马迁撰：《史记》，中华书局1959年版。

（宋）高承撰，（明）李果订，金圆、许沛藻点校：《事物纪原》，中华书局1989年版。

（明）曹学佺著：《蜀中广记》，景印文渊阁四库全书，第591—592册，台湾商务印书馆1986年版。

参考文献

（明）曹学佺著，刘知渐点校：《蜀中名胜记》，重庆出版社 1984 年版。

（北魏）郦道元原注，陈桥驿注释：《水经注》，浙江古籍出版社 2013 年版。

（宋）蔡适撰，（明）黎谅编：《水心集》，景印文渊阁四库全书，第 1164 册，台湾商务印书馆 1986 年版。

（清）常明修、杨芳灿等纂：《四川通志》，巴蜀书社 1984 年版。

（清）黄廷桂监修，张晋生编纂：《四川通志》，景印文渊阁四库全书，第 559—561 册，台湾商务印书馆 1986 年版。

（清）纪昀总纂：《四库全书总目提要》，河北人民出版社 2000 年版。

（宋）晁公遡撰：《嵩山集》，景印文渊阁四库全书，第 1139 册，台湾商务印书馆 1986 年版。

（清）徐松辑：《宋会要辑稿》，中华书局 1957 年版。

（清）王夫之著，舒士彦点校：《宋论》，中华书局 1964 年版。

（元）脱脱等撰：《宋史》，中华书局 1985 年版。

（梁）沈约撰：《宋书》，中华书局 1974 年版。

（清）黄宗羲原著、全祖望补修，陈金生、梁运莘点校：《宋元学案》，中华书局 1986 年版。

（唐）魏征撰：《隋书》，中华书局 1997 年版。

（清）孙海修，李星根纂：《遂宁县志》，光绪五年刻本。

（清）蒋师辙撰：《台游日记》，《丛书集成续编》，上海书店出版社 1994 年版。

（宋）李昉等撰：《太平广记》，中华书局 1961 年版。

（宋）乐史撰，王文楚等点校：《太平寰宇记》，中华书局 2007 年版。

（宋）李昉等编：《太平御览》，中华书局 1966 年版。

（宋）彭百川撰：《太平治迹统类》，江苏广陵古籍刻印社 1990 年版。

（宋）计有功编：《唐诗记事》，上海古籍出版社 2008 年版。

（宋）郑樵撰，王树民点校：《通志二十略》，中华书局 1995 年版。

（清）吕绍衣、王应元等修纂：《同治重修涪州志》，《中国地方志集成·四川府县志辑 46》，巴蜀书社 1992 年版。

（明）李思孝修，冯从吾等纂：《万历陕西通志》，陕西省地方志办公室整理，国家图书馆出版社 2017 年版。

（清）濮文昶撰：《味雪龛词钞》，《清词珍本丛刊》，凤凰出版社 2007 年版。

（宋）庞元英撰：《文昌杂录》，中华书局 1958 年版。

（宋）汪应辰撰：《文定集》，景印文渊阁四库全书，第 1138 册，台湾商务印书馆 1986 年版。

（元）马端临撰：《文献通考》，中华书局 1986 年版。

（梁）萧统辑，（唐）李善注：《文选（宋尤袤刻本）》，国家图书馆出版社 2017 年版。

（宋）欧阳修撰，周必大编：《文忠集》，景印文渊阁四库全书，第 1102—1103 册，台湾商务印书馆 1986 年版。

（明）郭良翰撰：《问奇类林》，《四库未收书辑刊》子 07 辑 15 册，北京出版社 1997 年版。

（晋）葛洪撰，周天游校注：《西京杂记》，三秦出版社 2006 年版。

（宋）真德秀撰：《西山先生真文忠公文集》，万有文库本，商务印书馆 1937 年版。

（宋）黄岩孙编，（元）黄真仲重订：《仙溪志》，《宋元方志丛刊》，中华书局 1990 年版。

（宋）潜说友撰：《咸淳临安志》，中华书局 1990 年版。

（清）濮瑗修，陈治安、黄朴等纂：《咸丰简州志》，咸丰三年凤山书院版藏本。

（宋）祝穆、（元）富大用辑：《新编古今事文类聚》，书目文献出版社 1991 年版。

（宋）度正撰：《性善堂稿》，景印文渊阁四库全书，第 1170 册，台湾商务印书馆 1986 年版。

（清）王麟祥修，邱晋成等纂：《叙州府志》，《中国地方志集成·四川府县志辑 28》，巴蜀书社 1992 年版。

（宋）张商英等撰，陈扬炯、冯巧英校注：《续清凉传》，山西人民出版社 2013 年版。

（清）毕沅撰：《续资治通鉴》，上海古籍出版社 1986 年版。

（宋）李焘撰：《续资治通鉴长编》，中华书局 1995 年版。

（清）蒋启勋、赵佑宸修，汪士铎等纂：《续纂江宁府志》，《中国地方志集成·江苏府县志辑 2》，江苏古籍出版社 1991 年版。

（宋）洪迈撰，何卓点校：《夷坚志》，中华书局 1981 年版。

（清）温道均修，熊毓藩等纂：《营山县志》，《中国地方志集成·四川府县志辑 58》，巴蜀书社 1992 年版。

（清）冯世瀛、冉崇文等编纂：《酉阳直隶州总志》，酉阳自治县档案局整理，巴蜀书社 2009 年版。

（清）邵陆编纂：《酉阳州志》，酉阳自治县档案局整理，巴蜀书社 2010 年版。

（宋）欧阳忞著，李勇先、王小红校注：《舆地广记》，四川大学出版社 2003 年版。

（宋）王象之撰：《舆地纪胜》，江苏广陵古籍刻印社 1991 年版。

（宋）王应麟撰：《玉海》，广陵书社 2003 年版。

（宋）黄庭坚撰：《豫章黄先生文集》，《四部丛刊初编》，第 163—164 册，上海书店出版社 1989 年版。

（宋）王存编：《元丰九域志》，中华书局 1984 年版。

（明）宋濂撰：《元史》，中华书局 1976 年版。

（清）秦嘉谟编：《月令粹编》，嘉庆壬申年琳琅仙馆刻本。

（宋）郑獬撰：《郧溪集》，景印文渊阁四库全书，第 1097 册，台湾商务印书馆 1986 年版。

（明）罗青霄修，谢彬纂：《漳州府志》，台湾学生书局 1965 年版。

（清）沈定均续修，吴联熏增纂：《漳州府志》，《中国地方志集成·福建府县志辑 29》，上海书店出版社 2000 年版。

（明）归有光著，周本淳校点：《震川先生集》，上海古籍出版社 1981 年版。

（清）文启等修，伍肇龄等纂：《直隶绵州志》，《中国地方志集成·四川府县志辑 16》，巴蜀书社 1992 年版。

（宋）陈振孙著，徐小蛮、顾美华点校：《直斋书录解题》，上海古籍出版社 1987 年版。

(清)毕沅撰:《中州金石记》,《丛书集成初编》,商务印书馆1936年版。

(清)侯若源、庆征修,柳福培纂:《忠州直隶州志》,《中国地方志集成·四川府县志辑53》,巴蜀书社1992年版。

(清)董维祺主修、冯懋桂等纂:《重庆府涪州志》,《日本藏中国罕见地方志丛刊》,书目文献出版社1992年版。

(清)王梦庚修,寇宗纂:《重庆府志》,《中国地方志集成·四川府县志辑5》,巴蜀书社1992年版。

(宋)司马光撰:《资治通鉴》,中华书局1956年版。

(宋)阳枋撰:《字溪集》,景印文渊阁四库全书,第1183册,台湾商务印书馆1986年版。

(清)平翰修,郑珍、莫友芝纂:《遵义府志》,遵义市志编纂委员会办公室整理出版,1986年版。

二 近人论著

[美]杨联陞:《中国制度史研究》,江苏人民出版社2007年版。

《涪陵辞典》编纂委员会编:《涪陵辞典》,重庆出版社2003年版。

《涪陵市志》编纂委员会编:《涪陵市志》,四川人民出版社1995年版。

《溧水濮氏宗谱》,江苏省溧水县档案馆藏。

《新旧约全书》,中国基督教协会,1989年印行。

Ellsworth Huntington, *The Pulse of Asia: A Journey in Central Asia Illustrating the Geographic Basis of History*, Boston; Houghton – Mifflin Co. 1907.

包弼德:《斯文:唐宋思想的转型》,刘宁译,江苏人民出版社2001年版。

包伟民、傅俊:《宋代"乡原体例"与官府运作》,《浙江大学学报》(人文社会科学版)2008年第3期。

蔡东洲:《嘉陵江流域历代洪水碑刻考论》,《四川师范学院学报》(自然科学版)1999年第2期。

曾超、彭丹凤等:《白鹤梁题刻〈晁公溯题记〉价值小议》,《三峡大学学报》2007年第3期。

曾超、张正武：《西南地区白鹤梁题刻唐宋涪州牧考释》，《长江师范学院学报》2013年第1期。

曾超：《三峡国宝——白鹤梁题刻汇录与考索》，中国文史出版社2005年版。

曾枣庄、刘琳主编，四川大学古籍研究所编撰：《全宋文》，上海辞书出版社2006年版。

常洪主编：《动物遗传资源学》，科学出版社2009年版。

陈步武、江三乘纂，郑国翰，曾瀛藻修：《大竹县志》，《中国方志丛书》，成文出版社有限公司1976年版。

陈慈祥、邱可发：《四会围基史话》，《广东史志》1998年第3期。

陈国阶、徐琪、杜榕桓等：《三峡工程对生态与环境的影响及对策研究》，科学出版社1995年版。

陈乐保：《唐肃代时期剑南道政治地理研究（757—767）——以东西两川的分合为中心》，《四川大学学报》（哲学社会科学版）2015年第2期。

陈曦震、陈之涵：《中国长江水下博物馆：白鹤梁题刻》，重庆出版社2003年版。

陈曦震主编：《水下碑林——白鹤梁》，四川人民出版社1995年版。

陈相因、刘汉忠：《广西刻书考略（下）》，《广西地方志》2000年第5期。

陈燕：《〈字通〉部首检索系统研究》，《辞书研究》2007年第5期。

成都市地方志编纂委员会，四川大学历史地理研究所整理：《成都旧志》，成都时代出版社2007年版。

丁祖春、王熙祥：《涪陵白鹤梁石鱼和题刻研究》，《四川文物》1985年第2期。

董楚平：《中国上古创世神话钩沉——楚帛书甲篇解读兼谈中国神话的若干问题》，《中国社会科学》2002年第5期。

杜海军辑校：《桂林石刻总集辑校》，中华书局2013年版。

范天平：《豫西水碑钩沉》，陕西人民出版社2001年版。

冯广宏、徐慕菊：《试评〈四川两千年洪灾史料汇编〉》，《四川水利》

1994年第6期。

傅光宇：《"人日创世神话"质疑》，《楚雄师专学报》1999年第4期。

高亨：《周易大传今注》，齐鲁书社1997年版。

龚廷万：《四川涪陵"石鱼"题刻文字的调查》，《文物》1963年第7期。

龚延明：《宋代官职辞典》，中华书局1997年版。

顾明远：《教育大辞典》，上海教育出版社1998年版。

郭成康：《康乾盛世的历史报告》，中国言实出版社2002年版。

郭海晋、王辉：《三峡库区水文题刻文物的调查与研究》，《中国三峡建设》1997年第2期。

郭则澐著，屈兴国点校：《清词玉屑》，浙江古籍出版社2014年版。

郝国胜：《白鹤梁水文题刻及其保护》，《中国历史文物》2003年第3期。

何凤桐：《宋代长江水文题刻实录》，《贵州文史丛刊》2002年第1期。

何新所：《昭德晁氏家族研究》，上海古籍出版社2006年版。

河南省文物局：《河南碑志叙录》，中州古籍出版社1992年版。

胡昌健：《涪陵白鹤梁"元符庚辰涪翁来"题刻考》，《四川文物》2003年第1期。

胡贵明、黄春长等：《伊洛龙门峡段全新世古洪水和历史洪水水文学重建》，《地理学报》2015年第7期。

胡明思、骆承政主编，水利电力部暴雨洪水分析计算协调小组办公室，水利电力部南京水文水资源研究所编：《中国历史大洪水》，中国书店出版社1989年版。

胡人朝：《长江上游历史洪水发生规律的探索》，《农业考古》1989年第2期。

胡人朝：《长江上游历史洪水题刻、碑记考察》，《西南大学学报》（社会科学版）1981年第3期。

胡文辉：《"人日"考辨》，《中国文化》第九期，生活·读书·新知三联书店1992年版。

胡问涛、罗琴：《冯时行及其〈缙云文集〉研究》，巴蜀书社2002

年版。

华林甫：《清代以来三峡地区水旱灾害的初步研究》，《中国社会科学》1999年第1期。

黄光辉等修，郎承诜等纂：《丰都县志》，《中国地方志集成·四川府县志辑47》，巴蜀书社1992年版。

黄海：《白鹤梁题刻辑录》，中国戏剧出版社2014年版。

黄荣春主编：《福州十邑摩崖石刻》，福建美术出版社2008年版。

黄秀陵：《涪陵白鹤梁唐代石鱼与周易文化》，《四川文物》2004年第2期。

黄真理：《白鹤梁题刻保护问题及其与水域环境的关系》，《文物保护与环境科学》2001年第1期。

黄竹三、冯俊杰等编：《洪洞介休水利碑刻辑录》，中华书局2003年版。

金勇强：《气候变化对宋夏战事的影响述论》，《宁夏社会科学》2010年第5期。

蓝勇：《历史时期三峡地区的农林副业开发研究》，《中国农史》1995年第3期。

蓝勇：《历史时期长江上游河道萎缩及对策研究》，《中国历史地理论丛》1991年第3期。

李朝军：《晁公武兄弟在渝事迹考》，《中华文化论坛》2007年第3期。

李金荣：《涪陵白鹤梁题"元符庚辰涪翁来"考辨》，《重庆社会科学》2006年第5期。

李凌宵修，钟朝煦等纂：《南溪县志》，《中国地方志集成·四川府县志辑32》，巴蜀书社1992年版。

李龙文主编：《兰州碑林藏甘肃古代碑刻拓片精华》，甘肃人民美术出版社2010年版。

李胜：《〈水下碑林白鹤梁〉题刻释文校读记》，《重庆社会科学》2005年第10期。

李胜：《白鹤梁石刻题名人考按五十六则》，《三峡大学学报》2006年第1期。

李盛林：《丰都水下题刻渌水池》，《四川文物》1987年第1期。

李铁松：《嘉陵江流域历史洪水研究》，《灾害学》2005年第1期。

李啸海：《李拔治水西陵峡》，《中国三峡建设》2000年第6期。

李禹阶、邹登顺：《三峡地区石刻文物的文化价值研究》，《重庆师院学报》（哲学社会科学版）2000年第2期。

李钟岳等修，孙寿芝纂：《丽水县志》，《中国方志丛书·华东地方·第123号》，成文出版社1975年版。

刘焕阳：《晁补之世系考辨》，《烟台师范学院学报》1988年第1期。

刘嘉慧、查小春等：《北宋时期气候变化及其对应社会影响》，《中山大学学报》（自然科学版）2018年第1期。

刘乐贤：《睡虎地秦简日书研究》，文津出版社1994年版。

刘兴亮：《国内白鹤梁题刻研究综述》，《长江师范学院学报》2013年第2期。

刘兴亮：《姚觐元与清末白鹤梁题刻研究——兼谈〈涪州石鱼文字所见录〉的成书过程》，《中国典籍与文化》2018年第1期。

刘彦：《黄陵庙：特大洪水的历史记录》，《中国三峡》2012年第6期。

刘泽华：《先秦士人与社会》，天津人民出版社2002年版。

骆承政编：《中国历史大洪水调查资料汇编》，中国书店出版社2006年版。

马呈图纂辑：《高要县志》，《中国方志丛书·华南地方·第174号》，成文出版社有限公司1975年版。

毛远明：《"席㝯"而非"席篆"辨》，《中国史研究》2000年第3期。

苗书梅：《宋代州级属官体制初探》，《中国史研究》2002年第3期。

莫砺锋：《论宋人校勘杜诗的成就及影响》，《杜甫研究学刊》2005年第3期。

聂述文等修：《江津县志》，《中国地方志集成·四川府县志辑45》，巴蜀书社1992年版。

宁应成：《长江上游历史洪枯水题刻调查及应用》，《人民长江》2013年第11期。

彭献翔：《龙脊石题刻》，《四川文物》1991年第1期。

皮庆生：《宋代民众祠神信仰研究》，上海古籍出版社2008年版。

乔盛西、陈正洪：《历史时期川江石刻洪水资料的分析》，《湖北气象》1999年第1期。

秦国经：《清代官员履历档案全编》，华东师范大学出版社1997年版。

饶宗颐、曾宪通：《云梦秦简日书研究》，（香港）中文大学出版社1982年版。

任乃强：《华阳国志校补图注》，上海古籍出版社1987年版。

史辅成、易元俊、慕平编：《黄河历史洪水调查、考证和研究》，黄河水利出版社2002年版。

史辅成：《黄河碑刻暴雨洪水》，《人民黄河》1993年第11期。

水赉运：《黄庭坚书法年表》，《九江师专学报》1986年第1期。

水利部长江水利委员会、重庆市文化局、重庆市博物馆编：《四川两千年洪灾史料汇编》，文物出版社1993年版。

水利部长江水利委员会编：《长江三峡工程水库水文题刻文物图集》，科学出版社1996年版。

水利水电科学院水利史研究室：《清代长江流域西南国际河流洪涝档案史料》，中华书局1991年版。

睡虎地秦墓竹简整理小组编：《睡虎地秦墓竹简》，文物出版社1990年版。

四川省犍为县志编纂委员会：《犍为县志》，四川人民出版社1991年版。

孙华、陈元棪：《白鹤梁题刻的历史和价值》，《四川文物》2014年第1期。

孙华、陈元棪：《涪陵白鹤梁题刻的保护与展示》，《四川文物》2015年第6期。

唐圭璋：《全宋词》，中华书局2011年版。

汪孔丰：《明末清初松江地区"龙门"弟子考略》，《安庆师范学院学报》2008年第7期。

汪耀奉：《长江涪陵白鹤梁历史枯水题刻研究应用》，《水文》1999年第2期。

王帆、楚宜:《同治九年长江洪水题刻及相关问题研究》,《北方文学》2014年第8期。

王家德:《从考古材料看长江上游历史上发生的特大洪水》,《农业考古》1988年第2期。

王家德:《长江上游历代几次特大洪水与成因》,《四川文物》1993年第2期。

王鉴清、施纪云等修纂:《民国涪陵县续修涪州志》,《中国地方志集成·四川府县志辑47》,巴蜀书社1992年版。

王久渊等:《乌江经济文化研究》(第一辑),重庆出版社2004年版。

王俊荆、叶玮、朱丽东等:《气候变迁与中国战争史之间的关系综述》,《浙江师范大学学报》(自然科学版)2008年第1期。

王美华:《礼制下移与唐宋社会变迁》,中国社会科学出版社2015年版。

王松木:《坠入魔道的古音学家——论龙为霖〈本韵一得〉及其音学思想》,《清华中文学报》2012年第8期。

王晓晖:《白鹤梁题刻人物汇考》,天津古籍出版社2017年版。

王晓晖《白鹤梁题刻所见涪州知州吴革考辨》,《三峡大学学报》2014年第1期。

王晓晖:《白鹤梁题刻文献汇集校注》,天津古籍出版社2015年版。

王晓晖:《北宋涪州知州考略》,《长江师范学院学报》2012年第9期。

王晓晖:《南宋涪州知州考略》,《长江师范学院学报》2014年第6期。

王晓晖:《长江中上游地区古代洪水枯水题刻的文献价值》,《三峡大学学报》2015年第5期。

王琤:《全编宋词》,延边人民出版社2004年,

王子今:《睡虎地秦简〈日书〉甲种疏证》,湖北教育出版社2004年版。

卫伟林主编:《三晋石刻大全·晋城市阳城县卷》,三晋出版社2012年版。

文榕生:《中国珍稀野生动物分布变迁》,山东科学技术出版社2009年版。

闻一多：《唐诗杂论》，上海古籍出版社 1998 年版。

翁周运：《论黄庭坚的书法》，《书法》1984 年第 3 期。

吴山：《中国新石器时代陶器装饰艺术》，文物出版社 1982 年版。

吴廷燮撰，张忱石点校：《北宋经抚年表·南宋制抚年表》，中华书局 1984 年版。

吴小强：《秦简日书集释》，岳麓书社 2000 年版。

吴毓江撰，孙启治点校：《墨子校注》，中华书局 1993 年版。

吴在庆、曾晓云：《严武再帅剑南抑或三镇蜀川考》，《周口师范学院学报》2007 年第 1 期。

武汉水利电力学院、水利水电科学研究院《中国水利史稿》编写组：《中国水利史稿》，水利电力出版社 1979 年版。

武仙竹、邹后曦、黄海：《白鹤梁石鱼考》，《中国国家博物馆馆刊》2012 年第 10 期。

武仙竹：《邓家湾遗址陶塑动物的动物考古学研究》，《江汉考古》2001 年第 4 期。

夏明方：《民国时期自然灾害与乡村社会》，中华书局 2000 年版。

辛德勇：《海昏侯刘贺》，生活·读书·新知三联书店 2016 年版。

徐珂编撰：《清稗类钞》，中华书局 1986 年版。

徐品方、孔国平：《中世纪数学泰斗：秦九韶》，科学出版社 2007 年版。

徐世昌：《晚晴簃诗汇》，中华书局 1990 年版。

杨斌：《三峡地区古石刻与三峡水文化的审美品格》，《三峡大学学报》2011 年第 6 期。

杨冬明：《白鹤梁刻石与大足石刻之比较研究》，《重庆教育学院学报》2008 年第 5 期。

杨经华：《蔡兴宗籍贯、行履小考》，《中国典籍与文化》2009 年第 4 期。

叶舒宪：《中国神话哲学》，中国社会科学出版社 1997 年版。

余晋芳纂：《麻城县志前编》，《中国地方志集成·湖北府县志辑 5》，江苏古籍出版社 2001 年版。

袁珂：《中国神话传说》，中国民间文艺出版社1984年版。

袁美丽：《清代金陵词坛研究》，南京师范大学2012年博士论文。

张剑：《晁公遡诗文简论》，《河南教育学院学报》2005年第4期。

张祥稳：《天灾视角下的乾隆盛世衰落缘由探略》，《中国农史》2013年第6期。

张毅：《苏、黄的书法与诗法》，《文学遗产》2010年第2期。

张玉璞：《宋代士人的生存环境及其处世心态——兼论其对文学创作的影响》，《山东社会科学》2000年第6期。

长江流域规划办公室、重庆市博物馆历史枯水调查组：《长江上游渝宜段历史枯水调查——水文考古专题之一》，《文物》1974年第8期。

长江流域规划办公室文物考古队、水文考古研究组：《从石刻题记看长江上游的历史洪水——水文考古专题之二》，《文物》1975年第5期。

赵尔巽等：《清史稿》，中华书局1977年版。

赵红娟：《姚觐元、姚慰祖父子生平与藏书活动考述》，《中国典籍与文化》2012年第3期。

赵少伏、蒙育民等编：《贵州省文史研究馆志》，贵州人民出版社2003年版。

浙江省水文志编纂委员会：《浙江省水文志》，中华书局2000年版。

郑敬东主编：《中国三峡文化概论》，中国三峡出版社1995年版。

郑显文：《法律视野下的唐代假宁制度研究》，张仁善主编《南京大学法律评论（2008年春秋合卷）》，法律出版社2008年版。

中国文物研究所、重庆市博物馆编：《新中国出土墓志·重庆》，文物出版社2002年版。

重庆市博物馆编：《中国西南地区历代石刻汇编·四川重庆卷》，天津古籍出版社1998年版。

重庆市博物馆等编：《水文·沙漠·火山考古》，文物出版社1977年版。

周力平：《读〈Nature〉Yancheva等和张德二等论文有感》，《气候变化研究进展》2008年第2期。

周兴涛：《乐山地区两宋间进士略考》，《南通航运职业技术学院学报》2008年第2期。

周晏：《白鹤梁晁公朔题记中的宋儒形象》，《重庆三峡学院学报》2007年第6期。

周晏：《白鹤梁蒙文题刻背景追述》，《三峡大学学报》2007年第6期。

朱诚、于世永、卢春成：《长江三峡及江汉平原地区全新世环境考古与异常洪涝灾害研究》，《地理学报》1997年第3期。

朱世镛等修，刘贞安等纂：《云阳县志》，《中国地方志集成·四川府县志辑53》，巴蜀书社1992年版。

竺可桢：《中国近五千年来气候变迁的初步研究》，《考古学报》1972年第1期。

邹志勇：《"别乘"考辨》，《江海学刊》2004年第6期。

后　　记

　　《水文记录与社会意识：中国古代洪水枯水题刻研究》终于定稿付梓，前后历时数年。当时在申报项目时感觉很快就能完成的工作，竟然用了如此之长的时间，做科研的辛劳与困难程度之大，在这种资料搜集较难的研究工作中更为明显。经过深入的资料搜集、分析、认识，形成了今天的这本小册子，如果能对学术界相关研究的深入推进做一点小的贡献，再苦再累也会觉得这项工作有意义。

　　这项工作的完成，参考了许多学者的研究成果，他们的观点、资料、方法，都对我的工作有重要作用。

　　家人的默默支持也是我完成这项工作的极大动力。

　　由于题刻资料本身的残缺、题刻拓本的不清晰，相关资料的不完善在所难免；也由于个人学养不高，个别认识或讨论难免差强人意。所有这些，都有待于在今后的工作中继续努力。

王晓晖

2019 年 2 月 28 日